图 1-22　俄罗斯莫斯科的地铁站

图 1-23　日本东京地铁线路的标识

图 1-25　美国纽约地铁中的陶瓷装饰

图 1-26　法国巴黎地铁车辆

图 1-28　韩国首尔地铁"水族馆主题"车厢

图 1-30　德国明黄色的地铁

图 1-44　南京地铁鼓楼站的艺术壁画

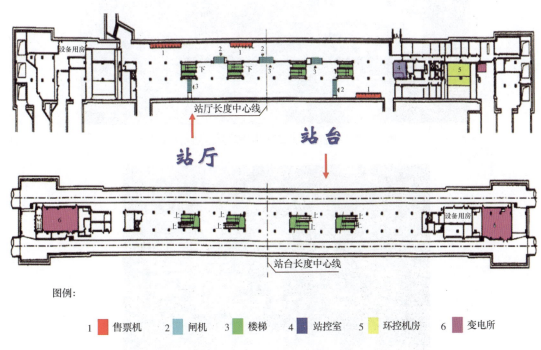

图例：

1 ■ 售票机　2 ■ 闸机　3 ■ 楼梯　4 ■ 站控室　5 ■ 环控机房　6 ■ 变电所

图 4-12　车站平面布局示意图

图 4-20　斯德哥尔摩地铁车站空间形态变化

图 4-21　一组世界各城市地铁车站的照明设计

图 4-31　倾斜自动扶梯

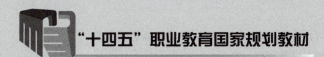

"十四五"职业教育国家规划教材

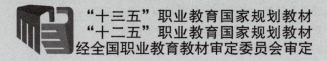

"十三五"职业教育国家规划教材
"十二五"职业教育国家规划教材
经全国职业教育教材审定委员会审定

城市轨道交通系统概论

第 3 版

主　编　李建国
参　编　李　力　　胡婷婷　　仇海兵
　　　　肖俊超　　张利彪　　宁　斌
　　　　刘莉娜　　纪　争

机械工业出版社

本书是"十四五"职业教育国家规划教材，主要介绍了城市轨道交通的概念与历史，系统的设计、施工以及构成。系统的构成中不仅描述了城市轨道交通运营的硬件条件，包括轨道、车站与车站设备、车辆与车辆段、供电与牵引和信号与通信系统等设备的构成情况，而且对城市轨道交通运营也做了介绍，包括安全防护管理、客运组织管理和行车调度等内容。

本书在体例上突破了以往教科书的编写模式，强调理论与实际动手相结合，并设置了"问题导入""学习目标""教学建议""理论知识""实践操作""评价跟进"等模块。

本书可作为职业教育城市轨道交通专业教材，还可作为工程技术人员的参考读物。

为方便教学，本书配有电子课件，凡选用本书作为授课教材的教师均可登录 www.cmpedu.com 以教师身份注册下载。编辑咨询电话：010-88379201。

图书在版编目（CIP）数据

城市轨道交通系统概论/李建国主编. —3版. —北京：机械工业出版社，2019.4（2024.6重印）

"十二五"职业教育国家规划教材　经全国职业教育教材审定委员会审定

ISBN 978-7-111-63209-2

Ⅰ.①城…　Ⅱ.①李…　Ⅲ.①城市铁路－高等职业教育－教材　Ⅳ.①U239.5

中国版本图书馆CIP数据核字（2019）第143028号

机械工业出版社（北京市百万庄大街22号　邮政编码100037）
策划编辑：师　哲　责任编辑：师　哲
责任校对：姚玉霜　封面设计：张　静
责任印制：李　昂
河北宝昌佳彩印刷有限公司印刷
2024年6月第3版第14次印刷
184mm×260mm・14.75印张・2插页・363千字
标准书号：ISBN 978-7-111-63209-2
定价：42.00元

电话服务　　　　　　　　　网络服务
客服电话：010-88361066　　机　工　官　网：www.cmpbook.com
　　　　　010-88379833　　机　工　官　博：weibo.com/cmp1952
　　　　　010-68326294　　金　书　网：www.golden-book.com
封底无防伪标均为盗版　机工教育服务网：www.cmpedu.com

关于"十四五"职业教育国家规划教材的出版说明

为贯彻落实《中共中央关于认真学习宣传贯彻党的二十大精神的决定》《习近平新时代中国特色社会主义思想进课程教材指南》《职业院校教材管理办法》等文件精神，机械工业出版社与教材编写团队一道，认真执行思政内容进教材、进课堂、进头脑要求，尊重教育规律，遵循学科特点，对教材内容进行了更新，着力落实以下要求：

1. 提升教材铸魂育人功能，培育、践行社会主义核心价值观，教育引导学生树立共产主义远大理想和中国特色社会主义共同理想，坚定"四个自信"，厚植爱国主义情怀，把爱国情、强国志、报国行自觉融入建设社会主义现代化强国、实现中华民族伟大复兴的奋斗之中。同时，弘扬中华优秀传统文化，深入开展宪法法治教育。

2. 注重科学思维方法训练和科学伦理教育，培养学生探索未知、追求真理、勇攀科学高峰的责任感和使命感；强化学生工程伦理教育，培养学生精益求精的大国工匠精神，激发学生科技报国的家国情怀和使命担当。加快构建中国特色哲学社会科学学科体系、学术体系、话语体系。帮助学生了解相关专业和行业领域的国家战略、法律法规和相关政策，引导学生深入社会实践、关注现实问题，培育学生经世济民、诚信服务、德法兼修的职业素养。

3. 教育引导学生深刻理解并自觉实践各行业的职业精神、职业规范，增强职业责任感，培养遵纪守法、爱岗敬业、无私奉献、诚实守信、公道办事、开拓创新的职业品格和行为习惯。

在此基础上，及时更新教材知识内容，体现产业发展的新技术、新工艺、新规范、新标准。加强教材数字化建设，丰富配套资源，形成可听、可视、可练、可互动的融媒体教材。

教材建设需要各方的共同努力，也欢迎相关教材使用院校的师生及时反馈意见和建议，我们将认真组织力量进行研究，在后续重印及再版时吸纳改进，不断推动高质量教材出版。

机械工业出版社

第3版前言

本书自出版发行以来，受到广泛的欢迎，作为本书的编者，在此非常感谢广大读者的支持。

城市轨道交通行业的飞速发展，可谓是一日千里，新事物、新情况、新标准和新技术不断出现，第2版书中有些内容已跟不上行业发展的步伐，各地读者和教师也纷纷要求对本书进行补充和修订。

本书的主要特色如下：

1. 落实立德树人根本任务

坚持以习近平新时代中国特色社会主义思想引领职业教育城市轨道交通类教材建设，提升教材的思想性、科学性、时代性。书中融入我国城市轨道交通的发展史，培养学生的职业认同感，同时介绍了国外城市轨道交通的发展史，增强了学生的国际化视野，从而发挥教材培根铸魂的作用。

2. 以学生为中心，注重适用性，突出职教特色

本书突出实用性、实践性和职业性，注重遵循职业教育教学规律和职业院校学生的身心发展规律。每章以"问题导入""学习目标""教学建议"引入新知识，通过"理论知识"引导学生发现问题、分析问题、解决问题，辅以"小贴士"等对重难点进行补充，进而拓宽学生的知识面，提升文化素养，发展学生的兴趣；通过"实践操作""评价跟进"提升学生的课堂参与度，鼓励学生自主学习，提高教学效果。

3. 遵循专业教学标准，融入新技术、新工艺、新规范、新标准

本书内容遵循最新的《高等职业学校城市轨道交通类专业教学标准》，在修订过程中对城市轨道交通发展的历史沿革，根据新的发展情况，做了补充，同时依据地铁设计规范等标准文件，对书中部分内容进行了删改和增添，同时增添、更换了一些图片。根据"四新"要求增加了近些年推广应用的综合监控系统（ISCS）和基于无线通信的列车自动控制系统（CBTC）的内容以及全自动运行系统（FAO）的介绍。最后也对牵引变电所中常用的一些名词进行了解释。

本书由北京交通运输职业学院李建国主编并负责全书的统稿。

本书自第1版2007年开始编写，随着我国城市轨道交通的快速发展，一直修订到第3版，是本书编写团队在编写京港地铁4号线（北京地铁4号线）人员上岗培训教材的基础上编写而成并修订的，每章均由京港地铁培训师审核，在此一并表示衷心的感谢。

由于编者水平有限，本书会有很多不足之处，欢迎广大读者批评指正。

编　者

第 2 版前言

本书是按照教育部《关于开展"十二五"职业教育国家规划教材选题立项工作的通知》，经过出版社初评、申报，由教育部专家组评审确定的"十二五"职业教育国家规划教材，是根据《教育部关于"十二五"职业教育教材建设的若干意见》及教育部新颁布的《高等职业学校专业教学标准（试行）》，在第 1 版基础上修订而成。

本着注重培养学生的学习兴趣和能力以及专业素养和实践能力的原则，本次修订在第 1 版总体框架的基础上进行了局部调整，侧重在内容和图片上进行了重点充实和更新；保留了第 1 版强调教学互动的特点，特别是本书所特有的学后的跟进评价特色；在内容和知识点上根据实际情况和实践需要进行了大量充实、更新和扩展，也进行了一些更正和删除。本书主要修订内容如下：

1. 在第 2 章增加了"列车冷滑与热滑测试"知识点；在第 2 章增加了"城市轨道交通土木工程的种类与结构类型"内容；在第 4 章增加了"安防系统"；在第 5 章增加了"空调通风系统"和"风源系统"；在第 8 章增加了"施工诱发灾害的防护"和"战争灾害防护"等内容。

2. 重新梳理了车辆的分类，并增加了图片；在车站设备中，充实了机电设备监控系统的内容；对城市轨道交通车辆段的主要设备进行了分类，并增加运输牵引维护设备、检测与试验设备；增加了城市轨道交通通信系统等概念。

本书经全国职业教育教材审定委员会审定。教育部专家在评审过程中对本书提出了很多宝贵的建议，在此对他们表示衷心的感谢！

由于编者水平有限，书中难免有错误和不妥之处，敬请广大读者批评指正。

编　者

第1版前言

目前，我国的城市轨道交通事业正处于井喷式发展时期，城市轨道交通专业人才需求缺口巨大，社会、企业和学校面临着大量的城市轨道交通专业人员培养和培训的任务。有一套好的适用教材，无疑会让专业培训如虎添翼，职业教育城市轨道交通专业规划教材就是在此契机下组织编写的，《城市轨道交通系统概论》是其中之一。

在本书的编写过程中，我们注重了理论和实际动手相结合，突破了以往教科书的编写模式，按照目标教学方法进行教材设计。强调以学生为中心，强调循序渐进，突出职业教育特点，培养学生动手和参与能力，在操作过程中学习，在学习过程中锻炼和提升自我能力。故在每个单元设置了"问题导入""学习目标""教学建议""理论知识""实践操作""评价跟进"模块。

本书以城市轨道交通系统构成为切入点，主要分三大部分：基本概念与发展状况、硬件设备与系统、软件管理与系统，把城市轨道交通系统从无到有，再到管理的过程进行详细介绍，让学习者能抓住主要脉络，掌握其系统构成。

本书的编写倾注了很多人的心血。在编写过程中南京铁道职业技术学院的李晓村教授给予了我们及时的指导和热情的帮助，在此深表感谢。参加本书编写的有北京交通运输职业学院李建国（第1、3章）、胡婷婷（第4章）、仇海兵（第5章）、肖俊超（第6章）、张利彪（第7章）、宁斌（第8章）、刘莉娜（第9章）、纪争（第10章）和天津市政工程学校李力（第2章）。

由于编者水平有限，加之时间仓促，书中难免有错误和不妥之处，敬请广大读者批评指正。

编　者

目 录

第3版前言

第2版前言

第1版前言

第1章 城市轨道交通的概念与历史 ……………… 1
1.1 城市轨道交通的基本概念 …… 1
1.2 世界城市轨道交通历史发展概述 …… 7

第2章 城市轨道交通系统的设计与施工 …………… 28
2.1 城市轨道交通路网规划与设计 …… 28
2.2 城市轨道交通限界 …………… 37
2.3 城市轨道交通工程施工 ……… 41

第3章 城市轨道交通系统的构成——轨道 ………… 50
3.1 城市轨道交通轨道的概念及构成 …… 50
3.2 钢轨 …………………………… 51
3.3 轨枕 …………………………… 55
3.4 扣件 …………………………… 58
3.5 道床 …………………………… 61
3.6 道岔 …………………………… 65
3.7 其他附属设备 ………………… 70
3.8 独轨铁路轨道结构 …………… 71

第4章 城市轨道交通系统的构成——车站与车站设备 … 75
4.1 城市轨道交通车站的概念与分类 …… 75
4.2 城市轨道交通车站设计 ……… 78
4.3 城市轨道交通车站系统运营设备 …… 86

第5章 城市轨道交通系统的构成——车辆与车辆段 … 106
5.1 城市轨道交通车辆的概念与分类 …… 106
5.2 城市轨道交通车辆的构成 …… 109
5.3 城市轨道交通车辆的维修 …… 124
5.4 城市轨道交通车辆段的构成与工作范围 …… 126
5.5 城市轨道交通车辆段的主要设备 …… 128

第6章 城市轨道交通系统的构成——供电与牵引 …… 132
6.1 城市轨道交通电力供电系统 … 132
6.2 城市轨道交通电力牵引系统 … 138

第7章 城市轨道交通系统的构成——信号与通信系统 … 146
7.1 城市轨道交通信号系统的作用、特点和组成 …… 146
7.2 信号基础设备 ………………… 148
7.3 联锁设备 ……………………… 151
7.4 列车自动控制系统 …………… 153
7.5 通信传输系统 ………………… 159
7.6 电话系统 ……………………… 160
7.7 无线通信系统 ………………… 161
7.8 闭路电视监控系统 …………… 163
7.9 广播系统 ……………………… 164
7.10 时钟系统 …………………… 164
7.11 商用通信系统 ……………… 166

第8章 城市轨道交通系统的构成——安全防护管理 …… 169

8.1 城市轨道交通安全管理概述 ………… 169
8.2 城市轨道交通运输安全管理的途径 ………………………… 172
8.3 城市轨道交通系统事故分析 ………… 178
8.4 城市轨道交通系统防灾 …………… 182

第9章 城市轨道交通系统的构成
——客运组织管理 ………… 190
9.1 城市轨道交通客运组织管理内容 …… 190

9.2 城市轨道交通客运服务管理 ………… 201

第10章 城市轨道交通系统的构成
——行车调度 ………………… 209
10.1 城市轨道交通调度的工作内容 …… 209
10.2 列车运行图 ………………………… 213
10.3 列车运行组织 …………………… 219
10.4 调度分析 ………………………… 222

参考文献 ………………………………… 225

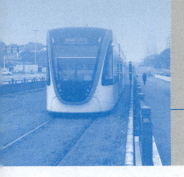

第 1 章

城市轨道交通的概念与历史

问题导入

当今，在城市发展过程中，城市轨道交通在公共交通系统中的地位越来越重要，所起作用越来越突出，但城市轨道交通系统是如何发展起来的，很多人并不清楚。直到现在，仍有许多人不清楚城市轨道交通系统中的相关概念，例如"地铁""轻轨"和"有轨电车"的区别。本章将着重介绍城市轨道交通的基本概念以及城市轨道交通的发展过程。

学习目标

1. 能叙述城市轨道交通的定义，并指出城市轨道交通与其他交通形式的区别。
2. 能描述不同类型城市轨道交通的概念和特征，并能区分。
3. 了解世界及中国城市轨道交通系统产生和发展的脉络与阶段。
4. 能指出世界不同城市的城市轨道交通发展的特点。

教学建议

1. **教学场地**：在普通教室、能连接互联网的多媒体教室及城市轨道交通实训室中进行，课后可实地参观。
2. **设备要求**：各种城市轨道交通形式的仿真模型 1 套，或能播放视频投影的设备及相关课件、视频。
3. **课时要求**：共 6 课时，其中课堂讲授 4 课时，参观见习 2 课时。

理论知识

1.1 城市轨道交通的基本概念

1. 城市轨道交通的概念与特点

（1）**城市轨道交通的概念**　城市中，使用车辆在固定导轨上运行并主要用于城市客运的交通系统称为城市轨道交通。

城市轨道交通是城市公共交通的一个重要组成部分，随着城市的不断发展，它逐渐成为城市中最主要的交通工具。

(2) 城市轨道交通的特点　城市轨道交通以其鲜明的特点，赢得了城市管理者和市民的青睐。其特点包括：①采用列车编组化运行，运量大；②良好的线路条件与控制体系，速度快；③电力牵引，污染少、更环保；④可采用地下和高架敷设方式，占地面积小；⑤全隔离的路权方式，安全性高、可靠性强；⑥良好的环控体系和候车环境，乘车舒适性佳。

但是，城市轨道交通也存在如建设投资大、路网结构不易调整、运营成本高、技术条件要求高等缺点。

2. 城市轨道交通的分类

按照不同的标准，城市轨道交通可以划分为不同的类别：

1）按轨道空间位置划分，可分为地下铁道、地面铁路和高架铁路。

2）按轨道形式划分，可分为重轨铁路、轻轨铁路和独轨铁路。

3）按支承导向制式划分，可分为钢轮双轨系统、胶轮单轨系统和胶轮导轨系统。

4）按小时单向运能划分，可分为大运量系统（高峰时单向运输能力达到 30000 人次/h 以上）、中运量系统（高峰时单向运输能力达到 15000～30000 人次/h）和小运量系统（高峰时单向运输能力达到 5000～15000 人次/h）。

5）按路权专用程度划分，可分为线路全封闭型、线路半封闭型和线路不封闭型。

6）按服务区域分类划分，可分为市郊铁路、市内铁路和城际快速铁路。

3. 各种城市轨道交通形式的相关概念

(1) 地下铁道　地下铁道（简称地铁）泛指高峰时单向客运量在 3 万～7 万人次/h 左右的大运量轨道交通系统。该系统在市区多为地下隧道线（图 1-1），有速度快、安全准时、舒适、运输成本低、节省能源、不污染环境等优点。其缺点为：建设成本高、周期长。一般情况下，地铁线路实行全封闭，可实现信号控制自动化。

(2) 轻轨铁路　轻轨铁路（简称轻轨）泛指高峰时单向客运量在 1 万～3 万人次/h 的中运量轨道交通系统（图 1-2）。相对于地铁来讲，因其车辆轴重较轻和对轨道施加的载荷较轻以及轨道质量较轻而得名。

图 1-1　美国洛杉矶地铁

图 1-2　荷兰阿姆斯特丹的轻轨铁路

轻轨铁路在西欧、北美已成为新一轮城市公共交通投资的主流，其最大特点在于相对地铁成本低廉。一般而言，行驶于专用车道的轻轨系统拥有 90% 以上地铁的速度和可靠度，却只需要地铁 1/3 以下的建设成本和运营成本，且施工容易、工期较短。

（3）有轨电车 有轨电车是一个由电力牵引、轮轨导向、单车或两辆铰接或多辆铰接运行在城市路面线路上的小运量城市轨道交通系统（图 1-3）。其特点为：造价低，建设容易，共用街道路权，速度慢，通行能力低。有轨电车自 19 世纪 80 年代起经历了快速发展、衰落、恢复发展阶段。近些年，因城市交通堵塞、环境等问题，现代有轨电车迎来了新的发展期。

（4）市郊铁路 市郊铁路是指把城市市区与郊区，尤其是远郊区联系起来的城市轨道交通系统（图 1-4）。因其车辆轴重较重和对轨道施加的载荷较重而又被称为重轨铁路，又因其服务对象以短途、通勤的旅客为主又被称为通勤铁路或月票铁路。现在其概念范围也在扩大，包括了城际间直达的高速铁路，俗称"快轨"，如北京至天津的"京津快轨"。目前，越来越多的城市间交通，被城际快轨连接起来，如我国的以北京为中心的京津冀城市圈；以上海、南京、杭州为中心的长江三角洲城市圈；以广州、深圳、香港为中心的珠江三角洲城市圈等。

图 1-3　奥地利维也纳的有轨电车

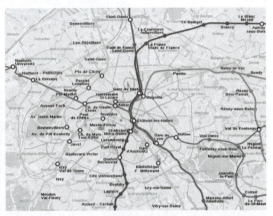

图 1-4　法国巴黎市郊区域快轨线路图

（5）线性地铁 线性地铁又称小断面地铁，是指由直线电机牵引的城市轨道交通系统（图 1-5）。其突出的特征是断面较一般地铁要小（图 1-6）。它采用径向转向架和自动控制等技术手段，具有建设成本低、车身矮、重量轻、噪声低，可以采用较小的曲线半径和较大的坡道（也可高架）、维护较容易等特点。

（6）独轨铁道 独轨铁道是指车辆在一根轨道上运行的一种城市轨道交通系统。通常分为跨座式（图 1-7）和悬挂式（图 1-8）两种。一般使用道路上部的空间，需要的专

图 1-5　日本线性地铁

用空间较少，可以适应急弯及大坡度，其投资也小于地铁系统。独轨电车一般均采用橡胶

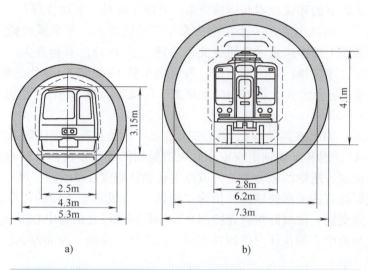

图 1-6　线性地铁与一般地铁的断面比较
a) 线性地铁　b) 一般地铁

轮胎。

独轨铁道的优点是：占地少、投资费用少、噪声低、振动小、乘坐舒适、对城市的景观及日照等影响小、通过小半径曲线能力和爬坡能力强。其缺点是：运能较小、速度低、能耗大、道岔等结构复杂、发生事故时疏散和救援工作比较困难。

(7) **自动导向交通系统**　自动导向交通系统是指利用导轨导向、自动控制运行的新型轨道交通系统（图 1-9），是一种通过非驱动的专用轨道引导列车运行的轨道交通方式。

图 1-7　日本跨座式独轨铁路

图 1-8　日本悬挂式独轨铁路

图 1-9　日本自动导向交通系统

自动导向交通系统的主要技术特征包括：轨道采用混凝土道床、车辆采用橡胶轮胎，有一组导向轮引导车辆运行，列车运行自动控制，可实现无人驾驶，自动化程度较高。其导向方式可归纳为侧面导向式和中央导向式两种（图1-10）。该系统设有自动化的车务控制中心，可监察和控制整个轨道系统的运转。此外，在导轨的重要交叉口都设有车辆感应式自动信号设备。

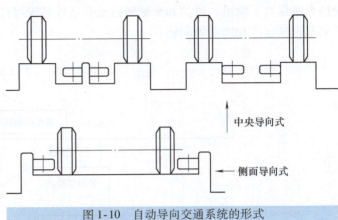

图1-10 自动导向交通系统的形式

自动导向交通系统多用于短途摆渡，如机场航站楼间、各种交通枢纽间或客流集散点间的客运接驳。现在，有些场合把这种线路称为"APM线"（Automated People Mover System，也称乘客自动运输系统），这种线路的单位载客量相对较少。

（8）**全自动运行系统** 全自动运行系统（Fully Automatic Operation，简称FAO）是基于现代计算机、通信、控制和系统集成等技术实现列车运行全过程自动化的新一代城市轨道交通系统。FAO包含自动化等级GoA3和GoA4，即全自动运行系统运行模式包括有人值守的列车自动运行（DTO）和无人值守的自动运行（UTO）（图1-11）。

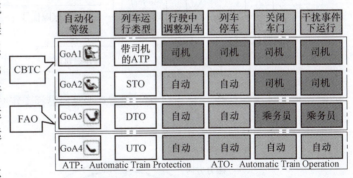

图1-11 自动化程度对比示意图

该系统利用列车自动控制系统和以行车指挥为核心的控制系统实现智能运转的功能保障，结合人工监视、干预的机制，落实高精度列车运行的同时，减少了不必要的误操作，进一步减少人为因素对运营的影响，提升运营能力。自动化程度的提高，使系统可以快速、有效地应对运营过程中的扰动，具备更强的调整能力。其自动化体现在：列车上电、自检、段内行驶、正线区间行驶、车站停车及发车、端站折返、列车回段、休眠断电、洗车等全过程自动控制。该系统将弱化车站功能，加强中心的控制功能，实现列车全自动运行的全面监控、各设备系统监测与维护调度、远程面向乘客的服务等，提高了整个轨道交通控制设备的可靠性、可用性、可维修性和安全性等级，从而保障系统在无人监控的情况下高安全、高可靠、高度自动化运行。

世界第一条FAO城市轨道交通线是法国里尔1号线，1983年开通运营。北京地铁燕房线全自动运行系统是国内第一条具有完全自主知识产权的全自动运行系统线路。

（9）**磁悬浮交通系统** 磁悬浮交通系统是指一种非粘着、用直线电机驱动列车运行的新型轨道交通系统。磁悬浮主要分常导磁吸型和超导斥型两类（图1-12、图1-13）。磁悬浮交通系统保留了轨道、道岔和车辆转向架及悬挂系统等许多传统机车车辆的特点，克服了传统列车机械噪声和磨损等问题。

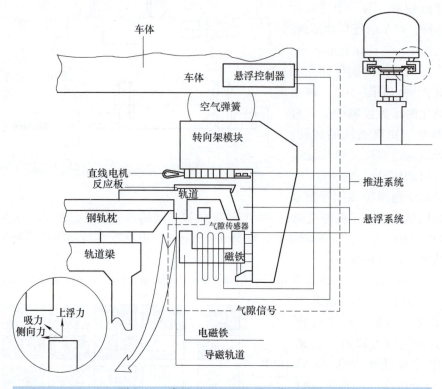

图 1-12　常导磁吸型磁悬浮工作原理图

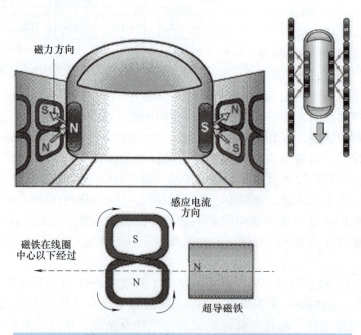

图 1-13　超导斥型磁悬浮工作原理图

4. 各种城市轨道交通形式的技术特征

各种城市轨道交通的形式不同,其技术特征也不同(表1-1)。

表1-1 各种城市轨道交通形式的技术特征

技术特征 \ 形式	地下铁道	轻轨铁路	有轨电车	市郊铁路	独轨铁道	自动导向交通系统	磁悬浮交通系统
支承导向	钢轮双轨	钢轮双轨	钢轮双轨	钢轮双轨	胶轮单轨	胶轮导轨	线性电机轨道/常导或超导
运量等级	大运量	中运量	小运量	大运量	中运量	小运量	中运量
车厢编组数	6~10节	2~6节	1节或铰接	8~12节	2~6节	1~6节	4~6节
平均运行速度	60~130km/h	35~110km/h	15~20km/h	50~100km/h	30~80km/h	25~30km/h	100~500km/h
线路空间位置	多为地下线路	混合线路	地面线路	地面线路	地面或高架线路	地面或高架线路	地面或高架线路
路权形式	全封闭	半封闭全封闭	半封闭	半封闭	全封闭	全封闭	全封闭

1.2 世界城市轨道交通历史发展概述

1. 世界城市轨道交通的产生与发展

(1) 城市轨道交通产生与发展的原因和条件 城市轨道交通的产生与发展同城市的发展是密不可分的。一方面,城市的发展需要轨道交通,于是城市轨道交通应运而生;另一方面,城市轨道交通的发展又促进了城市的繁荣和不断扩大。

1)城市轨道交通产生与发展的原因主要表现在以下几方面。

① 伴随着城市的发展,城市轨道交通的地位和作用越来越重要。如今,城市轨道交通已成为城市生存和发展的必要条件,是城市运转和生活的"血液循环系统"中的动脉。

② 伴随着城市的发展,城市交通的运力与运量之间的矛盾日益突出。城市的发展导致人口过于集中,人口密度不断增大,非轨道运输工具已远远满足不了人们出行和生活的需要。轨道交通为城市交通提供了强有力的运输手段。

③ 伴随着城市的发展,城市出现了交通阻塞、停车困难、废气和噪声污染严重等问题。城市轨道交通为城市环境的改善提供了有效的方法。

④ 伴随着城市的发展,城市交通引发的各种问题已经严重地影响和制约了城市的发展。世界各国经过长期的探索后形成共识,即解决城市交通问题的根本途径是:建立一个以城市轨道交通系统为骨干,以公共交通为主体,多种交通方式相互协调的综合交通系统。

2)城市轨道交通产生与发展的条件包括以下几方面。

① 城市需求是城市轨道交通产生的前提条件。

② 资金投入是城市轨道交通产生发展的必要条件。

③ 科学技术的发展是城市轨道交通产生与发展的有力保障。

(2) 世界城市轨道交通发展的历史 城市轨道交通发展大致经历了以下几个阶段。

1)现代城市轨道交通诞生前阶段(1804~1863年)。这一阶段轨道交通的发展,为现代城市轨道交通的诞生打下了基础,提供了条件。

1804年2月29日，英国人理查德·特雷维塞克设计制造的蒸汽机车"新城堡号"经过在圆形轨道上试车后，沿着专门铺设的轨道由默尔瑟开到阿伯西昂。这是世界上第一条成功行驶蒸汽机车的轨道。

1825年9月27日，世界上第一条行驶蒸汽机车的永久性公用运输设施——英国斯托克顿至多灵顿的铁路正式通车了。由机车、煤水车、32辆货车和1辆客车组成的载重质量约90t的"旅行号"列车，由设计者斯蒂芬森亲自驾驶，于当日上午9时从伊库拉因车站出发，下午3时47分到达斯托克顿，共运行了31.8km。斯托克顿至多灵顿铁路的正式通车运营，标志着近代铁路运输业的起航和用轨道交通来解决人们在城市内（间）出行的开始（图1-14）。

新城堡号

旅行号

图1-14　新城堡号和旅行号蒸汽机车图

有轨马车是英国人约翰·乌特兰于1775年发明的，是靠马匹牵引车辆、车轮在钢制轨道上滚动行驶的交通运输工具，可搭载重量双倍于普通马车的乘客和货物，而且这种在轨道上行驶的马车减少了颠簸，相对舒适。第一个提出将马车轨道嵌入路面的是法国南特人埃米尔·卢巴，根据这项发明，1835年，他为巴黎修建了第一条嵌入式凹形马车轨道；又于1852年修建了纽约6号街的马车轨道，这条有轨马车为两马驾车，开有前后车门供乘客上下（图1-15）。

2）现代城市轨道交通诞生起步阶段（1863~1890年）。这一阶段现代城市轨道交通于1863年在英国伦敦诞生。自此，不同形式的城市轨道交通如雨后春笋般在世界各地出现。

1863年1月10日，长度为6.5km的世界公认的第一条地铁——"伦敦大都会铁路"开通，标志着世界城市轨道交通的诞生（图1-16）。当时使用蒸汽机车作为牵引，为了把蒸汽机车排出的浓烟引出地下，在建好的隧道内还钻了通风孔，但仍由于排风不畅，乘客常常因烟熏感到气闷，有的人甚至昏倒在地铁里。这条铁路第一年便运送了950万人次的旅客，成为伦敦多数市民可以负担和使用的公共交通工具。1870年，伦敦人在地面上也铺

图1-15　有轨马车

图1-16　世界第一条地铁

起了铁轨,把马车轱辘架在了铁轨上,这样,两匹马就可以拖动能够承载 50 人的车厢,形成了大型的地上公共交通设施。这种被称为"地上铁"的公共马车,和地铁共同搭起了伦敦历史上的第一个公共交通构架。

自 1863 年至 1899 年,英国的伦敦和格拉斯哥、美国的纽约和波士顿、匈牙利的布达佩斯、奥地利的维也纳以及法国的巴黎共 5 个国家的 7 座城市先后建成了地铁。

1870 年,美国第一条在曼哈顿格林威治大街及第九大道的高架快速轨道交通线开始运营。

德国人雅可比最先制成电动机(图 1-17)。1870 年比利时工程师格拉姆发明了直流电动机。与此同时,德国人冯·西门子着手研究由电动机驱动的车辆,并制成了电车。1879 年,在柏林工业展览会上,西门子公司不冒烟的电车赢得观众的一片喝彩(图 1-18)。

图 1-17　雅可比发明的电动机

图 1-18　柏林展览会上的西门子电车

1881 年,德国西门子公司在柏林近郊铺设了第一条电车轨道(图 1-19),双轨中的一条铁轨为相线,另一条铁轨作回路。但这种线路会对公共安全埋下安全隐患,西门子于是采用将输电线路架高的方式来解决供电和安全问题。

1884 年,美国人 C·J·范德波尔在多伦多农业展览会上试用电车运载乘客。他试用的电车是采用一根带触轮的集电杆和一条架空触线输电并以钢轨为另一回路的供电方法。1888 年,美国人斯波拉格在美国弗吉尼亚州里磁门德市的几条有轨马车路线上,改用电力牵引车行驶,并对车辆电动机的悬挂方法、驱动方式、集电装置和控制系统做了改进,这是世界上第一个投入商业运行的有轨电车系统(图 1-20),从此,有轨电车开始在世界范围内迅猛发展起来。

图 1-19　1881 年西门子铺设的电车轨道

图 1-20　美国的有轨电车

3）现代城市轨道交通初步发展阶段（1890～1924年）。19世纪末，电力机车牵引的方式开始进入城市轨道交通领域。该方式大大提升了城市轨道交通的实用性，使城市轨道交通进入了一个较为持续快速的发展期，并逐渐成为城市公共交通主要形式之一。

1890年，在英国伦敦，第一条使用电力机车牵引的地铁建成。

1896年，匈牙利布达佩斯修建了欧洲最早的电气化地铁，解决了地铁通道的空气污染问题。这条地铁距离地面只有几米深，平行运行于该市最主要的街道安德拉什大街，时至今日这条经改造后的线路仍在使用中。该线就是1号红线地铁，当地居民称之为"小地铁"。

1897年，6节编组的多节电动列车开始在美国芝加哥的南侧高架线上运营。

1904年，美国纽约地铁巴尔蒙线开通，被誉为"纽约地铁之父"（图1-21）。美国纽约成为美洲最早建立地铁系统的城市。

1913年，阿根廷的布宜诺斯艾利斯建成地铁系统，成为拉丁美洲最早建立地铁系统的城市。

图1-21　美国纽约地铁巴尔蒙线开通

1890～1920年是有轨电车在世界范围大发展的时期。由于这种电车的路轨是固定的，车辆在行驶过程中不能让路，在交通拥挤的街上往往会造成诸多不便，故而一些城市很快便废弃了这样的电车。不过，在欧洲大陆上的许多城市至今仍保留了这种有轨式电车。

4）停滞萎缩阶段（1924～1949年）。这一阶段，一方面是由于汽车工业的发展和世界大战的爆发，另一方面是由于城市轨道交通的投资大、建设周期长等原因，城市轨道交通的发展呈现出停滞、甚至萎缩的局面，特别是在地面行驶的有轨电车系统，在这时期被大量拆除并被汽车取代。

虽然出现了停滞萎缩景象，但这一时期仍有一些国家修建了城市轨道交通系统。例如，1926年，澳大利亚悉尼开通了隧道电车，揭开了澳洲建立城市轨道交通系统的序幕；1927年，日本东京开通了浅草至涩谷的地下铁道线，成为亚洲最早的地下铁道；1935年，莫斯科第一条地铁通车运营。

5）再发展阶段（1949～1969年）。这一阶段由于汽车的过度增加，造成道路交通速度下降甚至趋于瘫痪，加之不断增大的石油资源消耗、空气和噪声污染，人们又把解决城市交通问题的注意力放在了占地面积小、污染少、运力大的城市轨道交通上来，许多城市又开始兴建城市轨道交通。

在这一阶段，一些新型的城市轨道交通形式相继出现：1959年，美国第兹尼兰德的跨坐式轻轨铁路开始运营；1961年，独轨铁路在意大利世界博览会开始运营。

在此期间，苏联的圣彼得堡、基辅、巴库、第比利斯，加拿大的多伦多、蒙特利尔，意大利的罗马、米兰，美国的克利夫兰，瑞典的斯德哥尔摩，日本的名古屋，挪威的奥斯陆，葡萄牙的里斯本，德国的法兰克福，荷兰的鹿特丹，墨西哥的墨西哥城以及中国的北京先后开通了地铁。

6）高速发展阶段（1969～现在）。这一阶段，伴随着世界各国城市化进程的不断加快、客流量的不断攀升、城市内的交通距离的延长以及人们生活节奏的加快，对城市交通的要求也越来越高，各国政府越来越重视城市轨道交通在解决城市交通问题中的作用，并不惜花费大量的人力、物力和财力来建设城市轨道交通设施。

同时，轨道交通技术的不断发展，已成为新型城市轨道交通发展的有力支持。在这时期，出现了许多新型城市轨道交通运输方式：1984 年，法国第一条现代化有轨电车线路在南特市建成通车；英国于 1984 年在伯明翰建成低速磁悬浮铁路并投入使用。

（3）世界各国城市轨道交通发展的现状与特色 以地铁为例，截至 2005 年底世界地铁客运量和建设规模较大的城市有：俄罗斯的莫斯科、日本的东京、墨西哥的墨西哥城、美国的纽约、法国的巴黎、英国的伦敦、韩国的首尔、中国的香港和德国的柏林等城市。从 2010 年开始，中国北京、上海、广州、深圳等城市地铁系统有了飞跃式发展，其规模及客运量居世界前十名。

1）俄罗斯的莫斯科地铁。莫斯科地铁是世界上规模最大、效率最高的地铁之一，也是世界上最深入地下的地铁。

莫斯科地铁的主要结构为中心向四周辐射状，全长为 354km，拥有 13 条线路以及 212 座车站，每个工作日能接待 800 万～900 万人次。莫斯科地铁所有的线路按照其开通顺序的先后获得 1～14 的编号，其中最重要的便是 5 号线——环线，它连接起其余绝大多数线路，其长度大约为 20km（表 1-2）。

表 1-2 俄罗斯的莫斯科地铁线路

俄罗斯莫斯科地铁	
路线条数：13 条	
路线长度：354km	

然而，最能体现其特色的，恐怕还是它早期建成的有"地下艺术宫殿"美誉的各个地铁车站，被公认为世界上最漂亮的地铁站（图 1-22）。地铁站的建筑造型各异，华丽典雅，铺设的大理石就有几十种，不同艺术风格的壁画、浮雕、雕刻和灯饰装饰其中，像富丽堂皇

的宫殿。尤其是环线各站：巨型的拱门式通道将人带进由圆柱、方柱支撑起的大厅；穹顶上饰有各式华丽的吊灯，巨型壁画在水晶灯下美轮美奂，给人以美不胜收的感觉。它们或展现出特殊的历史画卷，或表达了现代艺术的浪漫。此外，围绕着莫斯科地铁还有很多附有神秘色彩的传说。

俄罗斯除莫斯科地铁外，其他一些城市的地铁也较为发达，如圣彼得堡的地铁，日均客流量在 2014 年时，排在全球 18 位。

图 1-22 俄罗斯莫斯科的地铁站

2）日本的东京地铁。东京地铁的总运营里程达 312.6km，目前共有 13 条路线，290 座车站，每日平均运量将近 1080 万人次，居世界前列（表 1-3）。

表 1-3 日本的东京地铁线路

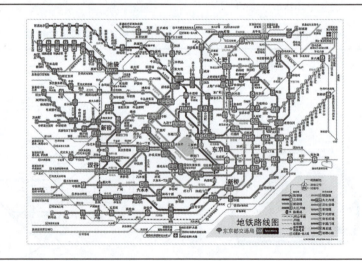

日本东京地铁	
路线条数：13 条	
路线长度：312.6km	

东京地铁的银座线是全亚洲最早开通的地铁线。目前东京共有 13 条地铁线路，由帝都高速交通财团管理下的东京地铁股份有限公司（东京地下铁株式会社）运营的 8 条地铁线路（即营团线地铁）和东京都交通局管理运营的 5 条地铁线路（即都营线地铁）构成。

东京地铁发达便利，线路纵横交错，将东京地下连成一个网状交通系统。东京地铁管理和服务上做得非常好，不同的地铁线路都有自己的标识色，换乘十分方便（图 1-23）。虽然东京的地铁很拥挤，上班高峰时人潮汹涌，但秩序较好。

3）墨西哥的墨西哥城地铁。墨西哥城地铁共有 12 条线路，226.5km 的运营线网，每天运送 450 万人次，年客运量达 16.46 亿人次，仅次于莫斯科和东京（表 1-4）。

图1-23 日本东京地铁线路的标识色

表1-4 墨西哥的墨西哥城地铁

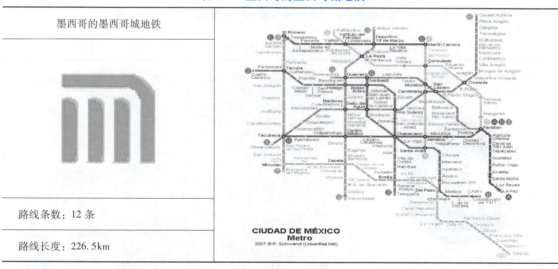

墨西哥城地铁最具特色的是其票价，被誉为"世界上最便宜的车票"，福利性很强，目前也只有2比索，相当于人民币1.8元，这是源于墨西哥政府将地铁交通事业定位于公益性质，政府不但出全资建设地铁，而且地铁的运营亏损由政府实行全额补贴。

墨西哥城地铁文化颇具特色：地铁专门开展科普宣传，重要地铁出入口、站厅的墙壁绘有颇具墨西哥传统文化的壁画、雕塑（图1-24）；一些靠近市中心的站内还经常举办各种文化展览等。

4）美国的纽约地铁。纽约地铁2005年之前是世界上运营线路最长的地下铁路系统，也是世界上兴建最早、效率最高的地铁系统之一。目前纽约地铁由纽约大都会运输署（简写为MTA）管理，由纽约市捷运局负责营运。营运路线数36条，长度394km，车站数473座（表1-5）。

图 1-24 墨西哥城地铁中的壁画

表 1-5 美国的纽约地铁线路

美国纽约地铁	
	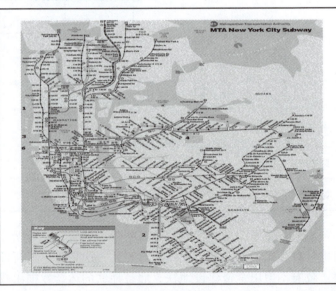
路线条数：36 条	
路线长度：394km	

纽约地铁的建筑与装饰材料很有特色：纽约地铁站台边的墙上几乎无一例外地用马赛克或瓷砖来拼贴站名和方向标记；在墙的顶端和下部，一般还都有用这些陶瓷材料拼出的花边，色彩古朴雅淡，图案的风格随着线路、地区以及建造时间的不同而有所变化，宛如一座陶瓷拼镶艺术的"博物馆"（图1-25）。另外，纽约的整个地铁系统几乎是用钢材建造起来的，且不说它地面上的高架路段全是由钢构件组成，即便是地底下的路，也是由钢梁、钢柱、钢板像搭积木那样在地底下搭出来的。整个地铁网络所消耗的钢材数量非常大。

图 1-25　美国纽约地铁中的陶瓷装饰

5）法国的巴黎地铁。巴黎地铁系统被誉为世界上最好的地铁系统之一，是欧洲的第三大地铁系统，长度排在伦敦、马德里之后。目前巴黎地铁有 16 条线路，总长度 221.6km，有 14 条主线、2 条支线，合计 383 座车站、87 个交汇站，现由巴黎大众运输公司负责营运（表1-6）。

表 1-6　法国的巴黎地铁线路

法国巴黎地铁	
	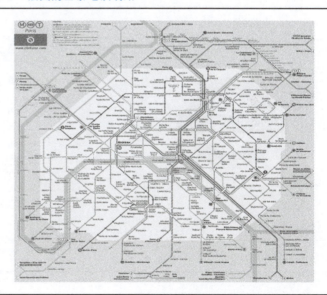
路线条数：16 条	
路线长度：221.6km	

巴黎大部分地铁线路的列车用的是硬橡胶制成的车轮，车辆颜色统一为蓝白相间（图1-26），这种车轮噪声小，但缺点是速度相对较慢，再加上巴黎地铁的站间距很小，使得巴黎地铁成了世界上行驶速度较慢的地铁系统。

巴黎地铁无论从建筑装饰还是到灯光色彩都散发着艺术的气息，一些地铁站按照不同主题被装扮成如同艺术馆、博物馆、剧院和音乐厅等，甚至那些涂鸦爱好者们，也把地铁车厢和车站墙壁、地面当成了他们展现"才华"与"个性"的画板。

6）英国的伦敦地铁。伦敦地铁是世界上最古老的地铁之一，是世界地铁的发源地。

图 1-26　法国巴黎地铁车辆

自 1863 年第一条地铁建成通车,到 1890 年蒸汽机车被电力机车取代,今天的伦敦已建成总长为 408km 的地铁线网,共有 12 条路线,275 座车站,每日运送乘客约 267 万人次(表 1-7)。

表 1-7　英国的伦敦地铁线路

英国伦敦地铁	
	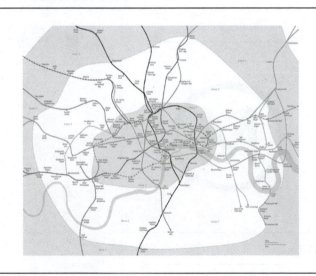
路线条数:12 条	
路线长度:408km	

伦敦地铁在英语中常被昵称为"The Tube"(译为管子),名称来源于车辆在像管道一样的圆形隧道里穿行(图 1-27)。伦敦地铁线路复杂,同一条线上会有不同路线,不同终点,还有区间车,必须看清列车第一节车厢上方的显示再上车。列车到站时,大部分市中心车站会有广播:"请留意列车与站台的间隙(Please mind the gap between the train and the platform)",这一短语俨然成为伦敦地铁的听觉标志。

7)韩国的首尔地铁。首尔地铁自 1974 年开通 1 号线,其后的发展非常迅速,2018 年运营总里程居世界第九位。目前运行的地铁线路总共 14 条,路线长度 314km。由首尔市地下铁公社和都市铁道公社两家公司经营(表 1-8)。

第 1 章 城市轨道交通的概念与历史

图 1-27　英国伦敦地铁的"管子"

表 1-8　韩国的首尔地铁线路

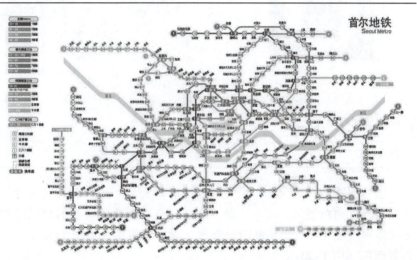

韩国首尔地铁	
路线条数：14 条	
路线长度：314km	

首尔的地铁线路密集度很高，每条线路都会有交合点，特别是市区的地铁站，几乎每个站都是中转站，复杂密集的线网可以通往城市的任何地方。

虽然首尔地铁的历史较为短暂，但其地铁文化艺术列车却属世界首创。对于韩国这个不太大的国家而言，地铁的上座率一直不是很高。由于乘客少，首尔地铁列车内部总是显得空荡荡的，于是聪明的韩国人开始打扮起他们的地铁车厢，车厢被做成了各种主题，如"浪漫主题""水族馆主题""现代艺术主题""色彩主题""森林主题""丰收主题""海洋主题"等（图 1-28）。文化艺术列车主要在首尔地铁 3 号线上。最特别的是

图 1-28　韩国首尔地铁"水族馆主题"车厢

17

站内还设有一个向市民开放的多媒体可视文化中心，这个文化中心由图书馆、可视厅、剪辑室和电影院等组成。

8) 德国的柏林地铁。继伦敦、布达佩斯、格拉斯哥和巴黎之后，柏林是第 5 个建成地铁的城市。自 1902 年 2 月 15 日柏林的第一条地铁通车，到如今柏林已经建成了一个拥有 10 条地铁线，195 座地铁车站，全长 147.4km，每年客运量达 4 亿多人次的地铁网（表 1-9）。

表 1-9　德国的柏林地铁线路

德国柏林地铁	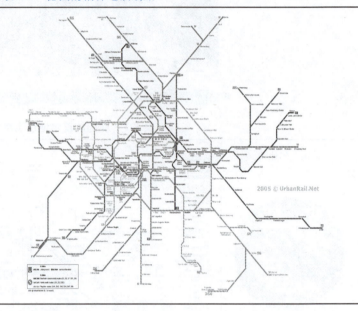

路线条数：10 条	
路线长度：147.4km	

柏林地铁给人最大的印象是它的平静，每天上千万的客流量并不显得嘈杂。柏林地铁没有检票闸机和检票员，买不买票，全凭自觉，德国人高度的自觉性和严格的纪律性得到了充分的体现（图 1-29）。柏林的地铁列车通身着鲜艳而简单的明黄色，方正的车厢，十分醒目而有特色（图 1-30）。

图 1-29　德国的柏林地铁

图 1-30　柏林黄色地铁车辆

9）西班牙的马德里地铁。马德里地铁开通于 1919 年，是欧洲第二大地铁系统，仅次于伦敦。马德里地铁共有 12 条主线及 1 条支线，合计长度为 284km（表 1-10）。

表 1-10　西班牙马德里地铁线路

西班牙马德里地铁	
Metro	
路线条数：13 条	
路线长度：284km	

2. 我国城市轨道交通的产生与发展

（1）我国有轨电车的历史　我国城市轨道交通系统的产生，是从有轨电车开始的。最早的有轨电车出现于北京，时间是 1899 年，由德国西门子公司修建，连接当时的马家堡火车站与永定门（图 1-31）。1921 年以后，北京逐步建立了有轨电车系统。

香港于1904年开通有轨电车,此后,一些城市相继开通有轨电车,如天津于1906年,上海于1908年,大连于1909年,沈阳于1924年,哈尔滨于1927年,长春于1935年。新中国成立后,鞍山于1950年开通了第一条通勤有轨电车线路。

从20世纪50年代末开始,各城市陆续拆除其有轨电车线路。至今仍有有轨电车运营的城市只剩下香港(图1-32)、大连、长春、鞍山,而大连、长春的有轨电车正在被改造为轻轨交通的一部分。北京前门大街目前已恢复有轨电车线路,但仅用于观光旅游。

图1-31　北京第一条有轨电车开通　　　　图1-32　香港的有轨电车

最近几年,随着城市的拥堵,对环境保护的要求,现代有轨电车重新发展,一些城市如北京、苏州等新开通了现代意义上的有轨电车线路,如图1-33所示。

(2) 我国地铁的产生与发展　我国地铁建设发展的历程,大体上可以分为三个阶段:

1) 起步阶段(20世纪60年代~80年代初)。这一时期,我国先后于1969年在北京(图1-34)和1976年在天津开通了两条地铁,线路总长27.2km。上海也从20世纪60年代开始进行了地铁的研究和试验。并建成一段试验段,但"文化大革命"时期被迫终止。这一时期1979年10月,香港第一条地铁线路开始运营。

图1-33　苏州现代有轨电车　　　　图1-34　北京地铁1号线

2) 平稳发展阶段(20世纪80年代中期~2000年)。这一时期,中国开始了改革开放的进程,伴随着经济的发展,继北京、天津之后,上海(图1-35)、广州也修建了地铁。这一时期，我国大陆地区新增地铁运营里程120km。香港地铁在这一时期也得到了迅猛的发展，完成了现有7条线路的建设，并跻身世界城市地铁系统的前列。1996年台北市修建了第一条城市轨道交通线路，揭开了台湾地区修建城市轨道交通系统的序幕。

3) 快速发展阶段（21世纪初～现在）。进入21世纪，中国经济的迅猛发展为地铁建设带来了重大机遇，各大城市地铁项目竞相立项开工。截至2017年末，内地共有32个城市开通轨道交通并投入运营，运营里程达4699km；有70个城市的轨道交通线网规划获

图1-35　上海地铁2号线

批，其中北京、杭州、广州规划线路投资均超过2000亿元。根据中国城市轨道交通协会发布的《2017年城市轨道交通行业统计报告》，截至2017年末，在中国内地的城市轨道交通运营里程中，地铁3884km，占比77.2%；轻轨、单轨、城际快轨、现代有轨电车、磁浮交通、APM（乘客自动运输系统）等其他制式运营线路约1149km，占比22.8%。

预测，"十三五"期末，中国内地运营线路成网规模超过400km的城市将超过10个，其中，北京、上海将形成上千公里级的城市轨道交通"巨网"城市，广州、深圳、重庆、天津、南京、成都、武汉、郑州等将形成线网规模400km以上的城市轨道交通"大网"城市。

(3) 我国内地各城市城市轨道交通发展的现状与特色　我国内地现有城市轨道交通系统运营的城市主要有北京、上海、广州、深圳等32个城市（表1-11），截至2019年6月底，国内共有37个城市开通城市轨道交通系统。

表1-11　我国内地各城市城市轨道交通运营里程排序表

排名	城市	运营里程/km	线路数/条	排名	城市	运营里程/km	线路数/条
1	上海	676.49	17	17	长沙	68.698	3
2	北京	608.619	22	18	长春	83.99	5
3	广州	375.64	15	19	合肥	57	2
4	南京	363.11	11	20	无锡	55.72	2
5	深圳	297.543	9	21	沈阳	123.45	8
6	重庆	263.45	6	22	南宁	53	2
7	武汉	254.26	9	23	南昌	48.3	2
8	成都	175.674	6	24	青岛	55.17	3
9	天津	175.318	6	25	东莞	37.8	1
10	大连	179.05	6	26	石家庄	30.3	2
11	苏州	138.926	5	27	厦门	30.3	1
12	杭州	106.5	3	28	福州	24.89	1
13	郑州	91.19	3	29	哈尔滨	23.077	2
14	西安	91.35	3	30	佛山	21.5	1
15	昆明	88.7	4	31	珠海	8.92	1
16	宁波	75	2	32	淮安	20.3	1

注：统计截止到2017年底。

1）北京。1965年7月1日，北京地铁一期工程举行了开工典礼。1969年10月1日，建成通车试运行；1971年1月15日，线路开始试运营。1992年10月10日，北京地铁复兴门站至西单站通车。同年12月28日，北京地铁"复八线"12km新线建设全线开工。1999年9月28日，"复八线"通车试运营。"复八线"于2000年6月28日与原1号线相连并贯通试运营。2003年12月27日，地铁1号线的延长线八通线试运营（图1-36）。

1971年3月，北京地铁二期工程开工，1984年9月建成通车。1987年12月28日，北京地铁2号线正式环形运行。

1999年12月11日，北京市第一条以地面线和高架线为主的快速轨道交通线路——北京轻轨13号线破土动工。2003年1月28日，轻轨13号线全线通车试运营（图1-37）。

图1-36　北京地铁1号线的延长线"八通线"　　　图1-37　北京轻轨13号线

1995年4月26日，北京地铁环线列车开始由4辆编组改为6辆编组，第一列6辆编组列车投入运营。2000年4月10日，地铁1号线正式启用车门电视监视系统，这是北京地铁运营30年来行车监控系统的一大突破。2002年底北京地铁车票实行色标管理，其中地铁1号线车票颜色为粉红色，2号线（包括2个换乘站）车票为湖蓝色。

2007年10月，北京地铁5号线开通运营。2008年，10号线一期、奥运支线、机场线已在第29届奥运会开幕前开通运营。根据《北京市城市轨道交通第二期建设规划（2015—2021年）》，北京市城市轨道交通2020年线网由30条线路组成，总长度为1177km；远景年线网由35条线路组成，总长度为1524km。预测2021年，北京市公共交通占机动化出行量比例为60%，轨道交通占交通出行量比例为62%。北京地铁2020年规划线路如图1-38所示。

2）天津。天津地铁一期工程于1970年6月5日开始动工，1984年12月28日正式通车。天津地铁1号线于2005年12月开始运营（图1-39）。

津滨轻轨始建于2001年1月18日，一期工程东段于2003年9月30日建成通车，2004年3月28日开始运营（图1-40）。

2015年9月29日，国家发展改革委发布了天津市城市轨道交通第二期建设规划（2015—2020年）的批复。依据城市总体规划和综合交通规划，天津市城市轨道交通远景年线网由28条线路组成，总长度为1380km。预计到2020年，天津市公共交通占机动化出行

第 1 章　城市轨道交通的概念与历史

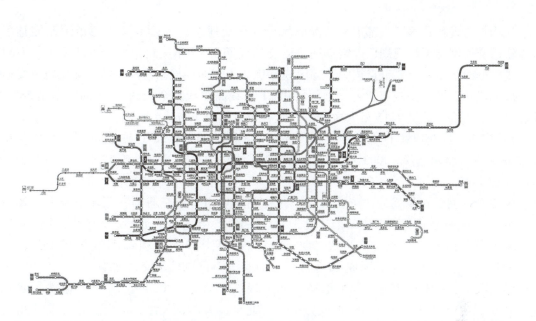

图 1-38　北京城市轨道交通 2020 年规划线路图

量比例达到 36%，轨道交通占公共交通出行量比例达到 40%。

按照建设方案，从 2015 年开始，建设 M7 线一期、M8 线一期、M10 线一期、M11 线一期、Z2 线一期、Z4 线一期和 B1 线一期 7 个项目，总成约 228.1km。到 2020 年，形成 14 条运营线路、总长 513km 的轨道交通网络。

3）上海。2002 年 12 月，上海磁悬浮列车线路开始运行（图 1-41），它连接上海浦东机场和地铁 2 号线的龙阳路站，是世界上第一条磁悬浮商业运营线路。该线全长 31km，运行时间为 8min，最高速度 436km/h，采用的是"常导磁吸型"技术。

图 1-39　天津地铁 1 号线

图 1-40　天津津滨轻轨

图 1-41　上海磁悬浮列车线路

23

为构筑与现代化国际大都市相匹配的城市综合交通系统，2000年上海市编制完整了上海市轨道交通网络系统规划，确定远期轨道交通线网由17条线路组成。近些年来，上海对长大线路分段运营、重要节点锚固、郊区线路优化等方面的规划不断总结，优化轨道交通路网格局。优化后的上海城市轨道交通线网由21条线路组成，全长约1051km，车站587座，预计日均承担客运总量2215万人次，占公交客运总量的52%。

4）广州。广州地铁1号线全长18.5km，工程于1993年12月破土动工，1999年6月28日正式投入商业运营。2003年，广州地铁2号线全线开通。2006年12月，广州市地铁3开通（图1-42）。

2017年3月，国家发展改革委批准了《广州市城市轨道交通第三期建设规划（2017—2023年）》。根据建设规划，将新增建设3号线东延段、5号线东延段、7号线二期、8号线北延段、10号线、12号线、13号线二期、14号线二期、18号线和22号线共10条线路，总长度258.1km。至2023年，形成18条线路，总长792km的轨道交通网络。

5）深圳。2001年3月，深圳地铁一期工程正式动工。2004年12月，地铁一期工程建成开通试运行（图1-43）。深圳成为国内继北京、香港、天津、上海、台北及广州后第七个拥有地铁系统的城市。

图1-42 广州地铁3号线

图1-43 深圳地铁站台

根据2010年获得国务院正式批复的深圳市城市总体规划（2010—2020年）中编制的《深圳市城市轨道交通规划》，深圳市城市轨道交通线网远景规划方案有组团快线、城市干线、局域网3个层次共16条城市轨道交通线路组成。《深圳市城市轨道交通第四期建设规划（2017—2022年）》中显示，深圳市城市轨道交通2020年线网由16条线组成，总长度约596.9km，远景线网由20条线路组成，总长度约753km。预测到2025年，深圳市公共交通占客运机动化出行量比例达到65%以上，轨道交通占公共交通出行量比例为45%以上。

6）南京。2000年12月12日，地铁1号线正式动工，2005年正试运行。2005年12月南京地铁2号线试验段开工（图1-44）。

南京未来轨道交通线网由城市轨道交通和城际轨道交通构成，共计25条线路，总长915.6km。其中城市轨道交通14条，总长593km，城际轨道交通11条，总长322.6km。

7）重庆。2000年，重庆轨道交通2号线（高架跨座式独轨交通系统）开工，到2005

年底建成通车，全长 19.15km（图 1-45）。目前，重庆地铁与轻轨共运营 6 条线。

图 1-44　南京地铁鼓楼站的艺术壁画

图 1-45　重庆跨座式独轨线路

根据国务院批准的重庆市城乡总体规划，重庆市城市轨道交通远景线网由十七线一环组成。预计 2020 年，重庆市区公共交通占全方式出行的比例为 50%，轨道交通占公共交通出行的比例为 50%。

8）武汉。2000 年 12 月，武汉轻轨 1 号线一期工程正式开工，2004 年 9 月 28 日正式运营。2005 年 12 月，全长 18.6km 的武汉轻轨 1 号线于 2010 年完工（图 1-46）。

武汉市最初的轨道交通线网规划于 2002 年，后经过 3 次调整，形成了目前的轨道交通线网规划：至 2049 年，建成 25 条线路，总规模 1100km（设站 585 座），其中主城范围内 11 条（533km），过江通道 12 条。2015 年，国家发展改革委批准武汉市城市轨道交通第三期建设规划（2015—2021 年）。该规划在上一轮轨道交通建设规划（2010—2017 年）的基础上，新增轨道交通 1 号线泾河延长线、2 号线南北延长线、4 号线西延线、5 号线、7 号线南延线、8 号线二期、11 号线东西段和阳逻线等 10 条线路，新增里程 173.5km，按此计划，武汉市至 2021 年将建成约 405km 的轨道交通网络。

图 1-46　武汉轻轨 1 号线

9）长春。长春轻轨一、二期工程于 2000 年 5 月开始建设，2007 年 4 月全线贯通运营，是中国首次采用国产化新型交流变频变压轻轨电动客车的营运线路（图 1-47）。目前，长春地铁运营线路为 4 条。

2016 年 9 月，《长春市轨道交通线网规划修编》指出：规划至 2020 年，长春市轨道交通线网由 10 条线组成，线网总长度为 324.4km，其中地下线长 216.2km，地上线长 108.2km；共设车站 235 座，其中地下车站 163 座，地上车站 72 座。远景线网由 10 条线组成，线网总长 460km，车站总数为 299 座，其中换乘站 46 座，车辆段及停车场 26 处。第三轮建设规划（2017—2022 年）共计 8 条线路，总长 135.4km。

10）大连。20 世纪 90 年代，大连市将建设投资的重点放到有轨电车和轻轨系统的有机结合上，逐步建立以地面为主、高架为辅的立体城市轨道交通系统。改造工程从传统路基开始，采用了混凝土板式整体道床；车辆方面，使用由大连自主研制的具有知识产权的我国第一辆双铰接式低地板轻轨电车（图 1-48）。大连的现代有轨电车于 2000 年 9 月开通运营，目前有 6 条线路运营。

图 1-47　长春轻轨线路　　　　　　　图 1-48　大连现代有轨电车

按照 2013 年 12 月大连市政府批复的《大连市轨道交通线网规划（2014—2020 年）》，全市轨道交通共 22 条线路，其中市域快线由 10 条线路组成，长度为 497km；核心区地铁线路由 7 条线路组成，长度为 206km；金州新区地铁线路由 2 条线路组成，长度为 72.4km；普湾新区轨道交通线路由 3 条线路组成，长度为 111.2km。根据《大连市城市轨道交通第二期建设规划（2015—2020 年）》，2015～2020 年，新建 1 号线三期工程、4 号线、5 号线和 R4 线二期工程，补列 R2 线和 R4 线二期工程，总长度为 170.1km。到 2020 年，形成 8 条运营线路、总长 298.6km 的轨道交通网络。

2017 年，中国内地共有 58 个城市的 217 条线路先后处于建设状态，总里程约 5400km。根据各城市的最新规划，截至 2017 年年底，中国国内共有 70 个城市规划了总数超过 700 条的城市轨道交通线路，总里程超过 28000km。

 实践操作

1. 操作练习

1）根据本章所学的知识，撰写出一篇关于某城市城市轨道交通发展情况或介绍某一种城市轨道交通形式的小论文，并做成 PPT 形式，给同学们演示。

2）在课余时间，利用纸张，制作出一种城市轨道交通形式的模型。

2. 书面练习

1）阐述世界城市轨道交通系统产生和发展的脉络与阶段。

2）简要回答城市轨道交通轨道的概念与特征。

1. 教师的评价

由教师在完成本章的教学任务后填写,在相应表格中画"√"。

序号	评价项目	教师的评价			
	题目	好	较好	一般	较差
1	对本章教学过程的控制				
2	在本章教学过程中,学生的参与情况				
3	学生对本章知识学习后的效果反馈				
教师对本章教学的总结评价意见及跟进措施					

2. 学生的评价

由学生在完成本章学习任务后填写,在相应表格中画"√"。

序号	评价项目	学生的评价			
	题目	好	较好	一般	较差
1	在本章教学执行过程中教师的表现				
2	本章教学内容与社会实际需求的联系状况				
3	自己在本章学习过程中的表现				
学生在学习本章后对自己的表现评价及对教学的跟进意见					

3. 知识跟进

1）从互联网上了解世界各国城市轨道交通发展的现状。

2）从互联网上了解城市轨道交通在技术层面上又有哪些创新。

第 2 章

城市轨道交通系统的设计与施工

问题导入

城市轨道交通系统的工程设施，不仅是保证高质量运营服务的前提和基础，而且还具有一个显著特点，就是其系统工程设施一经确定并建设完毕，基本上是长期使用，具有永久性，所以其规划、设计与施工的正确性、预见性和质量都是十分重要的。那么如何能有条不紊地做好城市轨道交通系统的设计与施工工作呢？这正是本章要介绍的内容。

学习目标

1. 能够掌握城市轨道交通路网规划与设计的一些基本概念。
2. 能说出轨道交通线路的种类及其在运营中的作用，能够分析各种辅助线路。
3. 能够说出限界的种类及作用。
4. 知道城市轨道交通常用的施工方法。

教学建议

1. **教学场地**：在教室或多媒体教室进行，课后可实地参观。
2. **设备要求**：各城市现有轨道交通线网图若干；限界、施工方法挂图或动画演示若干；各种施工机械模型 1 套。
3. **课时要求**：共 6 课时，其中课堂讲授 4 课时，参观学习 2 课时。

理论知识

2.1 城市轨道交通路网规划与设计

1. 城市轨道交通路网规划与设计的基本概念

（1）线网　线网是指在一个城市中轨道交通线路所构成的路网状态。

（2）线路　线路是指城市中某一把甲地到乙地连接起来的轨道路由。

（3）线网与线路的关系　两者是整体与局部的关系，若干条线路构成线网（图 2-1）。

（4）城市轨道交通规划设计的构成　城市轨道交通规划设计，可划分为线网规划与线

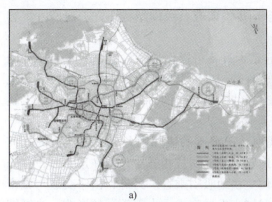 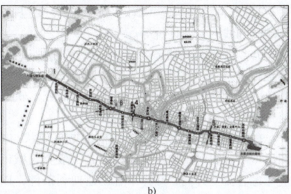

a)　　　　　　　　　　　　　　b)

图 2-1　线网与线路对比
a）线网　b）线路

路设计两部分，两者是系统与子系统间的关系。

（5）线网规划　线网规划是指在一定线路数量规模条件下，确定路网的形态及各条线路走向的决策过程。

（6）线路设计　线路设计是指在已经确定的城市轨道交通线网规划的基础上，研究某一条或某一段线路的具体位置，包括线路路由、敷设方式及站点选择等的确定过程。

（7）线网规划与线路设计的区别　线网规划更注重与城市发展的协调关系，强调城市整体发展的理论性、科学性、前瞻性，居宏观层面。线路设计关注线路走向的优化及与沿线土地开发及地面交通的协调，强调项目实施的合理性、实用性和可操作性，居微观层面。

2. 城市轨道交通线网规划

（1）线网规划的意义与作用　城市轨道交通线网规划是城市总体规划的一个组成部分，具有非可逆性，线路一经建成便不可更改。它的好坏直接影响城市交通结构的合理性以及工程投资、工程建设的经济效益和社会效益。其意义具体表现在：支持城市总体规划的实施和发展，有利于城市科学地制定经济发展规划，有利于城市各项设施建设，为控制轨道建设用地提供基础，为城市轨道工程建设提供依据。

其具体作用表现为：①缓解城市中心区交通的供需矛盾；②加强主出行方向（主要交通走廊）上系统的速度和容量；③串联城市大型客流集散点（交通枢纽、商业服务中心、行政中心、大型居住区、工业区和娱乐中心等），实现客流的合理疏解；④加强对外交通与市区的联系，方便卫星城镇与市区的联系，增强城市的辐射能力；⑤节约能源，避免大气污染，改善环境；⑥启动内需，聚集商贸及房地产开发，支持旧城改造和新区开发，并成为城市产业发展的新增长点。

（2）线网规划的内容　城市轨道交通线网规划主要包括城市背景研究、线网结构研究、实施规划研究三个方面内容。

1）城市背景研究。城市背景研究主要是对城市自然和人文背景加以研究，以确立指导轨道交通线网规划的技术政策和规划原则。其主要研究依据是城市总体规划和综合交通规划等。它的具体研究内容包括城市现状与发展规划、城市交通现状与发展规划（城市道路交通现状分析、道路网结构和布局、城市客运交通的发展和现状、城市交通发展总体战略、城市轨道交通现状）等。

2）线网结构研究。线网结构研究主要包括合理规模研究、线网结构研究、线网方案客流测试和线网方案评价等。

3）实施规划研究。实施规划研究是轨道交通是否具备可操作性的关键，其主要研究内容是工程条件、建设顺序、附属设施的规划。实施规划研究的具体内容包括：车辆段及其他基地的选址与规模研究、联络线分布研究、轨道交通线网与城市的协调发展及环境要求、轨道交通和其他地面交通衔接研究等。

（3）**线网基本结构形式**　根据城市现状与规划情况编制的线网中各条线路组成的几何图形一般称线网结构形式。其形式一般要与城市道路的结构形式相适应，但在选定时，首先应考虑客流主方向，并为乘客创造便利条件，以便更多地吸引乘客。另外，由于交通与城市发展之间的相互作用关系，轨道交通建成后，将对城市发展产生重大而深远的影响。线网结构形式布置适当与否，直接关系到线网建成后的经济效益、社会效益和交通服务质量。

为此，在设计线网时，不但要考虑各线的具体情况，更要考虑线网的整体布局，也就是要考虑线网总的结构形式是否合理。不同的线网结构形式，因其运输特性不同对城市人口分布的影响也不同，因此对城市结构的影响也不同。从几何图形上考虑，线网主要可划分为以下几种形式（图2-2）。

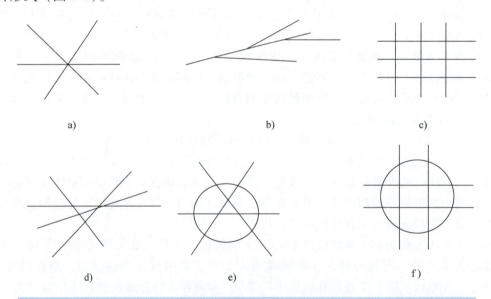

图 2-2　线网几种结构形式
a）放射形　b）条带形　c）棋盘式　d）放射形网状　e）放射加环形　f）棋盘加环线

1）放射形（星形）结构。放射形结构指所有线路只有一个换乘站的线网结构（图2-2a）。其唯一的换乘站一般都位于市中心的客流集散中心，线网中所有线路间都可以在该换乘站实现直接换乘，但由于换乘的客流量大，换乘客流相互干扰也大，易引起混乱和拥挤。另外，放射形线网换乘车站的设计与施工难度较大：由于一般是采用分层换乘，使车站埋深增加，车站建设费增加，乘客换乘时间延长。此外，由于所有线路都通达市中心，使得郊区与市中心的往来较为方便，郊区乘客可以直达市中心，并且由一条线到任何另一条线只有一次换乘就能到达目的地；但郊区之间的往返必须经过市中心的换乘站。

2）条带形（树状）结构。条带形结构是指 n 条线路有 $n-1$ 个交叉点（换乘站），且在网络中没有网格结构，形如树枝状（图 2-2b）的线网结构。这种结构适合于沿江或沿山谷条带状发展的城市地域。但这种结构连通性差，线路间换乘不方便，两条树枝线间至少要换乘两次才能实现互通。此外，由于线路上客流分布不均，同一线路上两个换乘站之间的路段因担负着大量的换乘客流，客流量较换乘站外侧路段显著增高，给线路的行车组织带来困难。

3) 棋盘式（栅格网状）结构。棋盘式结构是指由若干线路（至少 4 条）大多呈平行四边形交叉，所构成的网格多为四边形的线网结构（图 2-2c）。这种结构的特点是：一般在内城区分布较均匀，但深入市郊的线路不多；由于存在回路，连通性好，乘客换乘的选择也较多；线路多为平行分布，方向简单，一般只有纵横两个方向，能提供很大的输送能力，线路和换乘站上的客流也能分布得较均匀；但由于没有通达市中心的径向斜线，市郊到市中心的出行不便。

4) 放射形网状（三角形）结构。放射形网状结构是指线路（至少 3 条）多为径向线且线路交叉所成的网格多为三角形的线网结构（图 2-2d）。这种结构中，多数线路都在市中心区有三角形交叉，市中心区线路和换乘站密集而均匀，网络连通性好，乘客换乘方便，在规模不大的情况下，任意两条线路间都可以实现直接换乘，线网中交织成网的部分影响区范围较小，但深入市郊的射线很长。这种结构由于各个方向都有线路通达市中心区，市郊到市中心的出行方便，市中心区对市郊的经济辐射距离较远，市郊之间的往返必须到市中心区的换乘站换乘。

5) 复合形结构。指几种几何形状叠加在一起构成的线网结构，如放射加环形、棋盘加环形（图 2-2e、f）等。由于增加了环线，环线和所有经过的径向线间可以直接换乘，增加了整个线网的连通性，并减轻了市中心的线路负荷，起到了疏散客流的作用。

6) 其他结构。国内外许多规模不大的城市，由于城市地理位置特殊，客流流向较为集中单一，往往不需修建更多的轨道交通线，不必形成轨道交通网。目前国外比较典型的线网有秘鲁利马一字形地铁，日本神户 L 形地铁，英国格拉斯 O 形地铁，巴西累西腓 Y 形地铁，哥伦比亚麦得林 T 形地铁等。

3. 城市轨道交通线路设计

（1）城市轨道交通线路设计的过程　线路设计一般分为四个阶段，即可行性研究阶段、总体设计阶段、初步设计阶段和施工设计阶段。通过不同的设计阶段，逐步由浅入深，不断地比较和修正线路平面、纵剖面和坡度、线路与车站的关系，最后得到轨道交通线路在城市三维空间中的准确位置。

1) 可行性研究阶段。可行性研究阶段主要是通过实际调查确定方案，然后通过线路多方案比选，选择线路走向、路由、车站分布、辅助线分布、线路交叉形式、线路敷设方式等；提出设计指导思想和主要技术标准。

2) 总体设计阶段。这一阶段的主要任务是根据可行性研究报告和审批意见，初步确定线路平面规划，提出线路纵断面的标高位置，确定车站的大体位置。

3) 初步设计阶段。这一阶段的主要任务是根据总体设计文件及审查意见，完成对线路设计的原则、技术标准的确定；基本确定线路平面位置和车站位置；开始进行右线纵断面设计。

4) 施工设计阶段。这一阶段的主要任务是根据初步设计文件及审查意见，对部分车站位置和个别曲线半径等进行微调,对线路平面及纵断面进行精确计算和详细设计,并提供出施工图样及说明。

(2) 城市轨道交通线路设计的内容　城市轨道交通线路设计内容主要包括如下几个方面。

1) 选线。选线包括选择设计线路的走向、路由、车站分布、辅助线分布、交叉形式和敷设方式等。选线分为经济选线和技术选线。

经济选线就是选择行车线路的起始点和经过点,使城市轨道交通线路应尽可能多地经过一些大的客流集散点,如闹市区、商业区、政治文化经济中心、居民生活集中区、工矿区和地面交通枢纽等,以吸引最大的客流量,提高城市轨道交通的内部效应,方便市民搭乘轨道交通。

技术选线就是按照行车线路,结合有关设计规范的平面和纵剖面设计要求,确定不同坐标处线路位置。一般要遵循先定点、后定线、点线结合的原则。定点就是选定车站的位置。两条轨道交通线路交叉时,应在交叉点上设换乘站。

线路敷设方式分为三种情况:地面线、地下线和高架线。这三种方式有着各自的特点:地面线节约投资,但噪声大、占地大;地下线投资大,工期长;高架线占地少,噪声大,但比地下线一般能降低工程投资的1/5~1/3。线路敷设方式应根据城市环境、地形条件和总体规划要求,因地制宜地选择。在城市中心区,宜采用地下线;在城市中心区外围,且街道宽阔地段,宜首选地面和高架线（在地面和高架线地段,应注意环境保护和景观效果,并维护地面道路的交通功能）。在设计时,无论是地下线还是地上线,都要充分考虑利用地下和地上的空间资源。所以,规划部门要严格按路网规划用地要求控制用地,以防后患（图2-3）。

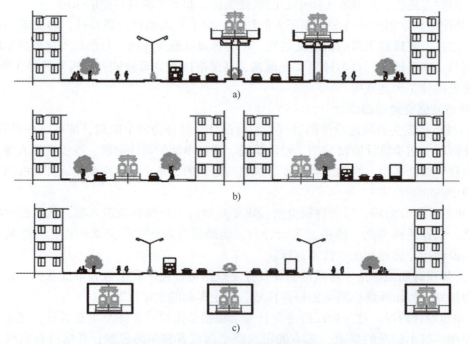

图2-3　线路敷设方式
a) 高架线（两种选择）　b) 地面线（两种选择）　c) 地下线（三种选择）

2）线路平面的设计。从平面上看，线路是由直线和曲线组成的，曲线包括圆曲线和缓和曲线。在线路设计时，主要是根据实地情况和技术要求考虑线路平面的组成要素：直线与曲线的技术标准，如曲线半径、圆曲线长度、缓和曲线等。

3）线路纵断面的设计。从纵断面上看，线路主要是由平道和坡道组成。在线路设计时，主要是根据地形、地质情况及工程量和施工条件等因素，考虑线路纵断面的组成要素：平道与坡道的技术标准。如最大坡度、最小坡度、坡段长度、坡段连接及竖曲线等（图2-4）。

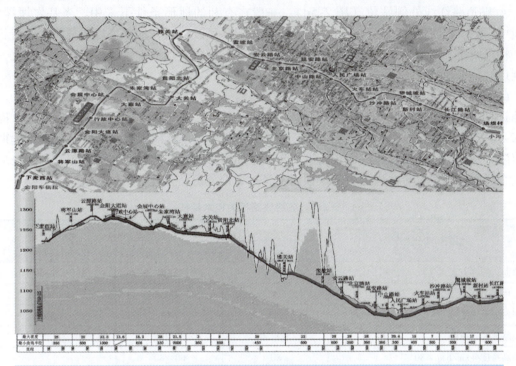

图2-4　线路平面与纵断面对比图

4）车站站位的选择。一般车站按纵向位置分为跨路口、偏路口一侧和两路口之间3种，按横向位置分为道路红线内外两种位置选择（图2-5）。

① 跨路口站位（图2-5a）：站位跨主要路口，并在路口的各个角上都设有出入口，乘客从路口的任何方向进入轨道交通系统均不需过马路，提高了乘客的安全性，减少了路口的人、车交叉；与地面公交线衔接好，乘客换乘方便。

② 偏路口站位（图2-5b）：车站不易受路口地下管线影响，减少车站埋深，方便乘客使用，减少施工对路口交

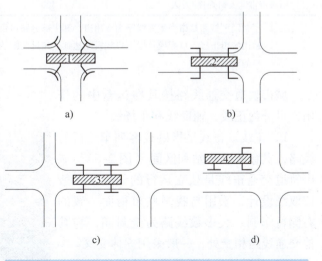

图2-5　车站位置与路口关系
a）跨路口　b）偏路口　c）两路口之间　d）贴道路红线外侧

通的干扰，减少地下管线拆迁，降低工程造价。在高寒地区，当轨道交通为高架线时，可以减少高架桥体阴影对路口交通安全的影响。不足之处是乘客集中于车站一端，降低车站的使用效能，增加运营管理上的困难。将车站出入口伸过路口，或增加路口过街人行道（天桥），并与出入口连通，或者将车站设计成上下两层式，可以改善路口车站的功能。

③ 设于两路口之间站位（图 2-5c）：当两路口都是主路口且相距较近（小于 400m），横向公交线路及客流较多时，可将车站设于两路口之间，以兼顾两路口。

④ 贴道路红线外侧站位（图 2-5d）：一般在有利的地形条件下采用。当基岩埋深浅、区间可用矿山法暗挖、道路红线外侧有空地或危旧房区改造时，地铁可以与危旧房改造相结合，将车站建于红线外侧的建筑区内，可以少破坏路面，少动地下管线，减少交通干扰，充分利用城市土地。

(3) 城市轨道交通线路的级别与分类　线路是轨道交通系统中重要的组成部分，按线路远期单向客运能力，可分为Ⅰ、Ⅱ、Ⅲ三个等级，各级线路分别有其相关技术特征（表2-1）。每条线路的运能，应通过客流预测分析确定。客流预测应按初期、近期、远期设计年限分别测算，初期为建成通车后第 3 年，近期为第 10 年，远期为第 25 年。同时也应考虑整个线网的远景客流并进行平衡性预测，经过综合分析，合理确定需求规模。

表 2-1　各级线路相关技术特征

线路运能分类	Ⅰ（高运量）	Ⅱ（大运量）	Ⅲ（中运量）
	地铁	地铁	轻轨
单向运能/(万人次/h)	5~7	3~5	1~3
适用车型	A	B（或 A）	C（或 B）
列车最大长度/m	185	140	100
线路形式（市中心区）	全封闭	全封闭	半封/全封闭
最高速度/(km/h) ≥80	80	60~80	
旅行速度/(km/h)	30~40	30~40	20~30/30~40
适用城市市区人口规模/万人	>300	>200	>100

注：1. 半封闭型线路是指当地面线路为专用道，其中部分路口设平交道口。
　　2. 适用城市市区人口规模是指人口规模能达到或超过此限的城市，其快速轨道交通线网中的主干线可能达到相应的运量等级。

城市轨道交通线路按其在运营中的作用，可分为正线、辅助线和车场线。

1）正线。正线是指供载客列车运行的线路，贯穿所有车站和区间（图 2-6）。城市轨道交通正线是独立运行的线路，一般按双线设计，采用与我国城市街面一致的右侧行车制。大多数线路为全封闭，与其他交通线路相交处，一般采用立体交叉。

2）辅助线。辅助线是指为保证正线运营而设置的辅助线路，包括折返线、渡线、

图 2-6　运营正线

停车线、车辆段出入线和联络线等。辅助线是轨道交通系统的重要组成部分,直接关系到系统运营组织的效率。

① 折返线:城市轨道交通线路一般都比较长,全线的客流分布可能会不太均匀,这时可组织区段运行。区段运行是指列车根据运行调度的要求,在尽端站与中间站或中间站与中间站之间进行列车折返调头,故在这些地方需要为列车设置折返线。折返线除了供运营列车往返运行时的调头转线使用外,有些也可以作为夜间存车使用。常见折返线形式有很多种(图2-7)。

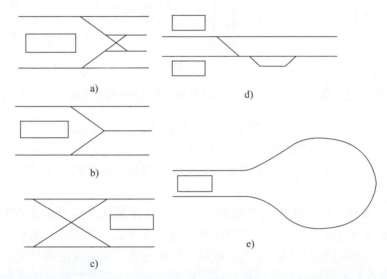

图2-7 常见折返线形式
a)双向折返线 b)单向折返线 c)利用交叉渡线折返 d)单渡线折返 e)尽端环线折返

② 渡线:渡线是指在上下行正线之间(或其他平行线路之间)设置的连接线,通过一组联动道岔达到转线的目的。渡线有单渡线和交叉渡线(图2-8)之分。渡线单独设置时,用来临时折返列车,增加运营列车调度的灵活性;在与其他辅助线合用时,能完成或增强其他辅助线的功能。

③ 停车线:停车线一般设置在端点站,专门用于停车,也可进行少量检修作业(图2-9)。在城市轨道交通车辆基地,要设有足够的停车线以供夜间停止运营后的列车停放。城市轨道交通线路由于运输量大,列车运行间隔小。在运营过程中,在线运

图2-8 交叉渡线

营列车可能会发生故障。为了不影响后续列车运行,设计上应能使故障列车及时退出运营正线。一般来说,在轨道交通线路沿线每隔3~5个车站的站端应加设渡线和车辆停放线。通过渡线使故障列车能及时调头,临时停车线的作用是临时停放事故列车。

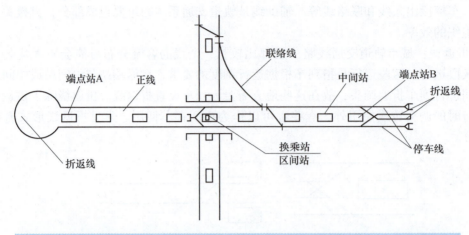

图 2-9　立体交叉的城市轨道交通线路整体布置图

④ 车辆段出入线：为保证运行列车的停放和检修，在轨道交通沿线适当的位置应设置车辆段，车辆段与正线连接的线路为车辆段出入线。出入线可以设计成双线或单线，与城市道路或其他交通方式的交叉处可采用平交或立交，具体方案要根据远期线路通过能力的需要量来确定。

⑤ 联络线：在整个城市轨道交通线网中，要使同种制式线路可以实现列车过轨运行，这种过轨一般需要通过线与线之间的联络线来实现。合理确定联络线，能够在线网建成后机动灵活地调用线网中各线的车辆，使线网形成有机的整体。联络线主要是两条正线间的连接线，主要有以下作用：车辆送修的通道；调运运营车辆；为后建线路运送设备；同一期工程跨线修建时，两线间需设置联络线，近期作正线使用。例如，北京地铁第一期工程苹果园至北京站线路，其中苹果园至复兴门是线网中 1 号线的西段，复兴门至北京站是 2 号环线的南环。一期工程修建时，在南礼士路至长椿街站间设一双线联络线作正线运行，直至环线建成贯通，两线各自独立运营以后，才停止作正线使用（图 2-10）。联络线是供调运车辆、设备使用，不载客，所以设置单线联络线就可以了，技术条件也可以低些。

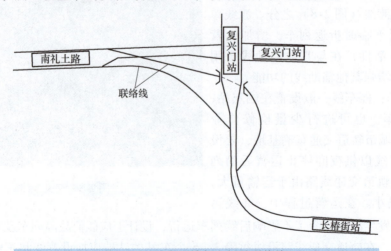

图 2-10　北京地铁复兴门站联络线

3）车场线。车场线是指车辆基地内的各种作业线，具体包括以下几种。

① 检修线：设置在车辆基地检修库内，专门用于检修车辆的作业线，配有地沟和架车设备（图 2-11）。

② 试验线：设置在车辆基地，用于对检修完毕的车辆进行运行状态检测的线路。

③ 洗车线：专门用于清洗车辆的作业线，如图 2-12 所示。

④ 出入库线：是车辆基地与正线联系的线路，专供列车进出车辆基地。一般分入库线和出库线（图 2-13）。

图 2-11　北京地铁 4 号线检修线

图 2-12　法国巴黎地铁洗车线

图 2-13　德国柏林地铁出入库线

2.2　城市轨道交通限界

1. 城市轨道交通限界的基本概念

限界是限定车辆运行及轨道区周围构筑物超越的一种规定的轮廓线，这种轮廓线以内的空间是保证城市轨道交通列车安全运行所必需的空间。

隧道的大小和桥梁的宽窄，都是根据限界来确定的。限界越大，行车安全度越高，但工程量和工程投资也随之增加。所以，要确定一个既能保证列车运行安全，又不增大桥、隧道空间的经济、合理的断面是制定限界的任务和目的，因此限界在城市轨道交通系统设计施工中占有很重要的地位（图 2-14）。

2. 城市轨道交通限界的种类

城市轨道交通的限界可分为车辆限界、设备限界、建筑限界和接触轨（或接触网）限界。

（1）车辆限界　车辆限界是指车辆最外轮廓的限界尺寸。它是根据车辆的轮廓尺寸和技术参数，并考虑其静态和动态情况下所能达到的横向和竖向偏移量，按可能产生的最不利

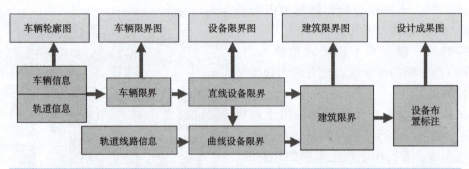

图2-14　限界在城市轨道交通设计施工中的位置

情况而进行组合确定的。

（2）设备限界　设备限界是指线路上各种设备不得侵入的轮廓线。它是在车辆限界的基础上再计入轨道出现最大允许误差时，引起的车辆偏移和倾斜等附加偏移量，以及包括设计、施工、运营中难以预计的因素在内的安全预留量。

所有固定设备及土木工程（接触轨及站台边缘除外）的任何部分都不得侵入此轮廓线内。因此对设备选型和安装都应分别考虑其制造和安装误差，才能满足设备限界的要求。《地铁设计规范》的附录中有 A 型、B1 型及 B2 型车限界图，包括隧道内、地面及高架直线地段的上部和下部车辆的轮廓线、车辆限界、设备限界与坐标值（图2-15）。

（3）建筑限界　建筑限界是行车隧道和高架桥等结构物的最小横断面的有效内轮廓线。在建筑限界以内、设备限界以外的空间，应能满足固定设备和管线安装的需要。在设计隧道

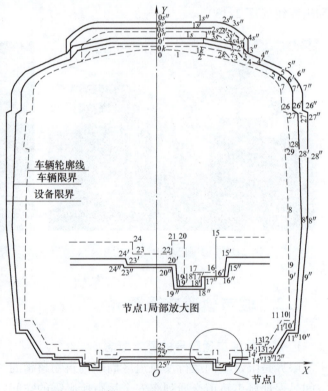

图2-15　隧道内直线地段车辆轮廓线、车辆限界、设备限界与坐标值

及高架桥等结构物断面时，必须分别考虑其他误差、测量误差和结构变形等因素，才能保证竣工后的隧道及高架桥等结构物的有效净空满足建筑限界的要求，以保证列车安全高速运行。

建筑限界中还包含以下一些辅助限界。

1）隧道建筑限界。在既定的车辆类型、受电方式、施工方法及结构形式等基础上确定的隧道的建筑限界。它分为矩形隧道建筑限界（图2-16）、圆形隧道建筑限界（图2-17）

和马蹄形隧道建筑限界（图 2-18）三种类型。

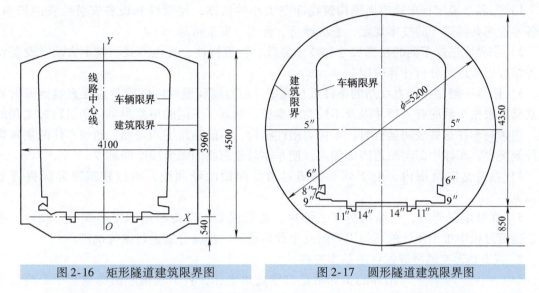

图 2-16　矩形隧道建筑限界图　　　图 2-17　圆形隧道建筑限界图

2）高架桥建筑限界。有时在轨道交通线路上方设计高架的人行通道和桥梁，为保证安全，这种高架桥需要给轨道交通列车及设备留出适当的空间。

3）车站建筑限界。车站建筑限界主要是从平面和纵断面两个角度要求。如站台有效长度范围内，其边缘至线路中心线的距离，应根据车厢宽度进行确定，一般站台边缘与车厢外侧面之间的空隙设置为 100mm 为宜。站台面的建筑限界高度，应根据车厢地板面至轨顶的垂直距离设置，一般站台面低于车厢地板面 50~100mm 较为合适（图 2-19）。

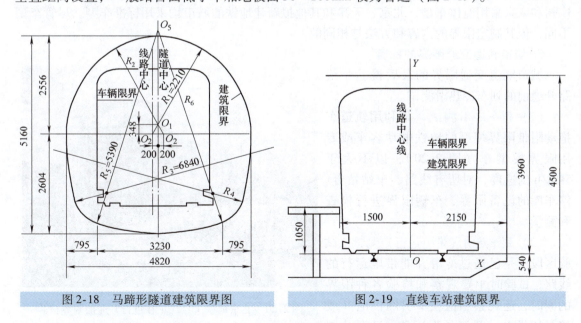

图 2-18　马蹄形隧道建筑限界图　　　图 2-19　直线车站建筑限界

（4）接触轨（或接触网）限界　接触轨（或接触网）限界是轨道交通供电系统的第三轨供电方式的接触轨或架空方式接触网设计位置的轮廓尺寸。

3. 城市轨道交通限界制定的原则

1）限界是确定行车轨道周围构筑物净空大小的依据，是管线和设备安装位置的依据，是各专业间共同遵守的技术规定，它应经济、合理、安全可靠。

2）限界应根据车辆的轮廓尺寸和技术参数、轨道特性、受电方式、施工方法、设备安装等综合因素进行分析计算确定。

3）限界一般是按平直线路的条件进行确定。而曲线和道岔区的限界应在直线地段限界的基础上根据车辆的有关尺寸以及不同曲线半径、超高，不同的道岔类型分别进行加宽和加高。因为列车在这些区间运行时，车体为刚性结构，不能随轨道而弯曲，致使车体两端向轨道外侧突出，车体中部向轨道内侧偏入，使车体与建筑物间限界净空间减少。

4）在道岔区范围内，由于列车需通过道岔侧面的导曲线，所以建筑限界应进行平面加宽。

5）在制定限界时，对结构施工、测量、变形误差，设备制造和安装误差，设计、施工、运营过程中难于预计的其他因素的安全预留量等，都应分别进行研究确定。

4. 城市轨道交通限界设计的基本内容

（1）**限界的坐标系**　限界的坐标系是二维直角坐标，将车辆横断面的垂直中心线与平直轨道横断面的垂直中心线相重合设为纵坐标轴 Y，将平直轨道轨顶连线设为横坐标 X，两轴相垂的交点为坐标的原点 O。

（2）**车辆轮廓线**

1）车辆轮廓线的含义。车辆横断面外轮廓线作为确定车辆限界及设备限界的依据，是车辆设计和制造的基本数据。

2）车体外轮廓尺寸。目前，我国地铁车辆采用标准车型和宽体车型两种类型。上海、广州和南京采用宽体车型，北京、天津和其他拟新建地铁的城市均采用标准车型。尽管车型不同，但其制定限界的内容和方法是相同的。

5. 城市轨道交通限界的检验

城市轨道交通限界的最后检验是线路开通前的列车冷热滑测试。

（1）**列车冷滑测试**　是利用轨道车拖动附带限界模型的地铁电动客车或专用限界模型车（图 2-20），以不大于 5km/h 的速度，对所有线路、车站站台、停车库的设备限界、车辆限界进行检查和测量。

（2）**列车热滑（带电运行）测试**　试验区段应是已通过冷滑并能带电运行的线路，试验时主要观察和检验各种限界的同时，还观察和检验牵引网供电（或接触轨供电）受流是否正常。还要检查

图 2-20　北京地铁 4 号线正在进行开通前限界检验

其他业务，如：办理列车进路是否正常，通信联系是否正常，列车运行有无异常，轨道的承载试验等。

2.3 城市轨道交通工程施工

1. 城市轨道交通土木工程的种类与结构类型

(1) 城市轨道交通土木工程的种类 主要包括地下工程、地面工程和高架工程。

地下工程主要包括区间隧道工程和地下车站工程。地面工程主要包括筑堤工程、地面车站工程、车辆段与配套工程。高架工程主要包括高架桥工程和高架车站工程。

(2) 城市轨道交通土木工程的结构类型 城市轨道交通土木工程的结构类型主要包括地下区间隧道结构类型、地下车站结构类型、地面车站结构类型、高架车站结构类型和高架桥结构类型。

1) 地下区间隧道结构类型又包括矩形、圆形、马蹄形、钟形（图 2-21）。

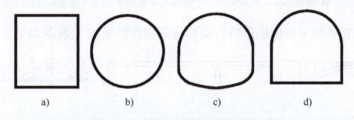

图 2-21 地下区间隧道结构类型
a) 矩形 b) 圆形 c) 马蹄形 d) 钟形

2) 地下车站结构类型又包括矩形、圆形、拱形、椭圆形（图 2-22）。

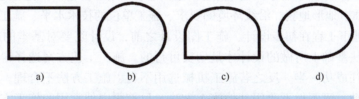

图 2-22 地下车站结构类型
a) 矩形 b) 圆形 c) 拱形 d) 椭圆形

3) 地面车站结构类型又包括开放式结构、封闭式结构（图 2-23）。

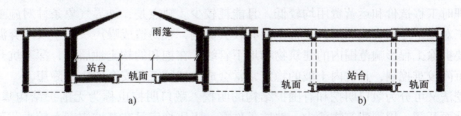

图 2-23 地面车站结构类型
a) 开放式结构 b) 封闭式结构

4) 高架车站结构类型又包括钢筋混凝土框架结构、桥梁式结构、框架+桥梁式结构（图 2-24）。

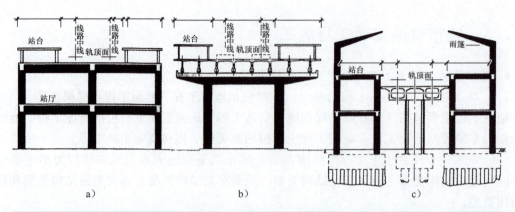

图 2-24 高架车站结构类型
a）钢筋混凝土框架结构 b）桥梁式结构 c）框架+桥梁式结构

5）高架桥结构类型又包括拱形桥、梁形桥和刚性框架桥（图 2-25）。

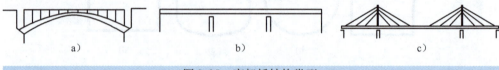

图 2-25 高架桥结构类型
a）拱形桥 b）梁形桥 c）刚性框架桥

2. 地下工程施工方法

地下工程施工方法主要是用于区间隧道工程和地下车站工程施工。隧道施工方法主要受工程地质、水文地质、地形地貌、沿线环境的要求、施工单位的技术水平、施工进度和经济条件等因素的限制。地下工程在初步设计、施工图设计之前，设计院要对基本的施工方法进行确认，在此施工方法基础上所做的设计才是切实可行的。施工工艺方案选择得当，施工机械配套合适，工程往往成功一半。反之若施工机械选用不当，施工方法不合理，就会导致施工难度增加，甚至失败，而不得不改用其他施工方法。目前国内外常用的施工方法有以下几种。

（1）明挖法 明挖法是将地面挖开，形成露天的基坑，然后在基坑中修筑隧道衬砌，最后回填土石，恢复地面。明挖法适用于地铁线路在地下几米深时采用。

明挖法的优点是：施工方法简单，技术成熟；工程进度快，根据需要可以分段同时作业；浅埋时工程造价和运营费用均较低，且能耗较少。缺点是：外界气象条件对施工影响较大；施工对城市地面交通和居民正常生活有较大影响，且易造成噪声、粉尘及废弃泥浆等污染；需要拆除工程影响范围内的建筑物和地下管线；在饱和的软土地层中，深基坑开挖引起的地面沉降较难控制，且坑内土坡的稳定常常会成为威胁工程安全的重大隐患。

明挖法又可分为敞口明挖和有围护结构的明挖。敞口明挖也称为无围护结构基坑明挖，适用于地面开阔，周围建筑物稀少，地质条件好，土质稳定且在基坑周围无较大载荷，对基坑周围的位移和沉降无严格要求的情况，一般采用大型土方机械施工和深井泵及轻型井点降水。而具有围护结构的明挖适用于施工场地狭窄，土质自立性较差，地层松软，地下水丰富，建筑物密集的地区。采用该方法施工时可以较好地控制基坑周围的变形和位移，同时可以满足基坑开挖深度大的要求。目前在我国地铁车站的修建中多采用有围护结构的基坑明挖方法，并取得了很好的经济效益。

（2）盖挖法 采用明挖法修建地下线路，其最大的缺点是对城市交通及居民生活的干扰较大，而在交通繁忙的地段修建地铁，尤其是修建有综合功能的车站或需要严格控制基坑开挖引起的地面沉降时，则可采用盖挖法施工。

盖挖法的施工程序是：先筑边墙→开挖顶部土体并修顶盖→回填并恢复路面→在顶盖保护下开挖下部土体→修筑底板及内部结构，即先盖后挖。

盖挖法除施工程序与一般方法不同外，还具有以下特点：①盖挖法的边墙既为结构的永久性边墙，又兼有基坑围护的双重作用，因而可简化施工程序，降低工程造价。另外，边墙用混凝土等刚性材料修筑，其变形量小，因而可靠近地面建筑物的基础施工，而不至对其产生影响。②采用盖挖法施工，占地宽度比一般明挖法小，且无振动和噪声。③盖挖法的顶盖一般均距地表面很近，这可缩短从破坏路面、修筑顶盖到恢复路面所需的时间，从而最大限度地减少对地面交通的干扰。对宽度较大的双跨或三跨结构还可对顶盖进行横向分段施工，以利地面交通。④由于是自上而下修建，先修的顶盖成为基坑内的一道横撑，如为多层结构，则盖板将起到支撑的作用，从而可免去或减少施工时的水平支撑系统。⑤此法是在松软地层中修建地下多层建筑物的最好方法。暗挖法由于其断面形状和工艺特征，除岩石地层外，难以修筑多层结构。普通明挖法如基坑开挖过深，支护也困难，而盖挖法只要将边墙修筑至一定深度，便可自上而下逐层开挖，逐层建筑，使修筑地下多层结构比较容易实现。

盖挖法施工按其施工流程可分为：

1）盖挖顺作法。在路面交通不能长期中断的道路下修建地铁车站或区间隧道时，可采用盖挖顺作法（图2-26）。该方法是在现有道路上，按所需要的宽度，由地面完成挡土结构后，以定型的预制标准覆盖结构（包括纵、横梁和路面板）置于挡土结构上维持交通，往下反复进行开挖和架设横撑，直至设计标高。然后依序由下而上建筑主体结构和防水措施，

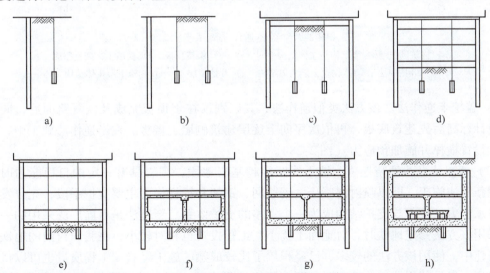

图 2-26　盖挖顺作法施工步骤
a）构筑连续墙、中间支承桩　b）构筑中间支承桩　c）构筑连续墙及覆盖板　d）开挖及支承安装　e）开挖及构筑底板　f）构筑侧墙、柱及楼板　g）构筑侧墙及顶板　h）构筑内部结构，拆除盖板和临时中桩，恢复路面

最后拆除预制标准覆盖结构，回填和恢复路面。

2）盖挖逆作法。如果开挖面较大，覆土较浅，周围沿线建筑物过于靠近，为尽量防止因开挖基坑而引起的邻近建筑物沉降，或需要及早恢复路面交通，但又缺乏定型覆盖结构时，可采用盖挖逆作法施工。先在地表面向下做基坑的围护结构和中间桩柱，和盖挖顺作法一样，基坑围护结构多采用地下连续墙，或钻孔灌注桩，或人工挖孔桩。中间桩柱则多利用主体结构本身的中间立柱以降低工程造价。随后即可开挖表层土至主体结构顶板底面标高，利用未开挖的土体作为土模浇注顶板，它还可以作为一道强有力的横撑，以防止围护结构向基坑内变形，待回填土后将道路复原，恢复交通，以后的工作都是在顶板覆盖下进行，即自上而下逐层开挖并建造主体结构直至底板。在特别松软的地层中，且临近地面建筑物时，除以顶楼板作为围护结构的横撑外，还需设置一定数量的临时横撑，并施加不小于横撑设计轴力70%~80%的预应力（图2-27）。

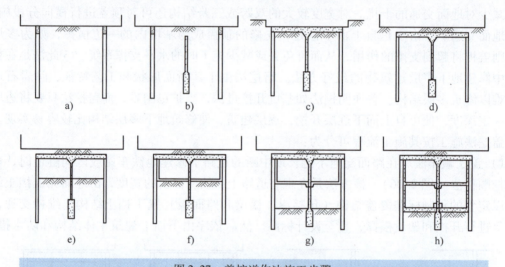

图2-27 盖挖逆作法施工步骤
a）构筑围护结构 b）构筑主体结构中间立柱 c）构筑顶板 d）回填土，恢复路面
e）开挖中层土 f）构筑上层主体结构 g）开挖下层土 h）构筑下层主体结构

3）盖挖半逆作法。该方法类似逆作法，其区别仅在于顶板完成及恢复路面后，向下挖土至设计标高后先建筑底板，再依次序向上逐层建筑侧墙、楼板。在半逆作法施工中，一般都必须设置横撑并施加预应力（图2-28）。

(3) **新奥法及浅埋暗挖法** 地下线路穿越基岩地段，围岩具有一定的自稳能力时，一般采用新奥法施工，即以喷射混凝土、钢筋网、钢架和锚杆作为主要支护手段，充分发挥围岩的自承能力，使其与支护结构成为一个完整的支护体系。新奥法是目前广泛采用的一种方法。采用该方法修建地铁时，对地面干扰小，工程投资也相对较小，在我国目前的地铁区间隧道修建中，使用该方法的较多，已经积累了比较成熟的施工经验，工程质量也可以得到较好的保证。但是使用此方法施工时，不方便机械化作业，工人劳动强度高，工作条件恶劣，需要较全面的劳动保护措施。使用此方法进行施工时，对于岩石地层，可采用分步或全断面一次开挖，锚喷支护和复合衬砌；对于土质地层，一般需对地层进行预支护或加固后再开挖、支护、衬砌，在有地下水的条件下施工必须降水后方可施工。

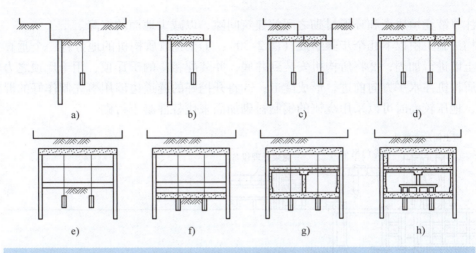

图 2-28 盖挖半逆作法施工步骤
a) 构筑连续墙、中间支承桩及临时性挡土设备 b) 构筑顶板（Ⅰ） c) 打设中间桩、临时性挡土设备及构筑顶板（Ⅱ） d) 构筑连续墙及顶板（Ⅲ） e) 依序向下开挖，逐层安装水平支承 f) 向下开挖，构筑底板 g) 构筑侧墙、柱及楼板 h) 构筑侧墙及内部结构物

浅埋暗挖法是在新奥法基础上发展起来的施工方法。一般采用超前预支护加固地层，分部开挖，架钢筋格栅拱、喷射混凝土等联合支护，然后做防水层，最后用模筑混凝土做二次衬砌。

对于埋置较深的岩石地层可用传统矿山法，即用钻爆开挖地层，然后修筑衬砌。

（4）盾构法 盾构法是隧道暗挖施工法的一种。地铁中采用盾构法施工始于 1874 年，自 20 世纪 60 年代以来，盾构法在日本得到了迅速的发展。1989 年我国上海地铁一号线工程正式采用盾构法修建区间隧道。目前在我国的广州地铁、深圳地铁、上海地铁、南京地铁和北京地铁均有采用盾构法修建的地段。

盾构机是这种施工方法的主要施工机械（图 2-29），它是一个既能承受围岩压力又能在地层中自动前进的圆筒形隧道工程机械，目前也有少数为矩形、马蹄形和多圆形断面的盾构机。盾构机主要由壳体、排土系统、推进系统、衬砌拼装系统和辅助注浆系统五部分组成。盾构机的壳体由切口环、支承环和盾尾三部分组成，并与外壳钢板连成一体；排土系统主要由切削土体的刀盘、泥土舱、螺旋出土器、皮带传送机和泥浆运输电瓶车等部分组成。控制螺旋出土器排土的速度和盾构推进的速度，可以保持开挖面土体的平衡；推进系统由液压设备和盾构千斤顶组成；衬砌拼装器（也称举重臂或机械手）是拼装系统的主要设备，常以油压系统为动力；辅助注浆系统包括浆液搅拌机和注浆泵等设备。管片衬砌离开盾尾时，要

图 2-29 盾构机

及时压注浆液充填盾壳和环形衬砌之间的建筑间隙,以减少地面的沉降。

盾构法施工由以下几个步骤组成(图 2-30):①在置放盾构机的地方打一个垂直井,再用混凝土墙进行加固;②将盾构机安装到井底,并装配相应的千斤顶,用千斤顶之力驱动井底部的盾构机往水平方向前进,形成隧道;③将开挖好的隧道边墙用事先制作好的混凝土衬砌加固,地压较高时可以采用浇铸的钢制衬砌加固来代替混凝土衬砌。

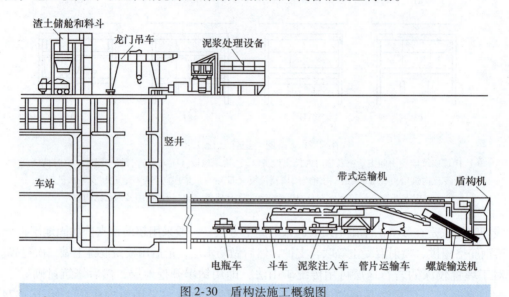

图 2-30　盾构法施工概貌图

该施工方法适用于松软地层,在我国的上海和南京地铁的修建中使用较多。采用盾构法施工具有对地面影响小、机械化程度高、工人劳动强度低、施工进度快等优点。但目前盾构机的造价较高,机械复杂,在很大程度上限制了盾构法施工的发展。

(5) **沉管法**　沉管法又叫预制管段沉放法,即先在预制场(船厂或干坞)制作沉放管段,管段两端用临时封墙密封,待混凝土达到设计强度后拖运到隧址位置,此时设计位置上已预先进行了沟槽的浚挖,设置了临时支座,然后沉放管段。待沉放完毕后,进行管段水下连接,处理管段接头及基础,然后覆土回填,再进行内部装修及设备安装。

> **小贴士**
>
> 沉管隧道的优点有以下几个方面:
> ① 隧道结构的主要部分在船厂或干坞中浇注,因此就没有必要像普通隧道工程那样在遭受土压力或水压力载荷作用下的有限空间内进行衬砌作业,从而可制作出质量均匀且防水性能良好的隧道结构。
> ② 由于沉放隧道的密度小,其有效密度一般为 $0.5 \sim 1 kg/m^3$,再加上附加压重以及混凝土防护层,隧道密度可增至 $2 kg/m^3$ 左右。而隧道所作用的未扰动地基土层的有效应力约为 $30 \sim 100 kN/m^3$。由此可见,地层的承载力几乎不成问题。
> ③ 由于隧道在水底位置,对船舶的航行和将来航路的疏浚影响不大,所以隧道可以埋在最小限度的深度上,从而使隧道的全长缩短至最小限度。

④ 因为管段制作采用的是预制方式，且浮运与沉放的机械装置大型化，这样对施工安全与大断面隧道的施工都较为有利，且大大缩短了工期。

沉管隧道的缺点为：

① 由于管段的浮运、沉放以及沟槽的疏浚、基础作业等大部分依靠机械来完成，在水流速度较缓的情况下施工是不成问题的；但如果水流速度较快，就会带来一系列的问题，诸如管段的稳定、航道的影响等。

② 沉放管段的底面与基础密贴的施工方法还应继续改进，以免沉陷与不均匀沉降的产生。

③ 由于橡胶衬垫的发展，沉放管段之间在水下的连接得到发展，但是对于有些地质条件所带来的不均匀沉降和防水等问题需进一步研究。

3. 地面与高架结构施工方法

（1）地面施工方法　主要是筑堤工程施工、地面车站工程以及车辆段配套工程。

地面筑堤法（图2-31）是一种从地面筑起护堤，在堤上铺设道床和轨道的方法。地面筑堤方式虽然建设费用不高，但堤下土地不能利用，造价反而更高。其施工步骤为：①堆筑路基；②压实成形；③铺设道床。

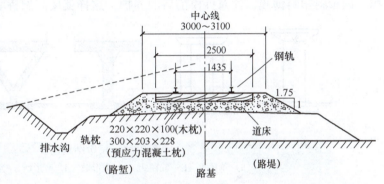

图 2-31　地面筑堤法示意图

（2）高架施工方法　主要是高架桥工程和高架车站工程施工，其常见的施工方法如下。

高架桥主要是用混凝土建造。高架桥法类似于城市高架桥和公路高架桥的建筑形式。高架桥主要由桥梁、墩台和基础三部分组成（图2-32）。桥梁分箱梁、T形梁和槽形梁等（图2-33）。

高架桥跨越一般河流时，桥梁孔径应保证设计频率洪水、流冰及其他漂浮物或船只通过的安全要求。当高架桥跨越铁路、公路或城市道路时，桥梁孔径及桥下净空应满足有关规范的规定限界。一般情况下，城市地势平坦，全线采用高架结构，为了节省轨道交通系统的造价，高架桥结构要求有较小的建筑高度。

高架桥系永久性城市建筑，设计时应考

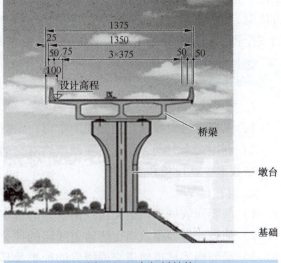

图 2-32　高架桥结构

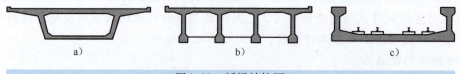

图 2-33　桥梁结构图
a）箱梁　b）T 形梁　c）槽形梁

虑在制造、运输、安装以及运营过程中应具有规定的强度、刚度及稳定性，且要求施工简便快速，对现有城市交通干扰少，并考虑城市景观，结构寿命应按 50 年以上考虑。

高架桥的桥墩主要有单柱式、双柱式、T 形墩、V 形墩和 Y 形墩（图 2-34）。桥梁下部结构选型对整个桥梁结构设计方案有较大影响，不仅要满足强度稳定性的要求，而且要适应桥梁美学方面的要求。合理的选型能使上下结构一致，轻巧美观，能使高架桥与城市环境和谐匀称。桥墩通常采用模注钢筋混凝土连续浇注，模板选用大型复合胶木模板，并用钢管支撑，内模衬塑料薄膜，注意拆模前后的养护，这样就使高架桥墩外表光洁、棱角分明。

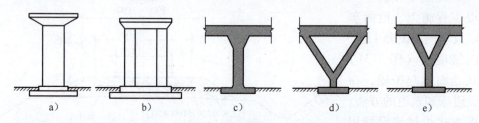

图 2-34　桥墩结构图
a）单柱式　b）双柱式　c）T 形墩　d）V 形墩　e）Y 形墩

高架桥施工步骤为：打桩与浇注桩基→浇注承台与支柱→安装或现场浇注轨道梁。高架桥上部结构的施工方法受到桥梁类型、跨径、城市环境要求和施工机械化水平等因素影响，主要有就地浇注法、预制安装法、悬臂施工法、转体施工法、顶推施工法、移动模架逐孔施工法、模移法和提升及浮运法等。上述这些施工方法各有其优缺点和适用条件。在选择施工方法时，桥梁的类型、跨径、施工技术水平、机具设备的条件、桥址的地形环境、安装方法的安全性、经济性和施工速度等都是必须考虑的因素。

实践操作

1. 操作练习

1）结合自己对线网规划知识的学习，了解所在城市线网结构的类型。

2）利用课余时间，结合所在城市轨道交通建设，到施工现场参观学习，了解施工建设中的新技术、新设备和新工艺。

2. 书面练习

1）简要回答城市轨道交通线网规划的基本概念。

2）简要回答城市轨道交通轨道线路的种类及其作用。

3）简要回答城市轨道交通限界的种类及其确定的依据和意义。

4）简要回答城市轨道交通的主要施工方法及其特点。

 评价跟进

1. 教师的评价

由教师在完成本章的教学任务后填写，在相应表格中画"√"。

评价项目		教师的评价			
序号	题目	好	较好	一般	较差
1	对本章教学过程的控制				
2	在本章教学过程中，学生的参与情况				
3	学生对本章知识学习后的效果反馈				
教师对本章教学的总结评价意见及跟进措施					

2. 学生的评价

由学生在完成本章学习任务后填写，在相应表格中画"√"。

评价项目		学生的评价			
序号	题目	好	较好	一般	较差
1	在本章教学执行过程中教师的表现				
2	本章教学内容与实际社会需求的联系程度				
3	自己在本章学习过程中的表现				
学生在学习本章后对自己的表现评价及对教学的跟进意见					

3. 知识跟进

1）线网的结构形式对城市的发展会产生何种影响？如何进行线网优化？

2）城市轨道交通列车的折返方式有哪些？

3）为什么要进行限界的设计？限界的确定和轨道交通车辆、建筑施工有何关系？

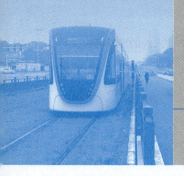

第 3 章

城市轨道交通系统的构成——轨道

问题导入

轨道是城市轨道交通系统中不可缺少的一环,突显了城市轨道交通的特色,那么它是如何在轨道交通运行中起作用的呢?它又是由哪些具体设备和设施构成的呢?本章将详细讲述这些内容。

学习目标

1. 掌握城市轨道交通系统中轨道的概念。
2. 能说出轨道结构的构成要素及其所起的作用。
3. 能有效地辨别轨道的不同部件。

教学建议

1. **教学场地**:在教室和轨道模拟实训室中进行,课后可实地参观。
2. **设备要求**:至少具有轨道构成及操作模拟演示软件 1 套,或仿真轨道教具 1 套。
3. **课时要求**:共 6 课时,其中课堂讲授 4 课时,模拟操作 2 课时。

理论知识

3.1 城市轨道交通轨道的概念及构成

1. 轨道的概念

轨道是城市轨道交通系统的重要组成部分。轨道是作为一个整体结构,铺设在路基之上,直接承受列车车辆及其载荷的巨大压力,对列车运行起着导向作用的一组设备。

2. 轨道的构成

轨道是由钢轨、轨枕、扣件、道床、道岔及其他附属设备等组成的构筑物(图 3-1)。

3. 轨道的结构与性能要求

1)轨道是城市轨道交通运营设备的基础,它直接承受列车载荷,并引导列车运行。在列车运行的动力作用下,轨道的各个组成部分必须具有足够的强度和稳定性,承受来自于列

第3章 城市轨道交通系统的构成——轨道

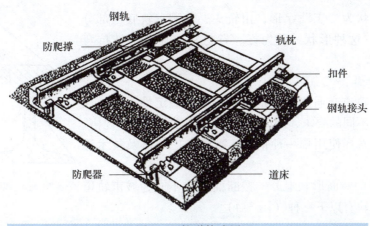

图 3-1 轨道构成图

车的纵向和横向的位移推力，保证列车按照规定的速度、方向，不间断地运行。

2）轨道需具有耐久性及适量的弹性，以确保列车安全、平稳、快速运行和乘客舒适。

3）城市轨道交通均采用电力牵引，故要求轨道结构具有良好的绝缘性以减少杂散电流。

4）根据环境保护对沿线不同地段的减振、降噪要求，轨道应采用相应的减振轨道结构。

5）从形式上看，全线轨道结构宜统一形式，采用统一的零部件，并要求外观整齐、维修工作量少且维修方便。

6）从技术角度出发，轨道结构应采用成熟、先进的技术和施工工艺。

7）对于轨距的设计，要求直线地段轨距采用标准轨距 1435mm，曲线地段轨距应按规定加宽（图 3-2）。

8）对于水平位置的设计，要求直线地段两股钢轨的顶面应保持同一水平，其误差按《铁路技术管理规程》规定，正线不得大于 4mm；曲线地段为保证行车安全和乘客舒适，曲线外轨须按规定设置超高。

9）对于平面曲线的设计，为使列车能平稳地由直线进入圆曲线或由圆曲线转入直线，应在直线和圆曲线之间按规定设置缓和曲线，以适应逐步加宽轨距和设置超高的需要。

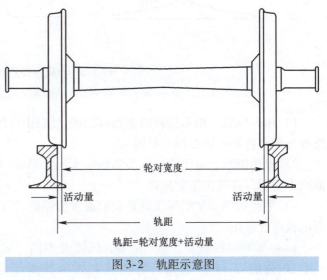

图 3-2 轨距示意图

3.2 钢轨

1. 钢轨的概念

钢轨是指两条直线形呈平行分布的，安装在轨枕或路基之上的由钢铁材料制成的金属构筑物。

钢轨断面形状为"工"字形，由轨头、轨腰、轨底三部分组成（图3-3）。这种形状，受力好、省材料，具有最佳抗弯性能。

2. 钢轨的分类

不同的城市轨道交通路线对钢轨的强度、稳定性、耐磨性及铺设形式都有不同的要求，因此钢轨也有不同的种类和规格。一条路线上应该选择使用哪一种钢轨，需要考虑经济及技术等因素。

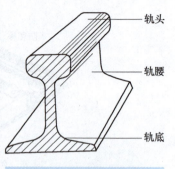

图3-3 钢轨断面结构

（1）从钢轨的断面形状上分　按断面形状不同，城市轨道交通所使用的钢轨有以下三种（图3-4）。

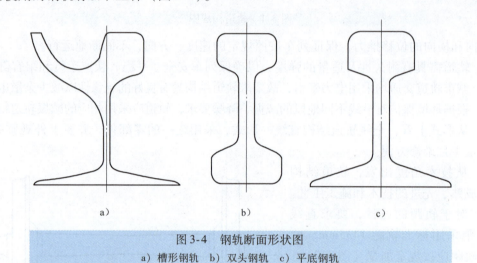

图3-4 钢轨断面形状图
a）槽形钢轨　b）双头钢轨　c）平底钢轨

1）槽形钢轨。槽形钢轨轨头形成凹槽，多用于街道有轨电车和轻轨铁路，其在铺设时路面与钢轨轨面一般在同一平面。

2）双头钢轨。双头钢轨轨头和轨底大小、形状一样，这种钢轨19世纪应用很广，但目前很少应用，在英国还能见到。

3）平底钢轨。平底钢轨就是我们通常所指的"工"字形钢轨，这种钢轨目前在世界范围内被广泛采用。

（2）从钢轨的强度上分　按钢轨的强度不同，城市轨道交通所使用的钢轨有以下四种（钢轨的强度以 kg/m 表示，数值越大表明其所能承受的重量越大）：43kg/m、50kg/m、60kg/m 和 75kg/m。为了提高线路的通过能力，国内外城市轨道交通有选用重型钢轨的趋势，其中 50kg/m 和 60kg/m 最为常用。

3. 钢轨的连接安装

轨道上钢轨与钢轨之间连接安装的方法主要有两种：

（1）传统的连接安装法　传统的连接安装法是把20m左右一节的钢轨固定在轨枕之上，各节钢轨之间的接头（称为钢轨接头，也称接缝），通常使用鱼尾板和螺栓接合（图3-5）。接头处轮轨动力作用大，养护维修工作量大，钢轨接头是轨道结构的薄弱环节之一。

钢轨接头的接合形式按其相对于轨枕的位置来分，可分为悬空式和承垫式两种：悬空式是指钢轨接头在两条轨枕之间,悬空对接;承垫式是指钢轨接头在轨枕的正上方,由轨枕起到承垫作用。若按两股钢轨接头相互位置来分,可分为相对式和相错式两种:相对式是指两股钢轨接头左右平行对齐;相错式是指两股钢轨接头左右错开,不在一个平行线上。我国一般采用相对悬空式接头接合方式。

鱼尾板是一块约 60cm 长的钢板,两端有 4 个或 6 个螺栓,用来扣在钢轨上的小洞上。钢轨之间特地留有间隙,约为 6mm 宽,称为伸缩接缝。钢轨上用于鱼尾板上螺栓所通过的小洞是椭圆形的,这样钢轨就可以在不同的天气下有伸缩的空间。

无论是钢轨的伸缩接缝还是钢轨上的椭圆小洞,对行车安全都是非常重要的,因为如果没有膨胀的空间,每当温度改变 1℃,钢轨就需要承受 16kN 的压力或拉力,那样就会导致钢轨变形,造成行车事故的出现。虽然这种连接安装方法可以解决轨道的热胀冷缩问题,但是路轨上预留的伸缩接缝会使列车在行驶中出现很大的噪声,且不适宜高速列车行驶,乘客也会觉得行车不平稳。

(2) **较新的连接安装法** 该法是持续焊接钢轨,使原本一节一节的钢轨经焊接后成为无缝钢轨或长钢轨。由于减少了接缝,于是路轨的强度获得增加,摩擦力也减少,需要的维修工作量也相应较少,车辆行驶也更顺畅平稳,更便于高速度行驶,而且减少了由于伸缩接缝带来的列车行驶时产生的"咔嗒、咔嗒"噪声。城市轨道交通系统结构中已经大量采用此种方法(图 3-6)。

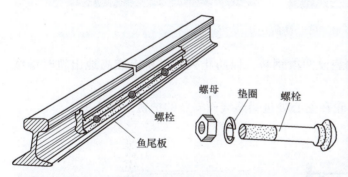

图 3-5 钢轨接头图

图 3-6 地铁施工中进行钢轨焊接

使用持续焊接的钢轨仍然可以在需要的地方使用接头,但这些接头多数都不是 90°直线打横越过钢轨,而是以很斜的角度接合,即将钢轨末端的接口处制成斜切面,便能使接头所承受的伸缩程度增加,以处理长轨所带来的伸缩,这样车轮经过时的振动及噪声都会大大减少,但钢轨仍然会有伸缩的空间,这种接头被称为伸缩接头(图 3-7)。

4. 钢轨的功用

钢轨是轨道的组成部分,其功用是直接承受车轮传递的列车及其载荷的重力,并引导列车的运行方向。此外,在城市轨道交通系统中,钢轨还要兼做轨道供电之用。

除上述功用外,钢轨有时还起到安全保护作用,这时的钢轨被称为护轨。常用的护轨有防脱护轨、桥上护轨和道岔护轨等。

(1) **防脱护轨** 当列车以高速转弯时,外弯一面的轮缘受着极大的压力,为防止轮缘负荷过重,在内弯的轨条处会装设一段钢轨,使另一边的轮缘分担列车转向时所产生的离心

图 3-7 伸缩接头

力,而通常这附加的轨条会比正常的轨条高些,以加强保护(图 3-8)。

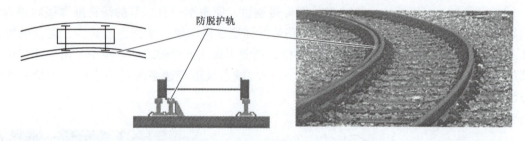

图 3-8 防脱护轨

(2)桥上护轨 在钢轨两侧分别装设两段钢轨,以防止列车在桥上或高地出轨时继续向外冲(图 3-9)。

(3)道岔护轨 在道岔区防止车轮在岔心处进错路线而安装的护轨(图 3-10)。

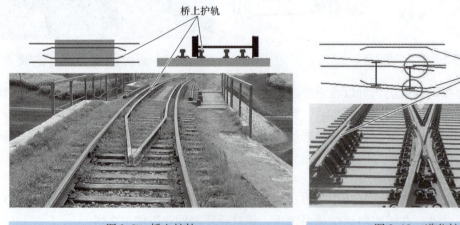

图 3-9 桥上护轨　　　　　　　　图 3-10 道岔护轨

5. 钢轨的损伤与维修养护

钢轨损伤是指钢轨在使用过程中,发生折断、裂纹及其他影响和限制钢轨使用性能的损伤。

(1) 钢轨折断　钢轨折断是指钢轨全截面至少断成两部分，或裂缝已经贯通整个轨头截面或轨底截面，或钢轨顶面上有较大的掉块。钢轨折断后直接威胁行车安全，应及时将折断的钢轨予以更换。

(2) 钢轨裂纹　钢轨裂纹是指除钢轨折断之外，钢轨部分材料发生分离，形成裂纹。

(3) 钢轨磨耗　钢轨磨耗是指小半径曲线上钢轨的侧面磨耗和波浪磨耗。但垂直磨耗一般情况下属正常的磨耗。

(4) 其他损伤　其他损伤如钢轨接触疲劳损伤、钢轨纵向疲劳裂纹而导致剥离及轨头因内部存在微小裂纹或缺陷而导致的内部损伤、轨腰螺栓孔裂纹等。

虽然现代钢轨的质量、耐久性和可靠性都非常好，但钢轨的日常养护仍然是十分重要的。除要及时更换、调换部分或全部钢轨外，还要对钢轨进行整修，包括磨修和焊修，以修补轨端的不均匀磨耗、掉块、擦伤；此外还要定期对钢轨进行打磨，以消除和延缓钢轨表面的接触疲劳层剥离掉块，改善钢轨的平面及纵面状况。钢轨打磨主要分修理性打磨、预防性打磨和钢轨断面廓形打磨三类（图 3-11）。

图 3-11　各种钢轨维修养护现场

3.3　轨枕

1. 轨枕的概念

轨枕是轨道的基础部件，它是承垫于钢轨之下，将钢轨所承受的压力和应力，分散传递到道床上，同时又能有效地保持钢轨轨距和方向几何形位的轨道部件（图 3-12）。

轨枕要有必要的坚固性、弹性和耐久性，能固定钢轨，有抵抗纵向和横向位移的能力。轨枕还能阻止钢轨因列车行驶压力而被拖动，能保持两条钢轨间的一定距离和方位。当列车经过时，它可以适当变形以缓冲压力，但列车过后还能尽可能恢复原状。

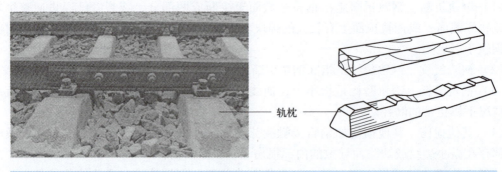

图 3-12　轨枕

2. 轨枕的种类

（1）轨枕按制造材料分为四种

1）木枕。木枕的制造材料为木材，制造木枕的木材须经过特别加工和防腐处理。

木枕的优点：木材的弹性和绝缘性较好，受周围介质的温度变化的影响小，质量轻，加工和在线路上更换简便，并且有足够的位移阻力；比其他轨枕更能吸收列车行驶所产生的重力而不易断裂；其使用寿命一般在 15 年左右。

木枕的缺点：木枕容易腐朽，而且木枕上的道钉孔会因使用日久而松弛，木枕的强度始终不足以承受长轨带来的巨大应力，加上其寿命远远不及钢筋混凝土轨枕，所以通常只应用在临时轨道或需承受较大振荡的道岔枕木上。

2）钢筋混凝土轨枕。钢筋混凝土轨枕是使用钢筋和混凝土浇筑而成。按其结构形式可分为整体式、组合式和短枕式（图 3-13）。整体式轨枕整体性强、稳定性好、制作简便，是线路上被广泛使用的

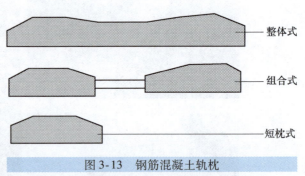

图 3-13　钢筋混凝土轨枕

一种形式；组合式轨枕由两个钢筋混凝土块组合而成，整体性不如整体式轨枕，但钢杆承受正负弯矩的能力比较强，在一些国家取得了很好的使用效果。短枕式又称半枕式，主要用在整体道床上。

钢筋混凝土轨枕的优点：使用寿命长、稳定性高、养护工作量小，损伤率和报废率比木枕要低得多；在无缝线路上，比木枕的稳定性高、自重大，更能有效地防止钢轨爬行，增加轨道的稳定性，更适用于高速行驶线路。因此，在城市轨道交通线上已经得到广泛应用。

钢筋混凝土轨枕的缺点：造价高昂，而且笨重、搬运不便；另外，若轨道常有重载列车行驶，轨枕则容易断裂。

3）钢枕。钢枕是由钢材铸造而成。因为钢枕的金属消耗量过大，造价不菲，体积也笨重，没有推广开来，只有德国等少数国家还在使用。

4）塑料轨枕。塑料轨枕是采用回收的聚乙烯制造而成，目前只在一些国家处于试用阶段。塑料轨枕的耐腐蚀性是木枕的 3 倍以上，在加工时更容易使其表面变"毛"，安装在路基上不会滑动，而且安装方便，可以直接使用与木枕相同的设备和紧固件。当然，塑料轨枕

目前的成本要大于木枕，一旦成本降下来，将会迅速得到推广。

（2）轨枕按构造的种类与铺设方式分为三类

1）横向与纵向轨枕。横向轨枕与钢轨垂直间隔铺设，是一种最常用的轨枕；纵向轨枕其基本思路是将现有横向放置的普通轨枕旋转90°，轨枕沿钢轨纵向布置，两股钢轨下的轨枕依靠横向的钢筋或钢棒取得连接，用以保持轨距、水平等轨道几何形位，使轨枕与钢轨共同承受列车载荷造成的弯矩以减轻钢轨的负荷。但在使用过程中发现，纵向轨枕连接部位受轮轨的作用力较大，除轨枕易破坏外，保持轨道的几何形位也存在较大困难，因此未能推广应用（图3-14）。

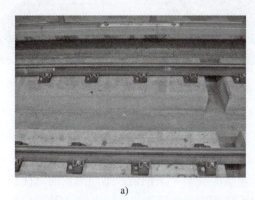 

图3-14　横向与纵向轨枕
a）横向轨枕　b）纵向轨枕

2）短轨枕与长轨枕（图3-15）。短轨枕是在左右两股钢轨下分开铺设的轨枕，常用于混凝土整体道床；长轨枕相对普通轨枕长度要长，多用于道岔和安有第三轨支架的路段。

图3-15　短轨枕与长轨枕
a）短轨枕　b）长轨枕

3）宽轨枕。宽轨枕的长度与普通轨枕基本相同，只是宽度增加约1倍。一根宽轨枕上设两组扣件（图3-16）。宽轨枕经常和长钢轨一起配合使用。

宽轨枕扩大了轨枕在道床上的支承面积，减少轨道的总下沉量，并能使列车通过时的道床振动加速度有所下降，从而大大地提高了轨道的承载能力及其稳定性，其适合于那些运量大、轨道下部基础差的线路。同时宽轨枕能保持道床的整洁和排水畅通，减少了维修养护的工作量。

（3）轨枕按铺设位置分为三种　　轨枕按铺设位置不同分为普通轨枕、道岔区岔枕和桥枕三种。而轨枕又因应用范围和铺设位置不同，长度也不同。在我国，普通轨枕长度为2.5m，道岔用的岔枕和钢桥上用的桥枕，长度有2.6~4.85m多种。

图3-16　宽轨枕

1）普通轨枕。普通轨枕适用于区间线路，主要是钢筋混凝土轨枕。

2）道岔区的岔枕。相对区间线路的轨枕，道岔区的岔枕在形状、长度和抗震荡方面有特殊的要求，如长度较长、弹性较好等。由于岔枕上至少要安装4条钢轨，不同地点的岔枕长度和扣件螺栓孔位置均不一样，所以对于岔枕的要求也不尽相同。岔区轨枕多用木枕（图3-17）。

3）桥枕。桥枕是专门为在高架桥上使用而制造的轨枕（图3-18）。桥枕上需要设置护轨，因此多为特型的钢筋混凝土轨枕。它们的性能稳定、使用寿命长、维护工作量小，只是铺设时略为复杂。

图3-17　岔枕

图3-18　桥枕

3.4　扣件

1. 扣件的概念与构成

扣件是用于连接钢轨与轨枕的零部件。

扣件由钢轨扣压件和轨下垫层两部分组成。主要包括：①弹性扣件：用来把钢轨紧扣在枕木上；②承托物：作用是把扣件固定于枕木上；③弹性垫板：使钢轨与枕木之间互相绝缘，避免钢轨漏电，并且能够增加轨道弹性（图3-19）。

2. 扣件的作用

扣件的作用是将钢轨固定在轨枕上,保持轨距并阻止钢轨的横纵向移动,并能提供适当的弹性。

由于线路情况与轨枕的不同,对于扣件性能,如扣压力、弹性和可调性的要求也不尽相同。一般扣件应具备以下性能:

(1) **足够的扣压力** 这是钢轨和轨枕连接的重要保证,通常要求扣件纵向阻力大于道床的纵向阻力,当然扣压力也不宜过大,否则会使扣件弹性急剧下降,影响扣件的使用寿命。

(2) **适当的弹性** 适当的弹性可减小载荷对道床的压力及机车车辆簧下的振动加速度,延长部件的使用寿命,扣件的弹性主要由橡胶垫板和弹条等部件提供。

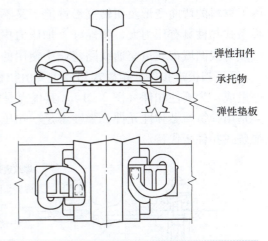

图 3-19　扣件构成图

(3) **一定的可调性** 要求扣件具有一定的水平和轨距调整量。当曲线轨距需要加宽或因钢轨磨耗使轨距扩大时,都需要通过扣件对轨距进行调整,线路维修时也需要通过扣件来调整两股钢轨的水平。

(4) **可靠的绝缘性** 由于轨道电路的需要,并为防止杂散电流的出现,在钢轨与轨枕联结的过程中,要有绝缘性能的要求。

3. 扣件的种类

由于线路的环境条件要求不同,所以扣件的种类也有所不同。我国城市轨道交通线路所用扣件多为 DT 系列。常用扣件种类有以下几种。

(1) **按其结构不同分** 可分为弹条式扣件、扣板式扣件和弹片式扣件。

1) 弹条式扣件。弹条式扣件主要由螺纹道钉、螺母、平垫圈、弹条、轨距挡板、挡板座及弹性垫板等零部件组成,为弹性扣件(图 3-20)。由于采用弹条作为钢轨扣压件,既利

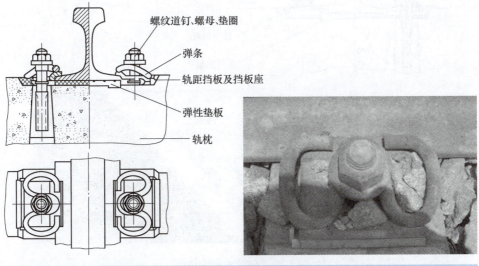

图 3-20　弹条式扣件结构

用了材料的弯曲变形及扭转变形性能,又不存在断面的削弱问题,其结构形式比较合理,故弹条式扣件具有压力大、弹性好,加压力损失较小,能较好地保持轨道几何形位等优点,现已成为我国城市轨道交通线路建设中使用的主型扣件,但它也有设计和制造较复杂的缺点。

2)扣板式扣件。扣板式扣件主要由扣板、螺纹道钉、弹簧垫圈、铁座及绝缘缓冲垫片等组成,为刚性扣件(图 3-21)。其优点是零部件少、构造简单、调整轨距比较方便;其缺点是用弹簧圈做弹性元件,弹性不足,扣压力较低,在使用过程中容易松动。目前已逐渐被弹条式扣件所代替。

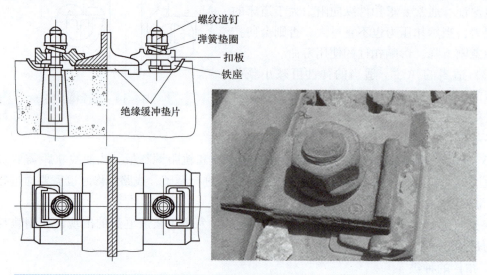

图 3-21 扣板式扣件结构

3)弹片式扣件。弹片式扣件主要由螺纹道钉、螺母、平垫圈、弹片、轨距挡板及弹性垫板等零部件组成,为弹性扣件(图 3-22)。弹片式扣件采用拱形弹片扣压钢轨,并用轨

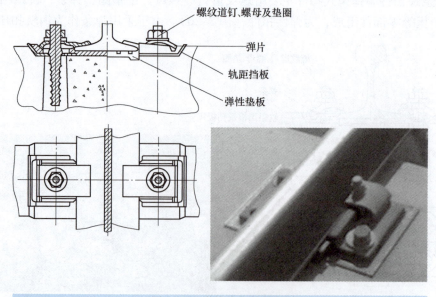

图 3-22 弹片式扣件结构

距挡板代替铁座以调整轨距和传递横向推力于轨枕挡肩。拱形弹片用弹簧钢制成，弹片的一端扣压轨底顶面，另一端则支承在轨距挡板上。由于拱形弹片的强度不足，容易残余变形甚至折断，现其使用已不多见。

(2) <u>按扣件本身弹性分</u>　可分为刚性扣件和弹性扣件。

(3) <u>按轨枕有无挡肩分</u>　可分为有挡肩扣件和无挡肩扣件。

(4) <u>其他</u>　除上述种类外，还有其他类型的特殊扣件，如专门用于轨距和水平调整量较大的调高扣件以及用于板式轨道或整体道床等新型轨道上的特殊扣件等。

3.5　道床

1. 道床的概念与作用

道床是指路基、桥梁或隧道等下部结构之上，钢轨、轨枕之下的碎石、卵石层或混凝土层。它是钢轨或轨道框架的基础。

道床断面形状一般为上窄下宽的梯形，主要包括道床顶宽、道床厚度和道床边坡坡度三个主要尺寸。道床顶宽是指道床表面上沿与线路垂直方向取量的总宽度。道床厚度是指自钢轨正下方轨枕底起至路基面的尺寸。道床边坡是指道床顶面与侧斜面交线至路基面间的斜面，其坡度以同一轨道断面边坡线上任意两点间高度差与水平距之间的比值表示（图3-23）。

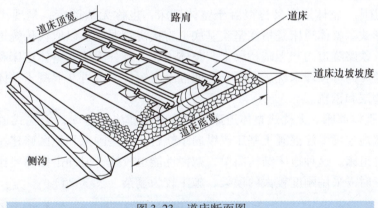

图 3-23　道床断面图

道床的主要作用是支承轨枕，把来自轨枕上部的巨大载荷，均匀地分布到路基上，以减少路基的变形。道床依靠本身和轨枕间的摩擦，起到固定轨枕位置，阻止轨枕纵向或横向移动的作用。

道床的作用具体表现为：①分压作用：将来自于轨枕的巨大载荷分散并传于路基，使路基面的应力均匀并小于其容许强度；②约束轨道框架：提供道床阻力以约束轨道框架，保持轨道的方向和高低等几何形位；③增弹减振：提供轨道所需要的弹性和阻尼，衰减列车通过时产生的振动，避免过大的动作用力传到路基等下部结构上；④排水：道床所使用的透水性材料，可提供良好的排水性能，对减轻轨道冻害及提高路基的承载能力有着重要的作用；⑤方便维修养护：轨道在行车中产生的不平顺以及方向不良可以通过一些道床维护方法加以整治。

2. 道床的种类

道床一般分碎石道床、整体道床、沥青道床及其他道床等几类。城市轨道交通地面线多采用碎石道床；隧道线和高架线多采用混凝土整体道床。

（1）碎石道床　碎石道床又称为有碴道床，是一种比较常见的道床形式。碎石道床通常是指轨枕下面，路基面上铺设的石碴（道碴）垫层。它是由具有一定粒径、级配和强度的硬质碎石堆集而成，在次要线路上，也可以使用级配卵石或粗砂（图3-24）。

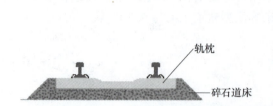 

图3-24　碎石道床断面图

碎石的主要作用是把列车的重量平均分布在路基上，并起到防止轨道因行车压力而移位的作用。碎石的块与块之间存在着空隙和摩擦力，使得轨道具有一定的弹性，能吸收机车车辆的冲击和振动，使列车运行比较平稳，能大大改善机车车辆和钢轨、轨枕等部件的工作条件。碎石也有容易排水和方便调校轨道位置等优点。但碎石轨道容易因行车压力关系而移位，且碎石上也容易滋生杂草，所以碎石道床的保养维护成本也较高。

（2）整体道床　整体道床又称混凝土整体道床，也称无碴道床，是现代城市轨道交通中常用的道床形式。整体道床是指在坚实基底上直接浇筑混凝土以取代传统道碴层的轨下基础，常用于地下铁路隧道内和无碴桥梁上。整体道床又可分无枕式整体道床和轨枕整体道床两种，就是指道床内可预埋木枕、混凝土枕或混凝土短枕，也可在混凝土整体道床上直接安装扣件、弹性垫层和钢轨。

1）无枕式整体道床。无枕式整体道床又称为整体灌注式道床，无枕式道床建筑高度较小，主要采用就地连续灌注混凝土基床或纵向承轨台。一些国家和地区修建城市轨道交通隧道时常采用这种道床。这种道床结构简单，减振性能也较好，但冲击振动要比轨枕式整体道床大。此外施工时需采用刚度较大的模架，施工较为复杂（图3-25）。

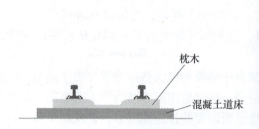 

图3-25　无枕式整体道床断面图

2）轨枕式整体道床。轨枕式整体道床可分为短枕式和长枕式两种（图3-26）。

① 短枕式整体道床：轨道建筑高度一般为5500mm左右，轨枕下道床厚度一般不小于1600mm，一般设中心排水沟。这种道床稳定、耐久，结构比较简单，施工方法简便，进度

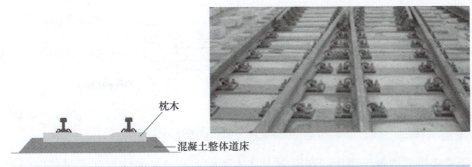

图 3-26　轨枕式整体道床断面图

较快。北京地铁一、二期工程大多铺设这种道床，经过 20 多年的运营，其使用状态良好。天津地铁也铺设了这种道床。

② 长枕式整体道床：这种道床设侧向水沟，一般长轨枕预留圆孔，让道床纵筋穿过，加强了与道床的联结。它适用于软土地基隧道，可采用排轨法施工，施工快。如上海地铁、新加坡地铁等。

整体道床的优点主要表现为：整体性强，纵向、横向稳定性好，具有较高的可靠性；其高平顺性和均匀的轨道弹性使轨道交通工具的乘坐更加舒适；整体道床坚固稳定、耐久，使用寿命长；较少的维修工作量和维修成本；表面整洁；建筑高度较小，减少隧道净空，节省投资，综合经济效益好。此外，无砟轨道上的无缝线路不会发生胀轨跑道，高速行车时不会有石砟飞溅起来造成伤害。发生紧急事件时救援车辆可以直接上道等，都是其不可忽视的优点。但整体道床的缺点是造价高昂，且要求较高的施工精度和特殊的施工方法；在运营过程中一旦出现病害，整治非常困难，例如一旦基底发生沉陷，修补极为困难。

(3) 沥青道床　沥青道床是指为了改善普通碎石道床的散体特性而加入乳化沥青或沥青砂浆而使其稳定的一种道床轨道结构形式。沥青道床大致可分为沥青灌注式道床、沥青混凝土面层式道床和沥青垫层式混凝土道床三类。

1) 沥青灌注式道床。即保留原有碎石道床形式，只是在石砟的缝隙中填充适当的沥青混合材料或乳化沥青水泥砂浆，使道床固结（图 3-27）。

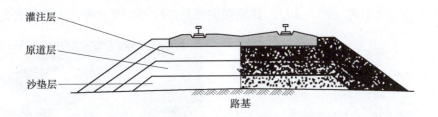

图 3-27　沥青灌注式道床断面图

2) 沥青混凝土面层式道床。沥青混凝土面层式道床又称为铺装道床，类似于公路沥青路面的道床结构。道床分为基层和面层两部分。基层用砂石铺筑，面层采用搅拌热沥青混凝土辗压成型，承受轨枕作用并隔离地表水。在沥青面层与轨下部件底面之间，一般需设置一个水泥砂浆调整层，以便调整轨下部件的水平、高低和方向等（图 3-28）。

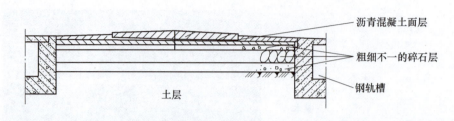

图 3-28　沥青混凝土面层式道床断面图

3）沥青垫层式混凝土道床。在混凝土整体基础上铺设一层含有沥青材料的垫层，垫层上面再铺设轨下部件，如宽轨枕或轨道板等。此种道床多用于隧道内、高架桥上或石质路基上（图 3-29）。

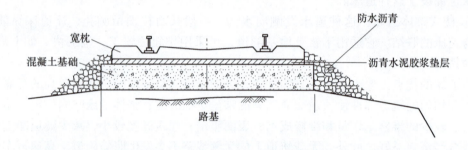

图 3-29　沥青垫层式混凝土道床断面图

总之，沥青道床整体性强、弹性好，能增加线路强度，延缓轨道下沉，使道床稳定性有很大提高，从而大大减少线路的维修工作量。其缺点是对沥青材料的性能要求比较高，并必须配合使用能大幅度调整轨距及轨面高低的扣件，以适应日后养护工作的需要。

(4) 新型道床　随着城市轨道交通的发展和城市对环境要求的不断提升，原有的一些道床形式已经不太适应城市的发展和需求，于是各国开始不断研制和改进道床结构，出现了一些可以满足新发展、新需求的新型道床形式，如减振浮动道床。

减振浮动道床是由弹性支承块、橡胶垫板、道床板和混凝土底座及配套扣件构成，具有减振作用的一种道床形式（图 3-30）。其原理主要是以线圈弹簧或弹性支承块托起整个轨框

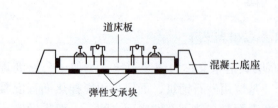

图 3-30　减振浮动道床

结构，以阻绝振动的传递，使路轨的振动减少，从而达到隔振、减振和降低噪声的功效。

德国、英国、美国、日本、韩国和新加坡等国家的大多数城市的城市轨道都采用了这一新型道床结构，其减振、降噪的效果已得到普遍的认同。近年来，在我国，随着城市轨道交通的发展，弹簧浮置板减振道床也在北京、上海、广州和香港等地得以推广应用。

3. 道床的病害与维修

由于列车载荷的反复作用，轨道道床特别是碎石道床很容易产生病害，如道床变形、道床脏污、道砟粉化、道砟坍塌、道床翻浆及道床板结等。

道床病害对轨道工作性能有较大的影响，如影响道床承载能力、降低道床弹性、降低道床的排水性能和抗冻性能等。道床病害也直接影响到路基的工作性能，如引起路基出现大量不均匀沉降等。道床病害发展到一定程度时，就必须进行整治，如进行道床清筛等。整治道床病害是碎石道床轨道的主要养护维修工作之一，如捣固、清理、更换及补充道砟等。现在多数道床维护工作是由自动化的工程列车来完成的（图3-31）。

图 3-31　道床维护工程车

3.6　道岔

1. 道岔的概念

道岔是一种使列车车辆从一股道转入另一股道的线路连接设备，通常在车站、车辆段和停车场大量使用。

由于道岔具有数量多、构造复杂、使用寿命短、限制列车速度、行车安全性低和养护维修投入大等缺点，与曲线、接头并称为轨道的三大薄弱环节。

2. 道岔的构成

道岔是个大家族，最常见的是普通单开道岔，主要由转辙器、连接导轨、辙叉及护轨三大部分组成（图3-32）。

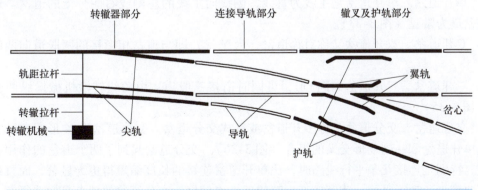

图 3-32　道岔构成

(1) 转辙器　转辙器包括转辙机械、尖轨、轨距拉杆及其他零配件等。

1）转辙机械。转辙机械是用来控制轨道变线连接的设备。按其动力类型可分为电动和手动两种；若按操纵方式分类，则有集中式和非集中式两类。

2）尖轨。尖轨是两条可以水平移动的钢轨，在平面上可分为直线型和曲线型。尖轨用来引导车轮进入导轨，依靠尖轨的扳动，将列车引入正线或侧线方向。尖轨与基本轨的贴靠方式主要有贴尖式与藏尖式两种。

3）轨距拉杆。轨距拉杆是一根位于两条尖轨间的连接拉杆。轨距拉杆的作用是用来维持两条尖轨距离，并加强尖轨间的联系，以提高尖轨的稳定性。

4）转辙拉杆。转辙拉杆是一根用来控制尖轨位置转换的拉杆，并与转辙机械相连，以实现尖轨的摆动。

5）其他零配件。其他零配件如滑床板、轨撑、顶铁及各种特殊形式的垫板等。

(2) 连接导轨　连接导轨是指引导车轮进入辙叉的一组或多组轨道。连接导轨分直线导轨和曲线导轨两种。

(3) 辙叉及护轨

1）辙叉。辙叉是用来引导车轮准确地进入岔心的一组钢轨，由岔心、翼轨和联结零部件组成。按平面形式分，有直线辙叉和曲线辙叉两类；按构造类型分，有固定辙叉和活动辙叉两类。直线式固定辙叉又分两种，即整铸辙叉和钢轨组合式辙叉。活动辙叉有可动心轨式辙叉、可动翼轨式辙叉及其他消灭有害空间的辙叉。

2）护轨。护轨是防止车轮在岔心处因轮缘有可能走错辙叉槽而引起脱轨或进错路线而在固定辙叉两侧设置的钢轨。

3）翼轨。翼轨是在内侧轮轨紧邻岔心处设置的钢轨。翼轨与岔心间形成必要的轮缘槽，引导车轮行驶。

4）岔心。岔心又称辙叉心，是用来连接两边轨道的钢轨。

3. 道岔的组合形式与种类

(1) 道岔组合的基本形式　道岔组合的基本形式有三种，即线路的连接、交叉、连接与交叉的组合。常用的线路连接有各种类型的单式道岔和复式道岔；交叉有直角交叉和菱形交叉；连接与交叉的组合有交分道岔和交叉渡线等。

(2) 常用道岔的种类

1）单开道岔。单开道岔是主线为直线，侧线向主线的左侧或右侧分支的道岔。这种形式的道岔最为常见（图3-33）。

2）双开道岔。双开道岔又称对称道岔，为Y形，即与道岔相衔接的两股道向两侧分岔（图3-34）。

3）三开道岔。三开道岔如同Y形，可同时衔接三股道，由两组转辙机械操纵两套尖轨组成（图3-35）。

4）交分道岔。交分道岔又称多开道岔或复式交分道岔。交分道岔像X形，实际上相当于四组单开道岔和一副菱形交叉的组合（图3-36）。交分道岔起到了两个道岔的作用，且占地较短，特别是连接几条平行线路时，比单开道岔连接的长度缩短得更为显著，而且列车通过时弯曲较少，运行平稳，速度较高，瞭望条件也较好。交分道岔的缺点是构造复杂，零件数量较多，维修较困难。

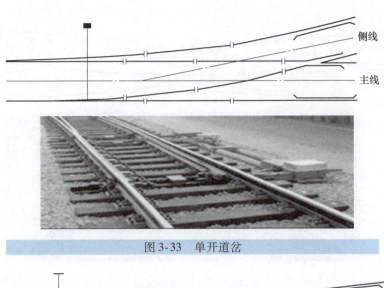

图 3-33　单开道岔

图 3-34　双开道岔

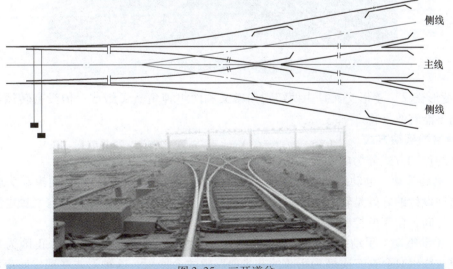

图 3-35　三开道岔

图 3-36　交分道岔

5）交叉渡线。交叉渡线是将复式交分道岔的 X 形的上面两点和下面两点分别连接起来，由四组单开道岔和一组菱形交叉设备组合而成（图 3-37）。不仅能开通较多的方向，而且占地不多，所以经常在车站采用。

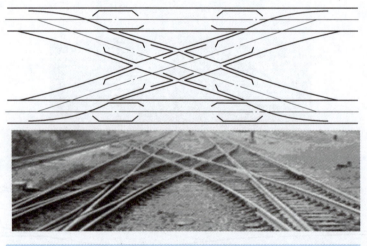

图 3-37　交叉渡线

6）菱形交叉。菱形交叉是由两组锐角辙叉和两组钝角辙叉组成，但没有转辙器，所以股道之间不能转线（图 3-38）。

4. 道岔的扳动方式

道岔的扳动方式分为电动和手动两种（图 3-39）。

（1）电动扳动　电动扳动是依靠电动机的动力来推动转辙拉杆，从而扳动尖轨的扳动方式。这种设计的好处是转辙工作可以由计算机或人手遥距控制，并能借着联锁电路监控道岔的开通方向，使车务控制更为自动化和安全。

（2）手动扳动　手动扳动是利用人力借杠杆去扳动尖轨的扳动方式。正因为这种设计操作不便，所以只会在车次极为稀疏的非主要路轨才会使用，这种形式在现代城市轨道交通

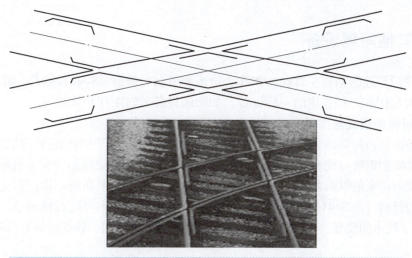

图3-38 菱形交叉

图3-39 电动与手动道岔扳动方式
a) 电动 b) 手动

系统中几乎已不再使用。

5. 道岔的代号

道岔各有其代号，比如9号道岔、12号道岔、18号道岔等。这个代号可不是随便排列的，它实际上代表了辙叉角（α）的余切值，也就是辙叉心部直角三角形两条直角边 FE 和 AE 的比值，即 $N = \cot\alpha = FE/AE$。N 就是道岔号，FE 是辙叉跟端长，AE 是辙叉跟端支距（图3-40）。

显而易见，辙叉角 α 越小，N 值就越大，导曲线半径也越大，列车侧线通过道岔时就越平稳，允许过岔速度也就越高。所以采用大号道岔对于列车运行是有利的。但是，道岔号数越大，道岔越长，造价自然就高，占地也要多得多。因此，采用什么号数的道岔要因地制宜，因线而异，不可一概而论。

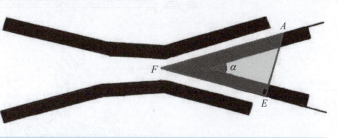

图3-40 道岔号数计算图

3.7 其他附属设备

除上述我们叙述的钢轨、轨枕、扣件、道床和道岔等轨道结构和设施外，还有一些在轨道系统中起着加固和连接作用的一些设备，如防爬设备、轨距杆和轨撑等。

1. 防爬设备的组成与作用

防爬设备主要由防爬器和防爬支撑组成。防爬器用穿销固定于钢轨底部，挡板顶住枕木侧面，协助扣件限制钢轨与枕木间的纵向位移。但因单根枕木下的道床阻力十分有限，不能承担钢轨通过防爬器传来的纵向力，因此采用防爬支撑将4~5根枕木联成一体，以达到共同抵抗钢轨纵向力的目的（图3-41）。防爬支撑由断面不小于1.2m的木料或石料制成，沿线路纵向连续在3~4个枕木间顶紧。防止轨道爬行，尽可能减少轨缝不匀，轨枕歪斜等线路病害。

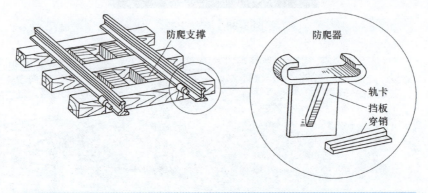

图3-41　防爬器与防爬支撑

2. 轨距杆和轨撑的组成与作用

轨距杆和轨撑都是限制轨距动态扩大的轨道框架加强设备，是木枕线路上不可缺少的设备，也是小半径混凝土枕线路上有效的加强设备，轨距杆和轨撑往往配合使用。

（1）**轨距杆**　轨距杆两端固定于轨底，每隔5~7根木枕设一根（图3-42）。

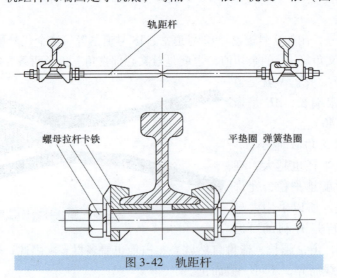

图3-42　轨距杆

（2）轨撑　轨撑主要用于曲线地段的轨道加强，安设于两股钢轨道心外侧。轨撑下部扣压钢轨底部，起到扣件的作用；上部顶住轨头下颏，限制钢轨向外倾斜（图3-43）。

 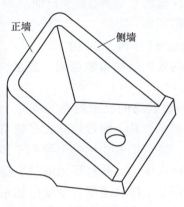

图3-43　轨撑

（3）融雪设备　在寒冷地区下雪以后，为了让列车正常行驶，活动的尖轨不冻上，在轨道的一些道岔区还有一些融雪设备装置（图3-44）。

图3-44　融雪设备

3.8　独轨铁路轨道结构

1. 独轨铁路轨道结构的种类

独轨铁路是一种把单轨铺设在高架桥上的新型铁路。独轨铁路主要分成两类：一类是较为常见的跨座式独轨铁路，车辆跨坐在轨道梁上行驶，车体两旁盖过路轨；另一类是悬挂式独轨铁路，悬挂式是车辆悬挂在轨道梁下方行驶。

独轨铁路是铁路的一种，特点是使用的轨道只有一条，而非传统铁路的两条平衡路轨。独轨铁路的路轨一般以混凝土制造，比普通钢轨宽很多。早期独轨系统的设计是不能使用转辙器的，于是在运作上出现很多不便。现代的独轨系统多数已经可以使用转辙器，让车辆可以驶进不同的线路，而同一线路也可作双程行驶。

高架独轨的优点是：结构简单，易于建造，可以适应复杂地形的要求；建设工期短；它的工程建筑费用只有地下铁道建筑费用的 1/3。其缺点也是很明显：必须另外兴建特制轨道；独轨使用的转辙器令车辆有短暂时间必须悬空，故有出轨的可能；如果出现紧急情况，车上的乘客逃生很困难。

2. 跨座式独轨铁路的轨道结构

跨座式轨道的轨道结构由轨道梁、道岔、支柱和基础构成（图3-45）。

1）跨座式独轨铁路的轨道通常为支柱上端的预应力钢筋混凝土轨道梁，其上铺设钢轨，车轮自车厢的下部支承于钢轨上。轨道梁的作用是引导列车运行，直接承受车轮传来的巨大压力，并将压力通过立柱传递到基础上。支柱的作用是支撑轨道梁，承受由轨道梁传递的车辆载荷。轨道梁的上表面是车辆走行的行驶路面，两个侧面是水平导向轮的导轨，也是水平稳定轮的支撑。轨道梁在两侧中部设有刚性滑触式导电轨，在梁内两顶角处设有信号系统 ARP/TD 感应环线，梁体底部设有供电和通信、信号系统电缆托架，梁下托架在桥墩处设支架绕过支座。跨坐式独轨车辆的走行装置跨坐在走行轨道上，其车体重心处于走行轨道的上方。车辆以车身包围路轨，因此不容易出轨。

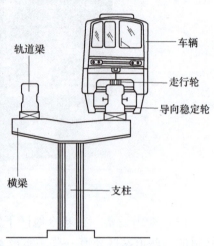

图 3-45　跨座式轨道结构图

2）跨座式轨道道岔是由一定长度的道岔梁组成（图3-46）。道岔梁一端可以移动，整个梁与梁下方的支撑台车固定在一起，由台车上的电动机驱动。其道岔分为两类，一类是柔性铰接型，可使道岔梁连续弯成曲线；另一类为简易铰接型，转辙时道岔梁在转辙点前方保持一定距离的直线。与普通铁路道岔一样，独轨铁路根据连接线路的形式，其道岔可分单开道岔和交叉道岔。

3. 悬挂式独轨铁路的轨道结构

悬挂式独轨铁路与跨坐式独轨铁路的轨道结构比较相似，有共同的优点，所不同的是车辆控制装置和空调设备等不是装在车地板下面，而是装在车顶部位（图3-47）。

图 3-46　跨座式轨道道岔

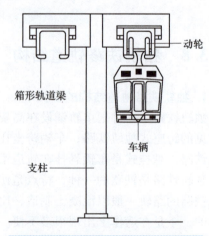

图 3-47　悬挂式轨道结构图

1）悬挂式独轨铁路的轨道梁，由一定跨距的钢支柱或钢筋混凝土支柱架在空中，车辆悬挂在轨道梁下运行。它的特点是轨道梁为钢制断面，底部有开口，充气轮胎组成的转向架在轨道内走行，车体悬挂在转向架的下面，车辆走行平稳、噪声低。

2）悬挂式独轨的车辆有对称式和非对称式两种。对称式的车辆是以一对橡胶车轮在轨道梁的走行板上运行；而非对称式的车辆有吊钩，吊钩上有钢制车轮，车轮在铺设于轨道梁上的单根钢轨上运行。

1. 操作练习

1）在实训室中完成对轨道结构的感性认识和作用了解，并能模拟完成道岔的转辙。

2）根据自己对轨道构成知识的了解，在课余时间，利用生活中的废弃物做原料，制作一种轨道模型。

2. 书面练习

1）简要回答城市轨道交通轨道系统的概念与构成。

2）简要回答城市轨道交通轨道系统中各种设施与设备是如何在车辆运行中起作用的。

1. 教师的评价

由教师在完成本章的教学任务后填写，在相应表格中画"√"。

评价项目		教师的评价			
序号	题　目	好	较好	一般	较差
1	对本章教学过程的控制				
2	在本章教学过程中，学生的参与情况				
3	学生对本章知识学习后的效果反馈				
教师对本章教学的总结评价意见及跟进措施					

2. 学生的评价

由学生在完成本章学习任务后填写，在相应表格中画"√"。

序号	评价项目	学生的评价			
	题 目	好	较好	一般	较差
1	在本章教学执行过程中教师的表现				
2	本章教学内容与实际社会需求的联系程度				
3	自己在本章学习过程中的表现				
	学生在学习本章后对自己的表现评价及对教学的跟进意见				

3. 知识跟进

1）在城市轨道交通运营过程中，轨道系统对安全方面会产生哪些影响？

2）在车辆牵引供电及信号通信方面，轨道系统是如何发挥作用的？

第 4 章

城市轨道交通系统的构成——车站与车站设备

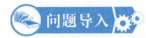

地铁车站的设计以及站内设备的配置除了要满足运营与乘客的基本需求外,最好还要彰显出城市或区域的文化特点,并体现出城市的发展水平。那么车站有哪些不同的类型及特征呢?它是由哪些必需的运营系统及设施构成的呢?本章来回答这些问题。

学习目标

1. 能辨别城市轨道交通系统中车站的分类。
2. 能分析车站的构成及站内的设计要素。
3. 能描述车站设备及其主要功用。

教学建议

1. **教学场地**:在教室和车站(含站厅与站台)模拟实训室中进行,课后可实地参观。
2. **设备要求**:至少具有车站构成及站内运营系统的操作模拟演示软件 1 套,或仿真车站设备教具 1 套。
3. **课时要求**:共 6 课时,其中课堂讲授 4 课时;模拟操作 2 课时。

4.1 城市轨道交通车站的概念与分类

1. 城市轨道交通车站的概念

车站是城市轨道交通系统最重要的组成部分,是乘客上下车、换乘的场所;也是列车到发、通过、折返、临时停车的地点;还是运营管理人员主要的工作场所;并具有购物、集聚及作为城市景观等一系列功能。车站的选址、布置和规模等,不仅影响运营效益,而且关系到城市的运转。

2. 城市轨道交通车站的组成及作用

1)从使用功能角度讲,大型城市轨道交通系统的车站组成包括车站大厅及广场,售票大厅，运营管理场所，技术设备用房和管理用房。

车站大厅及广场是乘客和游客等聚集的地方；售票大厅为出售车票的地方；运营管理场所，是旅客不能到达的地方，如车站办公室、仓库、维修设施及路轨股道等；涉及车站运行的技术设备用房及管理用房，一般分设于站厅和站台的两端部。

2）从建筑空间位置角度讲，车站一般包括车站主体、出入口及通道、通风道及风亭（地下）和其他附属建筑物（图4-1）。

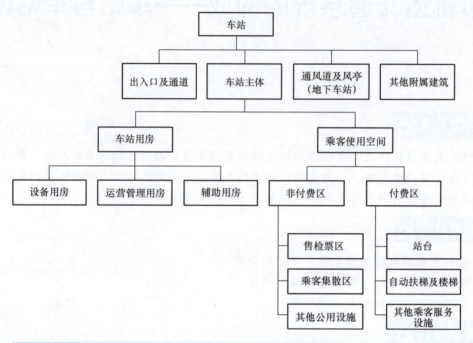

图4-1　车站组成关系示意图

① 车站主体作为列车的停车点，它不仅要供乘客上下车、集散、候车，一般也是办理运营业务和运营设备设置的地方。车站主体根据功能可分为乘客使用空间和车站用房。

在乘客使用空间内包含了非付费区和付费区。非付费区包括站台、楼梯和自动扶梯、导向牌等，它是为乘客候车服务的设施。对于一般的城市车站来说，通常非付费区的面积应略大于付费区。

车站用房区域包括运营管理用房、设备用房和辅助用房。运营管理用房包括站长室、行车值班室、业务室、广播室、会议室和公安保卫室等。设备用房包括通风与空调房、变电所、控制室等。辅助用房包括卫生间、茶水间等。车站用房应根据运营管理需要设置，在不同车站只配置必要房间，尽可能减少用房面积，以降低车站投资。

② 出入口及通道是乘客进出站厅的通道。

3. 城市轨道交通车站的分类

1）按车站的空间位置可分为地下车站（图4-2）、地面车站（图4-3）和高架车站（图4-4）。

2）按运营功能可分为终点站、中间站、换乘站、区间站（或称折返站）和通勤站。

3）按车站站台形式分为岛式车站（图4-5）、侧式车站（图4-6）和岛侧混合式车站（图4-7）。

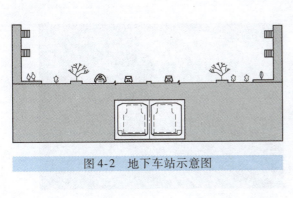

图 4-2　地下车站示意图

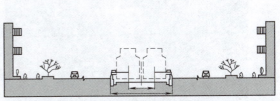

图 4-3　地面车站示意图

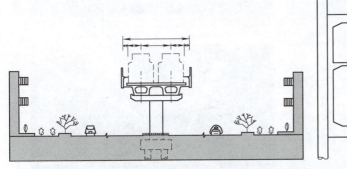

图 4-4　高架车站示意图

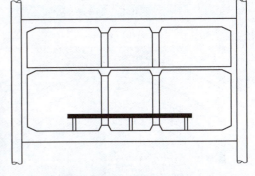

图 4-5　岛式车站示意图

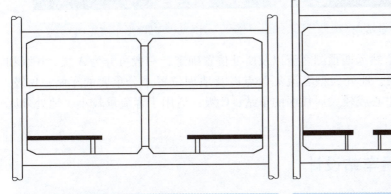

图 4-6　侧式车站示意图

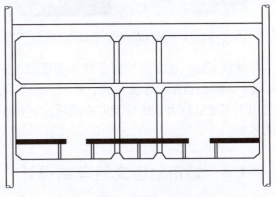

图 4-7　岛侧混合式车站示意图

4）按车站施工方法分为明挖车站（又可分为浅埋式和深埋式）和暗挖车站。

5）按车站断面结构分为矩形车站（又可分为单层、双层、多层）（图 4-8）、拱形车站（又可分为单拱、多跨连拱）（图 4-9）、圆形车站（又可分为正圆、椭圆）（图 4-10）和马蹄形车站（图 4-11）。

4. 城市轨道交通车站的规模

在进行车站总体布局以前，要确定车站的规模。车站规模直接决定着车站的外形尺寸及整个车站的建筑面积、集散量和设备容量等。轨道交通车站的规模主要是根据车站的设计客流量（容量）来确定的。一般可以参照日均乘降客流量和高峰小时客流乘降量来确定。

图 4-8 矩形车站

图 4-9 拱形车站

图 4-10 圆形车站

图 4-11 马蹄形车站

地铁车站规模主要根据车站远期预测客流以及所处位置确定，一般可分为 A 级、B 级和 C 级。A 级：适用于客流量大、地处大型客流集散点以及地理位置十分重要的车站；B 级：适用于客流量较大、地处市中心或较大居住区的车站；C 级：适用于客流量较小、地处郊区的各站。

4.2 城市轨道交通车站设计

1. 城市轨道交通车站的设计原则

（1）一致性原则　车站选址要与城市规划、城市交通规划及轨道交通路网规划的要求相一致，以满足远期规划的要求。

（2）适用性原则　车站选址要综合考虑该地区的地下管线、工程地质、水文地质条件、地面建筑物的拆迁及改造的可能性等情况；设计应能满足远期客流集散量和运营管理的需要，应具有良好的外部环境条件，最大限度地吸引乘客；要满足客流高峰时所需的各种面积及楼梯通道等宽度要求及设备用房和管理用房的要求。

（3）协调性原则　车站总体设计要注意与周围环境相协调，如与城市景观、地面建筑规划相协调。

（4）安全性原则　车站要有足够明亮的照明设施，足够宽的楼梯及疏散通道，具有指示牌及防灾设施等。

(5) **便利性原则** 车站站位应尽可能地靠近人口密集区和商业区，最大限度地方便乘客出行。

(6) **识别性原则** 车站设计应体现现代交通建筑的特点，简洁、明快、大方并易于识别，同时车站及车辆线路都要有明显的特征和标志。

(7) **舒适性原则** 车站的设计要以人为本，要有舒适的内部环境和现代的视觉观感，并解决好通风、温度和卫生等问题。

(8) **经济性原则** 车站的设计应尽可能地与物业开发相结合，使土地的利用最充分，并尽可能降低造价、节约投资。

2. 城市轨道交通车站总平面布局设计的步骤

(1) **分析影响因素及确定边界条件** 影响车站站位和总平面布局的因素包括周围环境、建筑物拆迁和管线改移条件、施工方法、客流来源及方向以及综合开发的条件。

(2) **确定车站平面布置原则** 站厅层布置应分区明确，依据站内结构及设施配置情况对客流进行合理地组织，避免和减少进出站客流的交叉，合理布置管理、设备用房，满足各系统的工艺要求。

站台层布置需以车站上下行远期超高峰小时设计客流量来计算站台宽度，根据线路走向及换乘要求确定站台形式，根据车站需要布置设备或管理用房区。

车站出入口应设置于道路两边红线以外或城市广场周边，需具有标志性或可识别性，以利于吸引客流、方便乘客。

此外，车站主要服务设施还应包括自动扶梯、电梯、售票机、检票机和空调通风设施等。

(3) **根据功能要求构思总体方案** 以换乘为主要功能的车站，主要考虑乘客的换乘条件，以尽可能减少换乘距离而进行设计，并留有足够的换乘能力；大型客流集散点的车站，要考虑突发性客流特点，留有足够的乘客集散空间，并创造快捷的进出站条件；有列车折返运行需要的车站，以列车在车站的运营能力为主，考虑车站配线设置以及由此带来的车站站位及平面布局的变化；有与建筑物开发结合要求的车站，应考虑结构的统一性，并分清各种客流的流向，要使进出站客流有独立的通道，并尽量减少与其他客流的交叉干扰；还有一些有特殊功能需要的车站，包括远期需进一步延伸的起点站、与其他交通系统的联运站等。

(4) **确定出入口、风亭数量和位置** 《地铁设计规范》规定："车站出入口的数量，应根据客流需要与疏散要求设置，浅埋车站不宜少于4个出入口。当分期修建时，初期不得少于2个出入口。小站的出入口数量可酌减，但不得少于2个。"风亭的数量和采取的通风与空调方式有关，一般由环控专业确定。单独设置的车站出入口的位置一般选在城市道路两侧、交叉口及有大量人流的广场附近，出入口宜分散并均匀布置，以便最大限度地吸引乘客。单独修建的地面出入口和地面通风亭，其位置应符合当地城市规划部门的规划要求，一般设在建筑红线以内，不应妨碍行人通行。此外，要考虑城市人流流向来设置出入口，不宜设在城市人流的主要集散处，以免发生堵塞。应设在较明显的位置，以便于识别。车站出入口和地面通风亭不应设在易燃、易爆、有污染源并挥发有害物质的建筑物附近，与上述建筑物之间的防火安全距离应符合有关规范的规定。应尽可能创造条件使车站出入口、风亭与周围建筑物相结合，以尽可能减少用地和拆迁。车站出入口应尽可能与城市过街地道、天桥和下沉广场相结合，以方便乘客，节约投资。

（5）绘制车站总平面布置图 根据设计阶段的不同，图样内容深度也不同。车站总平面布置图一般在1:500的地形图上进行，该图主要包含以下内容：站中心的详细位置，包括线路里程、坐标等；车站主体的外轮廓尺寸，包括端点的线路里程、关键点的位置坐标等；出入口、风亭通道的位置、长度、宽度；出入口、风亭的详细位置、尺寸和坐标等；车站线路及区间的连接关系；车站周围地面建（构）筑物情况、地形条件等；与车站有关的设施情况等。

3. 城市轨道交通地铁车站的平面布局（图4-12）

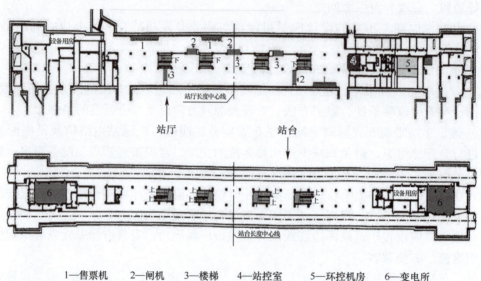

1—售票机　2—闸机　3—楼梯　4—站控室　5—环控机房　6—变电所

图4-12　车站平面布局示意图

地铁车站的平面组成基本上分为两大部分，一部分是与客流直接有关的公共区域，包括站厅层、站台层及出入口通道；另一部分是涉及车站运行的技术设备用房及管理用房，一般分设于站厅和站台的两端部。

（1）站厅层布局 设备管理用房基本分设于车站两端，一端大、一端小，中间作站厅公共区。设备用房中最大的是环控机房，其中包括冷冻机房、通风机房及环控电控室。在管理用房中主要解决的是站控室及站长室的位置、消防疏散兼工作楼梯的位置及厕所的位置。地铁车站的环控设计基本上由五个系统组成，车站公共区域的环控系统主要是站厅、站台的制冷送风（包括新风）回风系统，车站的排风（排烟）系统，站台层列车及车道产生的热量和废气的排热、排烟系统，车站活塞风及区间隧道发生灾变时的送风排烟系统以及各管理用房的小环控系统。

（2）站厅层公共区设计 客流通道口主要位于站厅层的公共区，分左右两侧布置，这种设计方式有利于地面道路两侧出入口的均匀布置。根据地铁设计规范，通道口最小宽度不能小于2.4m。此外，根据经济条件和设备的可能性，售票可分为人工售票、半人工售票及自动售票。人工售票与半人工售票所使用的售票亭大小基本相同，有人工在其间参与操作；自动售票则合理安排设置自动售票机完成售票。此外，在进出站检票口设置付费区和非付费区隔离栏。进出站检票机旁还需设置人工开启栅栏门，便于较大行李等的出入和特殊情况下的使用；进站检票口应设有监票亭；检票口周围设栏板，以隔离非付费区和付费区，一般非付费区比付费区的面积大。

第4章 城市轨道交通系统的构成——车站与车站设备

（3）站台层的公共区设计 站台的有效长度一般按车辆的编组长度加上车辆停靠的误差来决定。对于远期列车编组在6~8辆的轨道交通系统，站台长度一般在130~180m。

4. 城市轨道交通地铁车站的剖面设计（图4-13）

剖面设计主要解决的是车站的结构形式、结构尺寸、设备和建筑所需的空间高度以及车辆通行停靠的限界要求。站厅层的净高不小于4m，安装及装修后的尺寸不小于3m；从站台到顶部的净高为4.1~4.3m，装修后的高度不低于3m；从站台面至下部底板面的高度为1.62m，可以满足设备安装要求。站台按高度可分为低站台和高站台。站台与车厢地板高度相同称为高站台，一般适用于流量较大、车站停车时间较短的场合。高站台对残疾人、老年人上下车也很有利。考虑到车辆满载时弹簧的挠度，高站台的设计高度一般低于车厢地板面50~100mm。站台比车厢地板低时称为低站台，适宜于流量不大的场合。

图4-13 车站立体剖面示意图

5. 城市轨道交通地铁车站的其他设计

（1）无障碍设计 无障碍设计突出的是"以人为本"的设计理念。针对地铁车站设置位置的不同，可以采取三种不同的设计方法。第一种设计方法为车站位于道路地面以下，出入口位于道路的两侧，乘坐残疾人的轮椅可通过楼梯旁设置的轮椅升降台（图4-14）下到

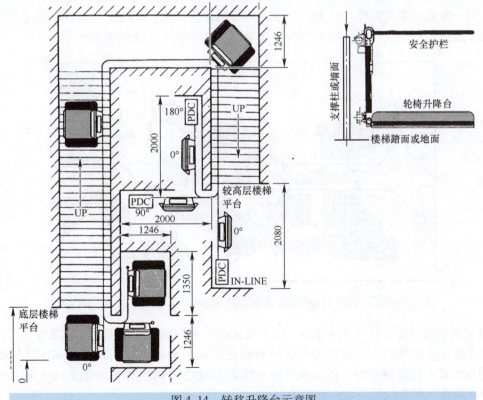

图4-14 转移升降台示意图

站厅层,然后再经设置于站厅的垂直升降梯下达到站台。为盲人设置盲道,从电梯门口铺设盲道通至车厢门口(图4-15)。第二种设计方法为车站建于街坊内的地下,车站的垂直升降梯可直接升至地面。第三种设计方法要求盲道的铺设必须连贯,在站台层、上行和下行两个方向都需要铺设,但一般只需自站台中心处的车厢门设至垂直升降梯的门口。

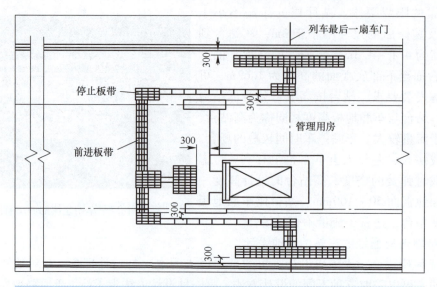

图 4-15 盲道铺设示意图

(2) 出入口设计(图4-16) 出入口的位置一方面要确保地下通道顺畅的同时,又不宜过长;另一方面也要考虑能均匀地、尽量多地吸纳地面客流;此外,在设计时要考虑防灾要求,每个地铁车站的人员出入口不得少于两个,且必须位于车站的两端。

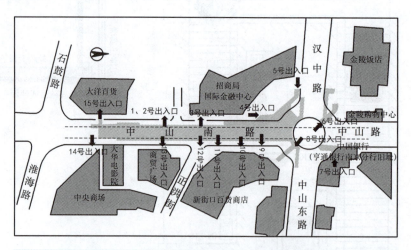

图 4-16 某地铁出入口平面设计示意图

(3) 风亭及风道设计(图4-17) 风亭及风道的面积取决于当地的气候条件、环控通风方式和车站客流量等因素,由环控专业计算确定。对于地面风井,具体有如下几种处理方法:①与地面开放建筑合为一体,风井建于地面开发建筑内。②在城市街区中风井独立设置,分化形体,结合绿化及城市建筑小品。

第4章 城市轨道交通系统的构成——车站与车站设备

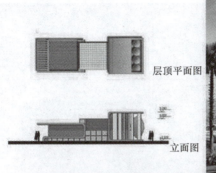

层顶平面图

立面图

对风亭的形体进行柔化，构造出休憩空间并与绿化有机结合以使风亭不显得突兀，外墙的广告画让风亭成为城市的装饰。

图4-17 某地铁风亭设计方案

(4) 防灾设计　防灾设计包括人防设计、紧急疏散设计、车站消防设计、车站防洪涝设计及内部环境设计等要素。

1) 人防设计。在车站的人防设计中应结合六级抗力等级设防，"平、战结合"；将一个车站加一个区间隧道作为一个防护单元，在相邻防护单元间要设置一道防护隔断门；在出入口密闭通道的两端各设活置式门槛防护密闭门（图4-18）一道；每个车站还要设置不少于两个人防连通口，且连通口净宽不小于1.5m。在附近没有人防工程或暂不知是否有人防设施的情况下，人防连通口做完后，通道要预留出接口；在风口进排风口及活塞风口须设置一道防护密闭门；内部装修应考虑防震抗震要求。

图4-18 活置式门槛防护密闭门

2) 紧急疏散设计。在车站的紧急疏散设计中，车站内所有的人行楼梯、自动扶梯和出入口宽度的各项总和应分别能满足在紧急情况及远期高峰小时设计客流量下，将一列满载列车的乘客和站台上候车的乘客（上车设计客流）及工作人员在6min内疏散到安全地区。此时车站内所有的自动扶梯、楼梯均作上行，其通过能力按正常情况下的90%计算。垂直电梯不计入疏散能力内。车站设备用房区内的步行楼梯在紧急情况下也应作为乘客紧急疏散通道、并纳入紧急疏散能力的验算。车站通道、出入口处及附近区域，不得设置和堆放任何有碍客流疏散的设备及物品，以保证疏散的畅通性。

83

3）车站消防设计。车站内须划分防火分区，中间公共区（售检票区或站台）为一个防火分区，设备用房区为另一个防火分区；有物业开发区的车站，物业开发区为独立的防火分区。每个防火分区内设两个独立的、可直达地面的疏散通道；所有的装修材料均按一级防火要求控制。

4）车站防洪涝设计。车站防洪涝设计按有关设防要求执行，车站出入口及通风亭的门洞下沿应高出室外地面；区间隧道两端应设防淹门（图4-19）。地面站应考虑防洪要求。

（5）内部环境设计　内部环境设计要保证运营安全、适用、通达、快捷；要考虑视觉范畴内的造型因素及装饰材料的应用，以尽可能改善地下空间封闭、沉闷和压抑的感觉；装修设计既要考虑全线车站的统一性，还要考虑每个车站各自的个性。

图4-19　地铁隧道中的防淹门

1）空间形态设计。依靠顶面的形体变化或者利用装饰材料的不同肌理组合，显示其空间形态的变化（图4-20）。

2）界面线形及其用材。地铁车站的界面包含地面、墙面、顶面及柱面。根据规范要求，所有的装饰用材都必须是不燃材料。地面材料要耐磨、防滑、易清洁。墙面宜采用色彩明快、易清洁、耐久的材料。地铁车站的墙体壁面位于地下难免会有渗水现象，故墙面一般做成离壁式衬墙。顶面常用材料为铝合金挂片、条板、方板及异形板等，色彩以浅色为主。柱面在设计中应加以特别重视，对柱子进行装饰时要尽量减少棱角的出现。

3）照明、标志、色彩及其他公用设施配置。照明方式包括整体照明、局部照明和灯箱照明。整体照明是轨道交通车站照明的主要形式，它要考虑布置方式及照明灯具的形式，一般以长条形日光灯为主，具有较好的显色系数，也可组合其他形式的荧光灯和一些筒灯布置。灯具尽量以直接照明的方式布置，这样有利于提高光照效率和便于维修更换灯具。灯具的布置形式要和顶面用材形式有机结合，这样才能取得较好的光照艺术效果。色彩设计以高明度、低彩度色彩为主（图4-21。）

图4-20　斯德哥尔摩地铁车站空间形态变化

站内的其他公用设施中各类显示器及照明灯具很重要。例如乘客信息系统终端设备；PDP屏、LED显示屏、LCD显示器。此外还有灯具形式，包括站厅、站台公共区照明以嵌

图 4-21　一组世界各城市地铁车站的照明设计

入式格栅灯和筒灯为主，无吊顶房间照明采用管吊式荧光灯和筒灯为主，有吊顶房间照明采用嵌入式格栅灯、筒灯和吸顶灯，有火灾危险的场所照明采用防爆灯。

站内标志分为乘客出行的必要信息和辅助信息。乘客出行的必要信息是指为了有效组织与指引客流移动与疏散，设置在站内与车站附近，通过视觉传达方式为乘客提供出行必须信息。包括导向信息标志、公共信息标志、警示信息标志（图 4-22）。

导向信息标志中包括：普通导向信息标志，例如站外导向、进出口导向、售票导向、闸机导向、楼梯口导向、列车方向等信息；专用导向信息标志，例如残疾人电梯、盲道信息；特殊导向信息标志，例如紧急出口标志、临时导向标志；警示信息标志，例如警告信息标志、禁止信息标志等。

图 4-22　日本东京地铁站内各种指示标志

6. 城市轨道交通地铁车站的选型与施工

车站的建筑形式必须结合城市特有的发展规划、地理条件及经济状况，因地制宜地考虑选型，并与各种车站的建筑施工特点结合起来进行选型。各种车站的建筑施工各有其不同的特点。

（1）**岛式站台**　岛式站台是国内最常用的一种车站形式，一般采用明挖法施工，必要时也可采用暗挖施工，它的埋置深度一般不超过 20m。岛式站台最大的优点是便于乘客换乘其他车次。同时，岛式站台两条单线单隧道的布线方式在城市地下工况复杂的情况下穿行也具有较大的灵活性。

（2）侧式站台　侧式站台的轨道布置较为集中，有利于区间采用大的隧道或双圆隧道双线穿行，具有一定的经济性。但在城市地下工况复杂的情况下，大隧道双线穿行反而又缺乏灵活性。此外，侧式站台不利于乘客换乘其他车次。

（3）矩形箱式车站　矩形箱式车站大都采用地下连续墙后大开挖的现浇钢筋混凝土结构，施工时对周边环境的影响较大，土方量也较大，容易影响地面交通。

（4）圆形或椭圆形的车站　这种车站一般在地质条件较好、地面不具备敞口明挖的地段采用，可采用盾构法施工，因而施工土方量较少，对周边环境的影响较小，但技术要求较高，施工难度相对较大。

（5）浅埋式车站　浅埋式车站的施工土方量较小，技术难度不大，节省投资。同时，由于是浅埋式，故客流上下高度较小。

（6）深埋式车站　深埋式基坑的技术难度增加，施工土方量增加，投资加大。同时，由于是深埋式，故客流上下高度增加。

4.3　城市轨道交通车站系统运营设备

城市轨道交通车站系统运营设备所包含的范围比较广泛，具体包括：自动售检票系统、电梯系统、屏蔽门系统、乘客信息系统、环境控制系统（简称环控系统）、给排水系统、火灾自动报警系统、照明与低压配电系统、车站机电设备监控系统和安防系统等。

1. 自动售检票系统

自动售检票系统（Automatic Fare Collection，简称 AFC）是城市轨道交通综合自动化系统中不可缺少的重要组成部分。AFC 系统采用完全封闭的运行方式和计程、计时的收费模式，集计算机、网络、通信、自动控制、非接触式 IC 卡、大型数据库、机电一体化、模式识别、传感和精密仪器加工等多种高新技术为一体，通过高度安全、可靠、保密性能良好的自动售检票系统统合各种 AFC 终端设备，完成轨道交通中的自动售票、检票、计费、收费、单程票回收、现金稽查、客流收费统计、清分和售检票设备监控等。

（1）自动售检票系统管理　自动售检票系统管理主要包括对票卡进行管理、制定票务系统规则以及对不同运营条件下的模式进行管理，其系统管理模式一般采用车站、线路票务中心、线网票务中心三级管理模式。

1）票卡管理。票卡记载着乘客的出行和费用信息，是乘客乘车的唯一有效凭证。对于运营系统而言，票卡管理就是对票卡的发行、使用和更新的全过程进行管理。

票卡按计价方式可分为计次票和计程票。如果政府给予地铁以直接补贴，那么地铁的运营成本负担较轻，可以加大让利于民的程度，一般可采用计次票；若政府没有直接补贴，地铁的运营成本负担较重，需要加强票款收入，一般可采用计程票，又可以细分计程计时制和计程限时制两种。票卡按车票使用性质可分为单程票、储值卡和许可票。

2）规则管理。规则管理的主要内容是确定票价策略，即在制定票价时需遵循的原则。首先要对轨道交通产品进行规范的定位，然后对轨道交通负担量进行分配，再制定合理的收费策略，最终确定最短计价里程和最低票价。

对于地铁票价的确定,首先要以社会责任为先导,兼顾社会和企业利益,以实现企业长期利润的最大化;其次,需要考虑运输成本,即在正常情况下,满负荷运载的运营收入能消化运营成本,并获得合理利润。此外,定价时还要考虑市场和需求,在满足不同市场需求的前提下,实现企业效益最大化;同时,市场竞争状况也是不可忽略的因素,当然,在政府的调控下,地铁与其他公交产品的竞争将是有序和可控的。

(2) <u>自动售检票系统架构</u>　自动售检票系统的基本结构包括四层(图4-23):第一层是路网清算管理中心(ACC),是系统的核心;第二层是线路中心(LC),负责各条线路的票务处理工作;第三层是车站计算机系统(SC);第四层是车站终端设备。

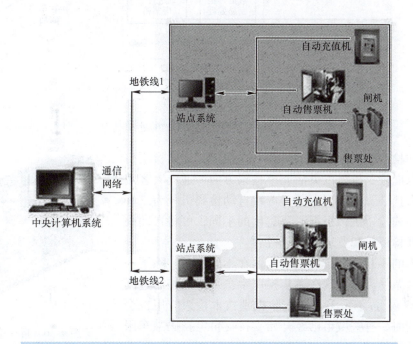

图4-23　自动售检票系统构成图

(3) <u>自动售检票系统设备</u>　自动售检票系统设备主要包括分拣编码机、自动检票机、自动售票机、半自动售/补票机和自动充值机等。

1) 分拣编码机。分拣编码机(图4-24)的作用主要是对车票进行批量处理(图4-25):分拣即可将一批车票按照某个或某几个特征值分开,分别存放到不同的票箱中;编码即可以对车票进行某种功能的批量处理,如初始化、预赋值、注销和更新等操作。分拣编码机的组成包括分拣编码工作站、主控制器、车票处理装置、车票读写器、打印机以及紧急按钮和不间断电源(UPS)等几个部分。分拣编码机处理的一次任务包含多笔交易,所有交易都在车票处理装置内完成。

图4-24　分拣编码机

2) 自动检票机。根据功能的不同,可将自动检票机(图4-26)分为进站检票机、出站

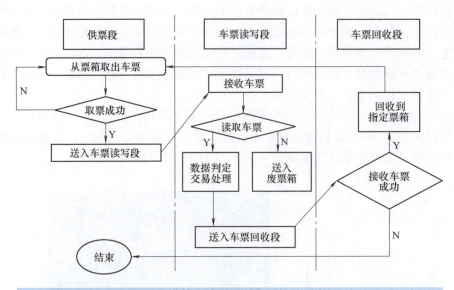

图 4-25 分拣与编码机对车票的处理流程

检票机和双向检票机。进站检票机在非付费区,出站检票机在付费区,双向检票机可以灵活调整检票方向,适应大客流情况。根据阻挡装置的类型不同,可将自动检票机分为三杆式检票机和门式检票机;根据通道宽度的不同,可将自动检票机分为普通检票机和宽通道检票机。

随着技术的不断提升,检票手段也在不断更新。除了一卡通和一次性票使用外,现在逐步推广手机二维码扫码过闸技术(图4-27),过不了多久,人脸识别技术检票应用也会成为可能。同时,有些城市已经开始支持支付宝扫码乘车服务,如杭州地铁等。

图 4-26 自动检票机

图 4-27 手机扫码检票
a)手机扫码显示 b)检票机扫码位置

3）自动售票机。自动售票机（图4-28）可接受乘客的购票选择，并在购票过程中给出提示，接受乘客投入的现金并完成自动识别、自动计算现金数量及购票金额、自动找零、并自动完成车票校验、车票发售及出售的工作。自动售票机还能对各部件的工作状态进行自动监测，并向车站计算机系统上报工作状态，同时接收车站计算机系统下发的参数和控制命令，并执行相应的操作、存储并上传交易信息以及对本机接收的现金及维护操作进行管理等。

4）半自动售/补票机。半自动售/补票机（图4-29）可以售/补包括单程票、储值票和纪念票在内的各种类型车票，可对车票进行有效性分析，并查询车票的历史交易信息。此外，对无法正常完成进出站的车票进行票务更新；可发售出站票，接受退票处理，受理车票挂失、车票续期、查询票价及其他服务。半自动售/补票机有两种工作模式：第一种是售票模式，即安装在非收费区内，通常工作在售票模式下，可以发售除出站票以外的各种车票，并可以进行票务处理及其他服务；第二种是补票模式，即装在收费区内，通常工作在补票模式下，只允许发售出站票，用于无票的乘客补票使用，该模式下还支持车票更新操作。

图4-28　自动售票机　　　　　图4-29　半自动售/补票机

5）自动充值机。自动充值机可以进行储值卡的充值，允许乘客使用现金或银行卡对储值卡进行充值操作。同时，可以用于乘客验票，给出车票内的各种信息和历史交易。此外，还增加了自助查询功能，提供多媒体查询服务。

2. 电梯系统

电梯是垂直电梯（图4-30）、倾斜方向运行的自动扶梯（图4-31）、水平或倾斜方向运行的自动人行道（图4-32）的总称。

图4-30　垂直电梯　　　　　　图4-31　倾斜自动扶梯

图 4-32 水平或倾斜自动人行道

地铁电梯系统设计标准包括直升电梯设计标准和自动扶梯设计标准。

（1）**直升电梯设计标准** 平台须离路面 150～450mm；为方便轮椅使用者，应设置斜坡；采用玻璃外墙增加站内透明度；各层电梯门宜安排在相反方向。

（2）**自动扶梯设计标准** 每座车站至少有一个出入通道设置自动扶梯；当通道提升超过 7.2m 时，宜设上行扶梯；提升高度超过 10m 时，宜设上下行扶梯；站厅层与站台层之间宜设上下行扶梯；客流量不大且高差小于 5m 时，可用楼梯代替下行扶梯；自动扶梯须沿整个车站平均分布。

3. 屏蔽门系统（也称站台门系统）

屏蔽门（Platform Screen Doors，简称 PSDS）是指城市轨道交通系统中，沿车站站台边缘设置，将列车运行区间与站台隔离，具有节能、环保和安全功能的一组装置设备。当列车到达车站和离站出发前，该设备能自动进行活动门的开、关门控制。

（1）**屏蔽门技术的应用** 地下环境是一个相对封闭的空间，只有出入口、风井及其排风口、隧道洞口与外界连通。站内常年运行的列车、乘客和运营人员以及运行中的设备，是站内的常年热源。同时，隧道及车站周围的土壤具有蓄热能力，在高温季节时，站内环境舒适度降低。此外，地铁是由车站和隧道连接成的系统，当列车高速运行在隧道内时，车辆会在隧道内产生活塞效应，活塞效应生成的风称为活塞风。活塞风一方面可以改善站内空气的流通，另一方面也会降低乘客候车的舒适性和安全性。

由此，轨道交通系统引入了隔离的概念。最初人们想到的是采用喷射气流或风幕进行活塞风的隔离，但事实上这种方式实施起来比较困难，需要对整个站台进行设置，其经济性较差，而且其隔离效果也比较差。后来，人们想到利用固体隔离物把轨行区与站台隔离开来，因此，站台屏蔽门系统开始逐步被应用。新加坡常年气候炎热，故空调运行费高，同时，考虑到乘客乘车的安全性以及系统良好运行的可靠性。于是，1988 年，世界第一套地铁屏蔽门系统在新加坡地铁的 NEL 线上诞生。

屏蔽门系统的优势在于安全、节能、降低人工成本、环保；但与此同时，屏蔽门系统也有建设成本高，意外情况下不利于疏散等劣势。

（2）**屏蔽门类型** 从封闭形式上可将屏蔽门分为全高封闭式屏蔽门（图 4-33）和半高敞开式安全门（图 4-34）。

第 4 章　城市轨道交通系统的构成——车站与车站设备

图 4-33　全高封闭式屏蔽门

图 4-34　半高敞开式安全门

1）全高封闭式屏蔽门是一道自上而下的玻璃隔墙和滑动门，全高为 3m 以上；沿站台边缘和两端头设置，其目的是隔离乘客候车区与列车进站停靠区。全高封闭式屏蔽门的主要作用是增加安全、节约能耗、加强环保。

2）半高敞开式安全门是一道上不封顶的玻璃隔墙和滑动门，全高 1.2～1.5m，主要起隔离作用。

从结构上可将屏蔽门分为上部悬吊式屏蔽门和底部支撑式屏蔽门。上部悬吊式屏蔽门系统的重量完全由上部悬挂结构承受，简化了系统的结构设计与安装。底部支撑式屏蔽门系统则是由立柱和站台底板来承受屏蔽门系统的重量。

（3）屏蔽门系统的组成　屏蔽门系统是由门体结构、门机结构以及电源系统、控制系统四部分组成的。门体结构包括固定门、滑动门、应急门和端门，如图 4-35 所示。固定门设置在两扇双扇滑动门之间，结合规定条件进行设置。滑动门分为标准双扇滑动门和非标准双扇滑动门，非标准双扇滑动门一般设置在靠近列车驾驶室相应的屏蔽门。应急门不带动力，在紧急情况下由乘客在轨行区侧手动打开逃生。端门设置在站台两端，列车司机或站务员手动打开，紧急情况可用作乘客疏散通道。门机结构（图 4-36）包括门控单元、传动装置、驱动装置、锁紧装置。门控单元是门机系统的核心，具有自诊断功能，并且对滑动门的整个运行过程进行制动和加速控制。传动装置是传动同步（齿形）带。驱动装置中的传动带驱动门挂板实现滑动门开/关。锁紧装置的闸锁上装有四个开关，两个锁闭监控安全开关，

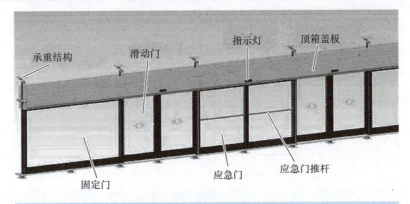
图 4-35　屏蔽门门体种类

两个应急安全开关。

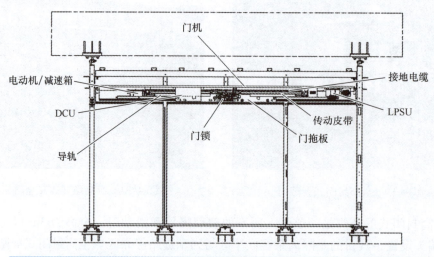

图 4-36　屏蔽门门机结构示意图

（4）屏蔽门系统的控制与运行模式　其控制系统主要由中央控制盘、就地控制盘、门控单元、就地控制盒、控制局域网和接口模块等组成。其控制优先权排列顺序为：信号系统、就地控制盘、紧急控制盘。屏蔽门系统的运行模式包括正常运行模式、非正常运行模式和紧急运行模式。

正常运营模式下，列车停站，列车司机发出开门指令给信号系统，信号系统经过比对发出命令给屏蔽门门控单元，进行解锁开门。当列车准备发车时，列车司机发出关门指令给信号系统，信号系统将命令传给屏蔽门主控机，通过门控单元进行关门闭锁操作，然后将信号一直返回给司机，可以发车。非正常运营模式下，可以通过站台端头控制盒进行开门与关门操作。紧急运营模式下，站台工作人员用钥匙打开滑动门，或者乘客使用手动解锁把手自行开启屏蔽门（图 4-37）。

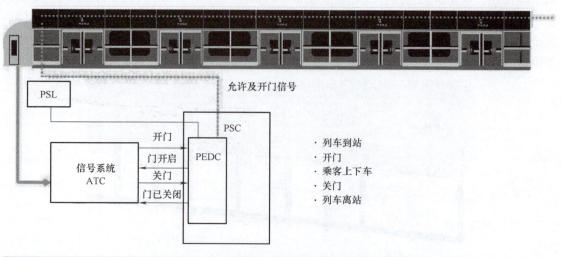

图 4-37　屏蔽门系统自动控制示意图

4. 乘客信息系统

乘客信息系统（Passenger Information System，简称 PIS）是指城市轨道交通运营管理者利用网络技术、多媒体传输技术和显示技术，可在指定时间，将指定信息显示给指定乘客的一组系统设备。乘客信息系统具有信息发布和信息查询的功能。在正常状态下可播放列车运行信息、政府公告、出行参考、股票信息、广告和其他交通工具运行信息，在紧急状态下可发布各种救援和疏散指示，此外，乘客还可以通过触摸屏自行查询气象信息、换乘信息。

（1）**乘客需求分析**　从乘客需求的角度来看，一般乘客在面对相同或相似的地铁空间和设施时易发生错误，同时还要考虑外地乘客和外国乘客的特殊性。此外，乘客在黑暗中辨别导向标志困难，有趋光性。幼小儿童对生僻字、简化字、非口语化语言不易理解，对鲜艳色彩和易辨认的图形标记敏感。老年人、拐杖使用者和听觉障碍者对声音引导听不到或反应迟钝，对位置需要反复求证和确认。轮椅使用者的视点较低且恒定，所以特殊设施应予以标示。对于视觉障碍者而言，面积过大的导向标志不便掌握理解。

信息标志分为导向信息标志、公共信息标志和警示信息标志。导向信息标志包括普通导向信息标志、专用导向信息标志和特殊导向信息标志。普通导向信息标志有主导向信息，如站外导向、进出口导向、售票导向、闸机导向、楼梯口导向和列车方向；还有辅助图，如市区图、街区图、换乘图、站区图、站层图、三维透视图和票价表。专用导向信息标志是无障碍设计，它体现了城市精神文明，如残疾人电梯和盲道。特殊导向信息标志的目标一旦明确，需要特殊的设计与设置方式，墙壁式特殊导向信息标志间距应在 10m 内、地面式标志间距应在 5m 内，标志要能发光，所有紧急标志均为夜光标志，如紧急出口标志、临时导向标志。公共信息标志中包括列车运营、标准时间、公用电话、警务站、卫生间、车站广播、宣传标志和系统适用法律等。警示信息标志包括警告信息和禁止信息。

导向标志系统的设计总则包括反映地铁公司形象、系统化和标准化、客流线路、使用者、优先地位、保养及运作等。标志设计包括色彩设计、文字设计、图形设计、形状设计、平面布置和组合设计。在色彩设计中采用了地铁标志色；文字设计除地名外，需要使用双语标志，汉字用简体，词句、简称要求标准规范；图形设计中尽量采用国际惯用符号；形状设计的标志的几何形状主要有矩形、圆形和等边三角形。标志系统的设计中，组合标志的设置条件包含同一位置的信息、同一时间的信息、连续内容的信息以及互补信息。标志系统的设置方式包括附着、悬挂、悬臂、柱式、摆放式和站立式。

（2）**乘客信息系统的组成**　乘客信息系统可分为中心子系统、车站子系统、车载子系统、广告制作子系统和网络子系统等几部分。

1）中心子系统是 PIS 系统的核心部分，对外它采集整个 PIS 系统需要的外部信息源，如地面交通路况、股票信息和天气预报等，对内它将所需的信息以及列车运行状况等进行整合、编辑，以供使用。

中心子系统的主要设备有中心服务器、视频流服务器、中心操作员工作站、播出控制工作站和数字电视设备。

2）车站子系统主要负责管理车站内的 PIS 系统，它集中监控本车站内的 PIS 系统设备，接收中心子系统的数据，并分发至车站内的 PIS 系统的每一个显示终端，除此还负责外部系统数据的导入、导出，控制站内 PIS 系统每一显示终端的信息发布和站务信息的编辑保存。

车站子系统的主要设备包括车站服务器、车站操作工作站、显示控制器和各类显示终端。

3）车载子系统通常配备车载控制器、车载无线客户端、图像储存设备、网络设备、车厢终端显示屏等。

4）广告制作子系统主要用于广告节目的制作和播放，它提供直观方便的界面供业务人员与广告制作人员制作广告节目、编辑广告时间表、控制指定的显示屏或显示屏组播放显示指定的时间表，并将制作好的素材经审核通过后通过网络传输到控制中心和各车站进行播出。

（3）乘客信息系统设备　乘客信息系统终端设备包括 PDP 屏、LED 显示屏、LCD 显示器、高清晰度电视和触摸式查询机等。

PDP 屏是一种等离子显示器，是利用气体放电的显示装置。PDP 屏能够达到真正的纯平面，具有较好的环境适应性，体积小、质量轻、无 X 射线辐射。此外，PDP 屏还具有高亮度、大视角、全彩色、高对比度的特点，便于在公共场所安装。

LED 显示屏是采用单元模块化结构按阵列排列组成的显示屏幕，其屏体大小可按 PIS 系统要求灵活拼制。LED 显示屏的特点是具有全彩色、双基色等不同颜色模式，能够按照乘客的需求及视觉模式效果设置在不同的地点，具有工作性能稳定、寿命长、功耗低，高清晰度、色彩鲜艳和视角大等特点。

LCD 显示器是一种液晶显示器，采用液晶控制透光度技术来实现色彩；LCD 显示器的特点是画面稳定、无闪烁感、真正的完全平面、不会产生色彩偏差或损失、完全没有辐射、体积小、能耗低（图 4-38）。

图 4-38　乘客信息系统应用举例

5. 环控系统

地铁环境影响乘客和工作人员的舒适性，这些影响因素包括湿度、温度、空气流动、噪声、灰尘和气味等。因此要对地铁环境进行控制。

（1）环控系统的概念　环控系统（Building Automation System，简称 BAS）是一套可以

第4章　城市轨道交通系统的构成——车站与车站设备

对环境进行空气监控和处理的系统，其作用是监控和调节指定区域内的空气温度、湿度，并控制二氧化碳、粉尘等有害物质的浓度，送入新风，排出有害气体和热量。环境控制涵盖的地点包括车站站厅、站台、隧道、设备及管理用房等。

（2）环控系统的功能　环控系统的功能包括：保证空气质量，控制空气中污染物的浓度；保证热舒适性，提供适当的温度、湿度和空气速度；提高安全性，当列车阻塞时，提供一定的通风量；进行设备维护，提供必要的温度、湿度和洁净度等条件。

（3）环控系统的分类　环控系统可分为开式环控系统、闭式环控系统和屏蔽门式环控系统。

开式环控系统是指机械通风或活塞效应使轨道内部与外界交换空气，可以利用外界空气冷却车站和隧道。闭式环控系统则不引入外界空气，站内采用空调系统，区间隧道借助"活塞效应"。屏蔽门式环控系统是指安装屏蔽门而将站台与隧道隔开，站内安装空调系统，隧道用通风系统（机械通风和活塞通风）。

（4）环控系统的结构　中央级监控系统由中央实时服务器、中央历史服务器、操作员工作站和工程师工作站等组成，主要负责监视全线各站通风空调、给排水和自动扶梯设备的运行状态，必要时直接向车站控制室发出控制指令，并可显示主要设备的非正常状态。

车站级监控系统以车站监控工作站为基础，包括车站监控局域网、打印机和后备操作盘等设备，主要功能包括监视车站及所辖区域的通风空调、给排水、自动扶梯的运行，按环控要求及负荷参数，使设备按既定模式进行运转，确保车站设备协调工作，必要时需要人为干预。

现场级监控装置由各类传感器、执行器、远程I/O模块、接口模块或装置组成，设在设备机房内，可直接操纵设备的运行。其主要功能包括向车站控制室传送所控制设备的工作状态，执行车站控制室发出的控制指令，在车站控制室发生故障时独立地进行设备监控，在维修及更换设备时进行现场调试等。

（5）环控系统的运行模式　该运行模式包括正常运行模式、列车阻塞模式和紧急情况运行模式。

正常运行模式是一种占主导地位的运行方式；列车阻塞模式是指在阻塞期间，通风维持列车空调装置连续运转的模式；紧急情况运行模式是指发生火灾时，开启通风设施，为乘客提供安全通道的模式。

6. 给排水系统

地铁给水、排水、消防系统的功能主要是满足地铁各部门对水质、水量和水压的要求，同时要有因地制宜、畅通易排的排水系统，以排出运营过程中所产生的废水、污水、结构渗水和雨水，并设置有效的灭火装置以满足消防要求。

（1）给水系统（图4-39）　地铁给水主要分为生活用水、生产用水和消防用水。生活用水在车站主要有卫生间、浴室和茶水室等的用水；生产用水主要是空调冷却系统的循环冷却水及补充水，站厅层、站台层和出入口通道等处的地面清洗冲洗水；消防用水主要是消火栓供水系统。给水由市政给水引一路DN150的给水管进入车站，生产、生活给水则利用市政自来水压力直供。

地铁车站的生产、生活给水系统包括水源（城市自来水）、水池、水泵、水塔（水箱）、气压罐、管道和阀门。消防给水系统包括水源、消防地栓、水泵结合器、消防水泵、管道、阀门、消火栓和水流指示器。消防地栓为消防车提供水源，分为地上式、地下式和墙壁式。水泵结合器一端连室内消火栓，另一端供消防车或移动水泵站加压向室内管网供水，断电或

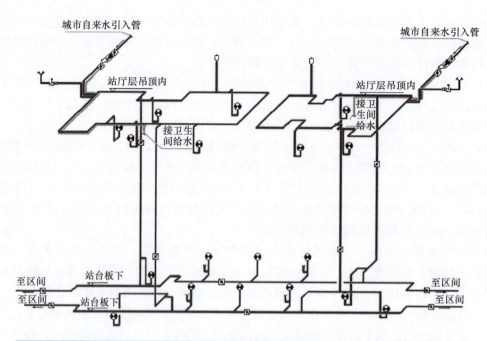

图 4-39　车站给水系统示意图

消防水泵故障时保证车站消防给水与室外消防地栓在 15～40m 范围内。

生产、生活和消防共用的给水系统：该系统在地下车站及区间隧道设有两条给水干管，并在车站及区间将两条给水干管连通，构成环状网供水系统。如车站由城市自来水引入两根供水管，则用于消防时，宜由一个车站和车站前后各半个区间构成独立的给水系统；如车站由城市自来水引入一根供水管，则用于消防时，宜由两个车站和两站之间的区间构成独立的给水系统。该系统的生产用水主要是空调冷却及冷冻给水系统的补充水和冲洗用水。

生产、生活和消防分开的给水系统：生产及生活给水系统设在车站，可以由地面城市自来水管引入一根给水管，敷设在车站站厅层及站台层，不必构成环状，主要供空调冷却及冷冻给水系统的补充水、车站冲洗用水、卫生间、茶水间和洗脸室等。消火栓给水系统的敷设是在车站及区间隧道设两根给水干管，并在车站两端及区间隧道连通，构成环状管网给水系统。

(2) **排水系统**　地铁排水主要分为生活污水、隧道结构渗水、生产及消防废水以及露天出口和洞口的雨水，对污水、废水及雨水应分类集中就近排至城市污水、雨水排水系统中。排水采用分类集中，就地排放的原则。地下车站污水设污水泵房，地下车站设有局部废水泵站，地下线路的最低点设有主排水泵站，地下区间洞口、车站敞开出入口、风亭等设雨水泵站。车站排水系统的主要任务是：及时排除生活污水、生产和消防废水、敞开式出入口部分的雨水以及隧道结构渗水。

排水系统主要排除消防、结构渗漏、冲洗、设备冷却和事故的废水，出入口及隧道洞口雨水和卫生间的污水等。废水及污水分类集中，经提升和消能以及简单处理后，就近排入城市雨水系统。

车站污水排放系统主要由集水井（图 4-40）、压力井和化粪池等组成。用排水管道将车站内的生活污水汇集到集水井，经潜水泵提升到压力井消能，地面化粪池简单处理后，排入城市污水管网。压力井是排水进入市政排水管网前的消能设施,其构造要求进出水管道不得在同一高程上且侧壁有冲洗的措施。

车站废水排放系统主要由集水井和压力井等组成。用排水管道或排水沟将车站内的生产和消防废水、结构渗漏水汇集到集水池,经潜水井提升到压力井消能后排入城市污水管网。区间隧道设置独立的排水系统,其泵房设在区间隧道的最低处,明挖隧道的废水泵房设在隧道外侧或联络通道内,压力井内进出水管道要求与污水系统一样。

车站雨水排放系统流程基本上和废水系统相同。

7. 火灾自动报警系统

火灾自动报警系统(Fire Automation System,简称FAS),是指城市轨道交通系统中,为了尽早探测到火灾的发生并发出火灾警报、启动有关防火、灭火装置而在车站与区间设置的一种自动消防设施。

为保证轨道交通运行安全以及正常运营,保护全线所有建筑物,每个轨道交通线路都应配备具备火灾自动监测及自动报警功能的火灾自动报警系统,并同时具有在火灾状况时必要的防火、灭火手段和措施。

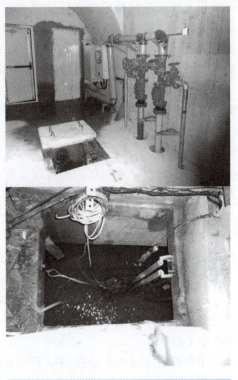

图 4-40　车站集水井

(1) 火灾自动报警系统　在火灾自动报警系统中,火灾探测器(图 4-41)是最重要的组成部分。火灾探测器可以分为感烟式火灾探测器和感温式火灾探测器。不同类型的传感器对不同的火灾参量进行响应,并将信号送到火灾报警控制器。

感烟式火灾探测器是能对可见的或不可见的烟雾粒子响应的火灾探测器,它是将探测部位烟雾浓度的变化转换为电信号以实现报警目的的一种器件。感烟式火灾探测器的主要探测类型有:①离子感烟式探测:离子感烟式探测是使局部空气成电离状态,当烟粒子进入电离化区域时,利用空气的导电性,使探测器发出警报;②光电感烟式探测:光电感烟式探测是利用起火时产生的烟雾能够改变光的传播特性这一基本性质而进行火灾探测;③激光感烟式探测:激光感烟式探测是通过对警戒范围内某一线状窄条周围烟气参数响应来进行探测。感烟式火灾探测器的安装原则主要是:适宜安装在发生火灾后产生烟雾较大或容易产生阴燃的场所;不宜安装在平时烟雾较大或通风速度较快的场所。

智能感烟探测器

智能感温探测器

红外火焰探测器

红外对射式感烟探测器

图 4-41　各种火灾探测器

感温式火灾探测器是对警戒范围中某一点或某一线路周围温度变化时响应的火灾探测

器。将温度的变化转换为电信号以达到报警目的。感温式火灾探测器的主要类型有：①定温式探测器；②差温式探测器；③差定温式探测器。感温式火灾探测器的安装原则主要是适宜安装于起火后产生烟雾较小的场所，平时温度较高的场所不宜安装感温式火灾探测器。探测器设置要点为：火灾探测区域一般以独立的房间划分，探测区域内的每个房间内至少应设置一只探测器；在敞开或封闭的楼梯间、消防电梯前室、走道、坡道、管道井、闷顶和夹层等场所都应单独划分探测区域，并设置相应探测器；探测器的设置一般按保护面积确定，每只探测器的保护面积和保护半径的确定要考虑房间高度、屋顶坡度和探测器自身灵敏度三个主要因素的影响。

火灾探测器正常工作的干扰因素有粉尘、潮气、电磁场和高速气流等。排除干扰因素的主要方法是：正确选定火灾探测器的类型；安装位置要合理确定；合理规范布线。

在地铁系统中，火灾自动报警系统一般分为两级管理和三级控制模式。两级管理为在地铁中央控制中心设置消防指挥中心，在各个车站、车辆段和主变电所等处设置防灾控制室作为车站级消防控制中心；三级控制为主控制级、分控制级和就地级消防控制。

火灾自动报警系统功能包括中央级功能、车站级功能和现场级功能3个层次。

1) 中央级功能。中央级功能监视地铁全线各车站、区间隧道、控制中心大楼、车辆段和主变电所等下属所有区域的火灾报警、消防联动和故障情况，在火灾发生时承担全线防灾指挥中心功能。

中央控制室级火灾监控与报警设备包括模拟图形显示终端等，功能同车站级模拟图形显示终端。

2) 车站级功能。车站级功能主要有监视、报警、控制以及其他系统的联动。

车站级火灾监控与报警控制器随时监控和接收各探测点的报警信号，可发出声光报警信号，并能自动或手动执行对有关消防设施的联动控制。模拟图形显示终端按照车站建筑平面分级、分区显示本站系统的详细信息，并能够实时打印输出各种有关数据报告。视频传输系统在车站站台、站厅等公共场所安装全方位的监视器，实时收集站内的视频信息，并反映到值班室的闭路电视监控器上，由值班人员进行监控和处理（图4-42）。

3) 现场级功能。现场级功能主要是指火灾监控与报警设备的具体功能，这些设备主要有火灾传感器、手动报警器、感温电缆和紧急电话插孔等。

① 火灾传感器：用于对站内设备用房、站厅、站台旅客公共区等进行火灾自动探测。

② 手动报警器：在站内旅客公共区、设备用房区域及列车上安置手动报警器，以便及时通报火灾。

③ 感温电缆：用于对站台层变电所下的电缆夹层，实施火灾自动探测报警。

④ 紧急电话插孔：在站内旅客的公共区以及设备用房区域设置的消火栓箱上，配置紧急电话插孔；对于区间隧道以及站内轨道外侧所设的消火栓箱，也应设紧急电话插孔。

(2) 自动灭火系统　自动灭火系统包括联动相关的消防设备和设置固定式灭火装置。固定式灭火装置主要有消火栓设备、喷洒水设备、卤化物灭火设备、室外消火栓设备、消防泵和管路电动阀等。消火栓灭火系统由于具有使用方便、来源广泛、灭火效果好、价格便宜和适用范围广等特点，是目前建筑物中最基本的灭火设施。

自动喷水灭火系统在火灾初期具有自动喷水灭火、用水量少、灭火成功率高、损失小、无人员伤亡、反应灵敏和灭火迅速等优点；但其建造成本高。

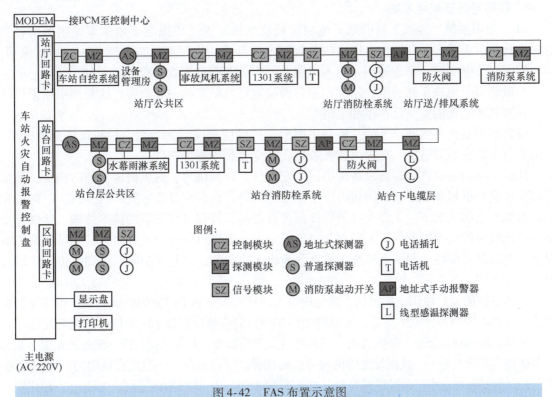

图 4-42 FAS 布置示意图

与自动喷水系统相比，气体灭火系统具有事后处理工作量小、控制油气火势蔓延效果好等优点；但其成本较高，也有可能对大气造成污染和对人体造成危害。

从总体上来说，泡沫灭火系统具有水流损失小、灭火效率高、泡沫容易清除等特点。

干粉灭火系统的灭火历时短、效率高、绝缘好、灭火后损失小、不怕冻、不用水、可长期储存。干粉灭火器轻便灵活，应用广泛，对扑灭初期火灾具有显著效果。

灭火系统的选择：根据地铁不同部位的环境条件、器材安装、设备特点等要求，选择相应的灭火系统和器材。消防系统的配置要有针对性，不能千篇一律，否则灭火效果不好。在车站的公共区，要以消火栓系统为主，将整个车站覆盖在消火栓的保护范围下。在车站的设备用房，由于仪器众多，设备复杂，在此类相对封闭的区域要以气体灭火系统为主（图4-43）。自动喷水系统在公共区的作用不是很显著，甚至会造成地滑而影响人群疏散的速度，在车站的公共区可不设置自动喷水灭火系统。在区间隧道中要沿线布设消火栓灭火系统，条件允许时还可在区间隧道中加装移动式灭火系统，移动式灭火系统宜采用泡沫灭火器。

图 4-43 车站气体灭火子系统构成示意图

8. 照明与低压配电系统

（1）照明系统　地铁车站的地下地域特征及地铁运营性质决定了地铁车站内照明种类的多样化，进而决定了照明配电回路的数量不亚于动力用电回路。按属性分，有一般照明、应急照明、节电照明、标志照明、出入口照明、广告照明和事故照明等若干种。

一般照明是地铁车站通道、站厅和站台内设置灯具最多的一种照明。这种照明用来保证乘客在地铁车站里能安全地候车和上下车。

应急照明是正常照明以外的一种备用照明。这种应急照明装置是一种新颖的照明灯具，其内装有小型密封蓄电池、充放电转换装置、逆变器和光源等部件。

地铁车站内还有许多运营设备用房，如变电所、环控机房、通风机房、消防机房、通信机械室和信号机械室等。这些用房内除了正常照明外，也必须设置事故照明方式，以保证在正常电源失电的情况下，工作人员能继续监视设备的运行和进行必要的技术处理。地铁车站是一个比较大的公共场所，上下通道及进出口较多，需设诱导灯指示方向；特别是在紧急情况下，更显其重要性。照明系统按区域划分为出入口照明、公共区照明、区间隧道照明以及电缆廊道照明。

照明系统的设计原则主要包括：避免使出入地铁的人员感受过大的亮度差别；保障停留在地铁内人员的安全和感觉的舒适；光源的光色和灯具的安装位置都不能和信号图像相混淆。

照明系统的设计要求：照明方式——按照视觉工作程度、照度、显色性、配光及布置方法等因素选择。照明光源——按照发光的机理等因素选择。灯具布置——照度充足均匀；维修方便、安全；灯泡安装容量小；布置整齐美观；与建筑空间相协调；光线射向适当、无眩光、无阴影。

（2）低压配电系统　地铁的独特性决定了低压配电的复杂性，主要表现为低压用电设备数量大、类型多、负荷范围广；同时，系统设计的考虑因素也较为复杂，如电线电缆的选择，配线结构的考虑和敷设方式的优化等。低压配电系统直接向轨道交通系统中的低压用电设备提供电能并且监控通风空调、给排水和照明设备的运行状态。

低压配电系统的基本接线方式包括放射式、树干式和链式三种。放射式的优势是供电可靠、设备集中、检修方便，但是系统投资较高，适用于一级负荷。树干式和链式的优势在于材料消耗较少、投资较少、系统灵活性好；劣势在于可靠性较低。树干式适用于设备均匀、运量不大、无特殊要求的低压配电系统；链式适用于设备少的低压配电系统。

9. 车站机电设备监控系统

（1）城市轨道交通车站机电设备监控系统　城市轨道交通车站机电设备监控系统（Electrical and Mechanical Control System，简称EMCS）是指对车站、区间的空调、通风、给排水、照明、消防、自动扶梯、屏蔽门等机电设备的运行状态进行自动化综合管理的系统（图4-44）。

（2）城市轨道交通车站机电设备监控系统的功能　城市轨道交通车站机电设备监控系统在正常状态下，保证车站及区间内机电设备按预设状态自动安全运行，使各项机电设备可靠、节能和达标；并在灾害发生时，能够迅速地进入防灾运行方式，保证人员的生命安全和减少财产损失。

（3）城市轨道交通车站机电设备监控系统的控制　城市轨道交通车站机电设备监控系统由控制中心与车站控制室进行两级管理，分为中央级、车站级和就地级三级对车站设备进行监控。

城市轨道交通车站机电设备监控系统由控制中心、车站两级系统控制网络、服务器、监

第4章 城市轨道交通系统的构成——车站与车站设备

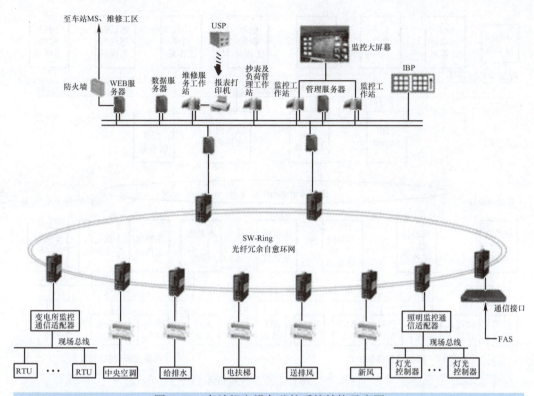

图4-44 车站机电设备监控系统结构示意图

控工作站、控制器，监测和调控等设备组成。

随着计算机软、硬件技术和快速交换网络技术的迅速发展，以及大型数据库的成熟运用，城市轨道交通监控系统开始向多系统集成化、综合监控方向发展，更为先进的综合监控系统（Integrated Supervisory Control System，简称ISCS）应运而生。

综合监控系统克服了原有各监控系统，如电力监控系统（SCADA）、通信系统、列车自动控制系统（ATC）、自动售检票系统（AFC）、屏蔽门系统（PSD）、火灾报警系统（FAS）、气体消防系统、机电设备监控系统（EMCS）等独立监控各自运行、系统资源重复配置、信息交换不便及建设、运营、维护费用较高等缺点，减少业务流程中的人为干扰因素，提高系统的安全性、可靠性，将供电系统、火灾报警系统、机电设备监控系统、信号系统、通信各子系统、自动售检票系统、紧急出口控制系统、屏蔽门系统、车辆管理信息子系统与行车指挥、防灾、设备监控管理及乘客咨询服务等运营维护、管理相关的信息综合，通过集成系统的软硬件平台进行相关的信息处理，采取相应的控制模式，进行更广泛的集成，保证系统整体功能更好地实现（图4-45）。

10. 安防系统

（1）城市轨道交通安防系统的组成　城市轨道交通安防系统主要由视频监控系统、门禁系统、报警系统三个子系统及安检排爆设备构成，主要目的是更好地做到事前预警、事中处理、事后取证的全过程安防保障。

（2）城市轨道交通安防系统的子系统

1）视频监控系统主要是通过视频采集设备对行车（车辆内及进/出站、站台等）、营运

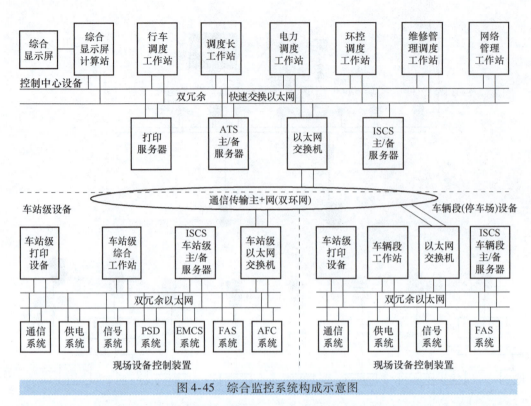

图 4-45 综合监控系统构成示意图

环境（机电设备、供配电房、售票亭/柜等处）、公安治安（站内、外公共部位）和管理场所等进行监控和记录（图 4-46）。

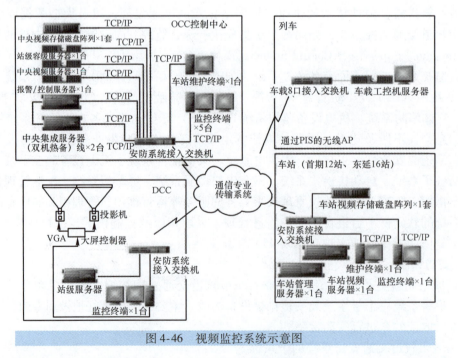

图 4-46 视频监控系统示意图

2）门禁系统基本作用是供管理人员出入，限制未经授权的人进入专用区域。主要覆盖各车站、控制指挥中心、车辆段等地方。在地铁站的出入口（闸道口）、管理用房、设备间、通道、紧急出口、屏蔽门等多处地方应用（图4-47）。

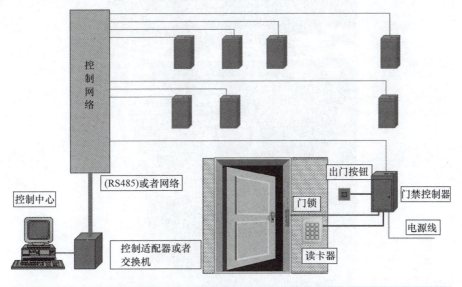

图4-47 门禁系统控制设备示意图

门禁系统由系统通信网络、中央级门禁管理系统、车站级门禁管理系统、现场级门禁设备四大部分构成，形成两级管理三级控制的管理模式。

3）报警系统主要分防盗报警和灾难报警两大部分，通常是在车站重要部位安装紧急按钮（图4-48），在车内也装有车载报警设备（图4-49），以便有紧急事件时进行报警。

图4-48 站台报警设备

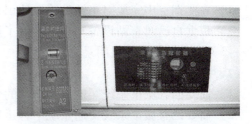

图4-49 车载报警设备

4）安检排爆设备主要包括安全检查设备（图4-50）和防爆排爆设备（图4-51）。

图4-50 安全检查设备

图 4-51 排爆设备

1. 操作练习

1）在实训室中完成对车站的感性认识和对其作用的了解。

2）根据自己对车站设备知识的学习了解，对地铁车站设备进行实地观察和调研，并拍摄一段关于车站设备的说明录像。

2. 书面练习

1）简要回答城市系统交通系统车站的分类及站内设计。

2）简要回答城市系统交通系统中各运营系统及系统设备是如何起作用的。

1. 教师的评价

由教师在完成本章的教学任务后填写，在相应表格中画"√"。

评 价 项 目		教师的评价			
序号	题　　目	好	较好	一般	较差
1	对本章教学过程的控制				
2	在本章教学过程中，学生的参与情况				
3	学生对本章知识学习后的效果反馈				

第4章 城市轨道交通系统的构成——车站与车站设备

（续）

教师对本章教学的总结评价意见及跟进措施

2. 学生的评价

由学生在完成本章学习任务后填写，在相应表格中画"√"。

评价项目		学生的评价			
序号	题　目	好	较好	一般	较差
1	在本章教学执行过程中教师的表现				
2	本章教学内容与社会实际需求的联系状况				
3	自己在本章学习过程中的表现				
学生在学习本章后对自己的表现评价及对教学的跟进意见					

3. 知识跟进

在城市轨道交通运营过程中，在车站的安全方面有哪些要求？

第 5 章

城市轨道交通系统的构成——车辆与车辆段

问题导入

城市轨道交通车辆作为运载旅客的工具，不仅要保证车辆运行的安全、准点、快速，而且要为乘客提供良好的乘坐环境，同时还要考虑到对城市景观和环境的影响。那么，为了保证车辆每天正常安全地运行，工作人员需要对车辆进行哪些日常的检修或者故障检修项目呢？这些工作又是在什么地方完成的呢？本章来回答这些问题。

学习目标

1. 掌握城市轨道交通车辆的构成以及组成部分的结构特点和工作原理。
2. 能说出车辆计划维修日检修程中的相关内容。
3. 熟悉车辆段的一般布局和工作范围以及相关维修设备的使用。

教学建议

1. **教学场地**：在教室和车辆模拟实训室中进行，课后可实地参观。
2. **设备要求**：至少具备动力和非动力转向架模型各1套，轮对装置模型1套，仿真车体1套，仿真车门装置1套，仿真驾驶室1个，车钩缓冲装置模型1套，制动装置原理示教板1套，车辆段沙盘1个。
3. **课时要求**：共6课时，其中课堂讲授4课时，模拟操作2课时。

理论知识

5.1 城市轨道交通车辆的概念与分类

1. 城市轨道交通车辆

城市轨道交通车辆是指城市轨道交通系统中，由电力牵引搭载乘客，在固定导轨上行驶的一种运输工具。

2. 城市轨道交通车辆的特点

城市轨道交通车辆的特点包括：较强的载客能力；良好的动力性能；最优的安全性

（故障率低，设备先进，可靠性高）；合适的牵引特征（根据不同的线路特征，可以选择不同的牵引方式）；节约能源和环保；自动化控制程度高等。

3. 城市轨道交通车辆的分类

（1）城市轨道交通车辆的选型　城市轨道交通车辆要根据运行环境、线路要求、客流大小、供电方式的不同，选择不同的车型和类别。

城市轨道交通车辆是技术含量高且集中的机电设备，是整个城市轨道交通系统中关键的设备，其选型和技术参数不仅是确定线路技术标准的基础，也是确定系统运营管理模式和维修方式的基本条件，而且还是系统设备选型和确定设备规模的重要依据。各城市的城市轨道交通车辆的结构和性能不尽相同，这与很多因素有关，除车辆提供商的技术背景和设计时考虑问题的角度有所不同以外，还与当时的城轨车辆发展水平及城市运用环境等有密切的关系，其出发点都是尽可能结合城市各自的特点，满足城市交通客流量大、安全、快速、舒适、美观、节能和环保的要求，具有先进性、可靠性和实用性。

（2）城市轨道交通车辆的分类　城市轨道交通车辆根据不同的划分标准，可划分为若干类型。

1）按车辆规格分：可分为重型车辆（轴重较重、载客量多、车体较大）（图5-1）；轻型车辆（轴重较轻、载客量少、车体较小）（图5-2）。

图5-1　重型车辆

图5-2　轻型车辆

2）按车体轮廓尺寸分：A型车辆（车体宽3m）；B型车辆（车体宽2.8m）；C型车辆（车体宽2.6m），三种车型车体高均为3.8m。

3）按车辆制作材料分：钢骨架车辆（车体受力部分采用钢材料制作而成）（图5-3）；合金材料车辆（车体采用铝合金、钛合金等合金材料制作而成）（图5-4）。

4）按支承导向制式分：钢轮车辆（车轮由钢材料制作而成）（图5-5）；胶轮车辆（车轮由橡胶材料制作而成）（图5-6）。

5）按受电器不同分：受电弓车辆（直流15000V电压，架空网供电）（图5-7）；受电靴车辆（直流750V电压，第三轨供电）（图5-8）。

6）按车辆连接结构不同分：贯通式车辆（全列车载客部分贯通）（图5-9）；非贯通式车辆（车辆与车辆间通道封闭）（图5-10）。

图 5-3　钢骨架车辆

图 5-4　合金材料车辆

图 5-5　钢轮车辆

图 5-6　胶轮车辆

图 5-7　受电弓车辆

图 5-8　受电靴车辆

7）轻轨及有轨电车可划分：单节车辆（四轴动车）（图 5-11）；铰接车辆（单铰六轴车辆和双铰八轴车辆）（图 5-12、图 5-13）；低底板车辆（车体底板很低）（图 5-14）。

第 5 章　城市轨道交通系统的构成——车辆与车辆段

图 5-9　贯通式车辆

图 5-10　非贯通式车辆

图 5-11　单节车辆

图 5-12　单铰六轴车辆

图 5-13　双铰八轴车辆

图 5-14　低底板车辆

5.2　城市轨道交通车辆的构成

城市轨道交通车辆因类型不同，技术参数也不一样，但其结构基本相同。一般城市轨道交通车辆的组成为：车体、车门、车钩缓冲装置、电气系统、转向架、制动装置、空调通风系统和风源系统等。

1. 车体

车体是容纳乘客和司机驾驶的地方，同时又是安装和连接其他设备及组件的基础。

(1) 车体的特征　城市轨道交通车辆是大城市公共交通或近郊客运所选择的特殊运输工具，因而其车体具有独有的特征：①由于服务于市内及近郊的公共交通，车体的外观造型、色彩应协调于城市市容规划；车体内部布置为座位少、车门多且开度大，服务于乘客的设施较为简单。②对重量限制较为严格，以降低高架线路的工程投资。③车体采用轻量化设计，其他辅助设施尽量采用轻型材料。④车体的防火要求严格，特别是运行于地下隧道的地铁车辆一旦发生火灾，后果不堪设想，故采用了防火、阻燃、低烟和低毒的材料。⑤车体的隔声和减噪措施有严格要求，以最大限度地降低车辆噪声对乘客和沿线居民的影响。

(2) 车体的材料　城市轨道交通车辆对于车体材料的要求包括：①具有一定的强度和刚度。②要耐腐蚀。③采用轻量化设计，因为车体轻量化能够大大节约制造材料、降低牵引力消耗和城市轨道车辆线路的损耗。目前轨道交通车辆车体材料经历了由早期的碳素钢发展到现在的不锈钢和铝合金：①碳素钢车体：自重能达到10～13t，材料和制造成本相对于另两种材料低，耐腐蚀性最差，维修费用高，因而总成本最高。②不锈钢车体：自重比碳素钢车体轻1～2t，材料和制造成本较碳素钢高，耐腐蚀、基本不需要定期维修保养，所以总成本在三者中是最低的。③铝合金车体：自重比钢车体轻3～5t，是三者中最轻的，材料和制造成本最高，耐腐蚀性较好，需定期维护，所以总成本较高。为了保证车体具有足够的弯曲刚度，须满足城市轨道车辆设计规范的要求。铝合金车体主要承载构件采用大型中空截面的挤压铝型材，以满足车体所需的强度和刚度。

(3) 车体的构成　车体是由底架、侧墙、车顶和端墙等部件组成的封闭筒形结构（图5-15）。

图5-15　车体内部结构示意图

车体底架由地板、侧梁、枕梁、小横梁和牵引梁组成。枕梁用于连接走行部，牵引梁设在底架的两端，用来安装车钩缓冲装置。车体两端的端墙由弯梁、贯通道立柱和墙板组成。

(4) 车体的承载方式　车体的承载方式一般有底架承载和整体承载两种方式，地铁车辆的车体是由底架、侧墙、车顶和端墙等部件组成的筒形结构共同承载，即采用整体承载方式。

(5) 车体的外形特点 车体断面形状一般为类似矩形,有的为类似鼓形(图5-16)。选取这样的外形是为了提高车辆在隧道内的空间截面积,从而使地铁工程整体取得最好的效益,同时也提高了车辆在圆隧道内的"活塞"效应,加强了隧道的自然通风能力。

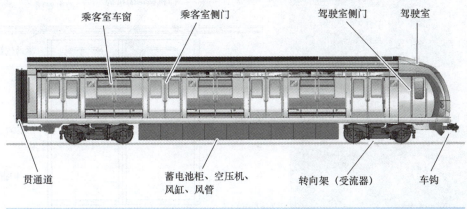

图 5-16 车体外部结构示意图

2. 车门

(1) 车门的基本要求 世界各国轨道交通车辆的车门结构和类型多种多样,但根据城市轨道交通的特点,车门应满足以下设计要求:①具有足够的数量和有效宽度;②车门要均匀分布,方便乘客上、下车;③车门附近有足够的空间;④具有较高的工作可靠性,以确保乘客的安全。

(2) 车门的结构形式 按照驱动系统动力来源的不同,地铁车辆的客室车门分为电式车门和气动式车门。电动式车门的动力来源是直流或交流电机;气动式车门的动力来源是驱动气缸。按照车门的运动轨迹以及与车体的安装方式,客室车门可分为内藏嵌入式移门、外挂式移门、塞拉门和外摆式车门等四种。

1) 内藏嵌入式移门。内藏嵌入式移门简称内藏门。在车门打开或关闭时,门叶在车辆侧墙的外墙板与内饰板之间的夹层内移动。传动系统设于车厢内侧车门的顶部,装有导轮的门叶可在导轨上移动,传动机构的钢丝绳、传动带或丝杠与门叶连接,气缸或电机驱动传动机构,从而实现车门的往复开关动作。

2) 外挂式移门。外挂式移门与内藏嵌入式移门的主要区别在于门叶和悬挂机构始终位于侧墙的外侧,车门传动机构的工作原理与内藏嵌入式移门完全相同。

3) 塞拉门。塞拉门是车门在开启状态时,门叶贴靠在侧墙的外侧,车门在关闭状态时门叶外表面与车体外墙成一平面(图5-17)。这不仅使车辆外观美观,而且也有利于在高速行驶时减小空气阻力,车门不会因空气涡流产生噪声,也便于自动洗车装置对车体的清洗。塞拉门的开关动作是门叶借助车门上方安装的悬挂机构和导轨导向作用,由电机驱动机械传动机构使门叶沿着导轨滑移。

4) 外摆式车门。开门时通过转轴和摆杆使门叶向外摆出并贴靠在车体的外墙板上,门关闭后门叶外表面与车体成一平面,这种车门结构的特点:当车门在开启的过程中,门叶需要较大的摆动空间。

(3) 车门的机械结构 气动内藏嵌入式移门主要由驱动气缸、门控电磁阀、机械传动系统、行程开关和门叶等部分组成（图5-18）。

图5-17 塞拉门

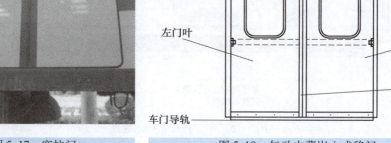

图5-18 气动内藏嵌入式移门

驱动气缸是车门系统的主要部件，是执行开关门动作的执行元件。其工作原理是：由压缩空气推动其活塞运动，再通过机械传动系统将推力传递至门叶。驱动气缸的性能好坏将直接影响到车门的开关动作是否可靠。门控电磁阀是由3个电磁阀、4个节流阀和2个快速排气阀组成的集成阀。3个电磁阀分别为开门、关门和解锁电磁阀；4个节流阀的功能分别为调节开门速度、调节关门速度、开门缓冲和关门缓冲；2个快速排气阀的功能是：主气缸两端排气管中的气体通过快速排气阀排向缸体外。机械传动系统的作用是将驱动气缸活塞杆的运动传递至两扇门叶，使车门动作。行程开关是控制车门开关动作的限位开关，车门进行开关动作时，行程开关把车门的机械动作变成电信号传递给车门的监控回路，使列车司机随时了解车门的开关状态。4个行程开关分别对门钩位置、关门行程、门控切除及紧急手柄位置进行监控和显示。客室车门的开关动作是通过门控电磁阀控制压缩空气，然后再由压缩空气作用于驱动气缸来实现的。

电动外挂式移门由直流电机、门叶悬挂机构、传动机构、电子门控单元（EDCU）和门叶等组成（图5-19）。

车门系统采用模块化设计和安装，门叶、门叶悬挂机构以及传动机构的部分部件安装于车体侧墙外侧，电子门控单元和直流电机装于车体侧墙的内侧。车门的开关功能不会因车辆挠度和乘客载荷的变化

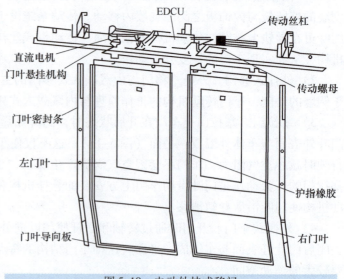

图5-19 电动外挂式移门

受影响。

(4) 车门的电气控制　客室车门的开关是由列车司机按动驾驶室左、右侧墙上的开关门按钮来完成的，该按钮开关上带有指示灯，可显示车门开、关的状态。

客室车门的电气控制系统包括车门开/关控制、客室车门监控回路和列车再开门功能。客室车门的电气控制系统有两种操作模式：一种是在 ATP 系统开通的状态下进行操作；另一种是在 ATP 系统关闭的状态下进行操作。ATP 系统开通时的开、关门控制内容包括：①开门必要条件：开门灯亮；②开门准备：门钩打开；③开门：客室车门开启；④关门：客室车门关闭；⑤关门报警。ATP 系统关闭时的开、关门控制内容包括：当列车自动控制（ATC）系统出现故障时，列车将关闭 ATP 系统，实行人工驾驶模式，这时列车司机将驾驶室后墙的开关转动到关闭状态，此后的程序与上述 ATP 系统开通时的开、关门动作相同。

3. 车钩缓冲装置

车钩缓冲装置是车辆最基本的也是最重要的部件之一。它的基本作用有：连接列车中的各车辆，并使之保持一定的距离；传递车辆间的纵向力或冲击力；缓和纵向力或冲击力。如果上述作用是由同一装置来承担的，那么该装置可分为牵引联挂装置和缓冲装置两部分。牵引联挂装置用来保证车辆间的彼此连接，并且传递和缓冲拉伸力。缓冲装置用来传递和缓冲压缩力，减小车辆间相互冲击时所产生的作用力，并且使车辆彼此之间保持一定的距离。

(1) 车钩

1）车钩的分类。按车钩连接方法的不同，可分为自动车钩和非自动车钩。自动车钩不需要人工来完成车辆连接，而非自动车钩需要人工来完成车辆连接。按车钩特点的不同，可分为非刚性车钩和刚性车钩。非刚性车钩的两车钩在垂直方向上有一定的位移，两车钩各自保持水平位置，同时保证车钩在水平面内可以自由地摆动。刚性车钩（也称密接式车钩）的两车钩不允许存在相对位移，两车钩的轴线联挂后处在同一条直线上，钩体尾端铰接，以保证车辆间具有相对的位移。刚性车钩与非刚性车钩相比较具有如下优点：刚性车钩连接间隙小，磨耗小，降低了纵向力，同时改善了自动车钩零部件的工作条件，并且降低了车钩冲击噪声，避免发生事故时后车辆爬到前一车辆上的危险。

2）风管连接器。风管连接器是用来连接车辆间的气体管路。当处于联挂状态时，管路应保证不能漏气，同时不能影响解钩工作。不带自闭装置的风管连接器在联挂时，密封圈相互挤压，保证气路不泄漏；解钩时，制动主管的截止阀关闭，以防紧急制动。自动开闭式风管连接器的管路中设有一阀门，连接时导通，断开时自动关闭。车钩联挂时，密封圈受压密封，顶杆使阀垫与阀体脱开，气路开通；解钩时，在弹簧的作用下，阀垫复位，气路封闭。

3）电气连接器。电气连接器是通过悬吊装置与钩体弹性相连。连接时，箱体可受压退缩 3~4mm，保证连接可靠，同时箱体上设有定位装置、密封条和解钩后使用的箱盖。

4）车钩对中装置。车钩对中装置的作用是使车钩缓冲装置和车体的中心线在同一平面内。在缓冲器的尾部下方设有对中气缸。车钩联挂时，对中气缸充气并使车钩自动对中。车钩连接后，对中气缸排气，车钩可自由转动。车辆在弯道联挂时，对中装置关闭。

(2) 缓冲装置　缓冲装置可分为可再生缓冲器和不可再生缓冲器两种类型。可再生缓冲器有双作用环弹簧缓冲器、橡胶缓冲器、液压缓冲器和气液缓冲器等；压溃管是不可再生缓冲器。

1）双作用环弹簧缓冲器由弹簧盒、弹簧前后座板、外弹簧、内弹簧、端盖和牵引杆等组成（图 5-20）。

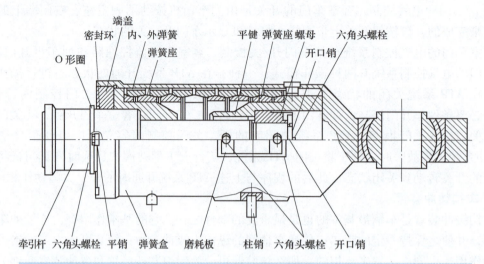

图 5-20 双作用环弹簧缓冲器

当车钩受压缩冲击时，牵引杆推动弹簧前座板向后挤压内弹簧和外弹簧。由于内弹簧和外弹簧相互间的接触面为 V 形锥面，从而使内弹簧受压缩，外弹簧受拉伸，使冲击能量转化为弹簧的势能，同时内、外弹簧锥面的相互摩擦还产生一定的热量，从而使一部分冲击能量转化为热能。总之，缓冲器将冲击动能转化成弹簧的势能和热能，来达到吸收冲击能量的目的。当牵引杆受拉伸冲击时，牵引杆后端的预紧螺母压迫弹簧后座板，同样后座板也挤压内、外弹簧，同样也使内、外弹簧产生与牵引杆受冲击时同样的变化过程。所以该缓冲器无论是受压缩冲击还是受拉伸冲击时，都能吸收冲击能量。

2）压溃管。列车相撞时，通过压溃管的变形来吸收冲击能量，压溃管属于免维修部件，当压溃管的变形部位超过规定的标准时必须更换。在列车进行正常的牵引和制动时，压溃管是不参与吸收冲击能量的。

4. 电气系统

电气系统主要是能完成牵引、传动、再生制动工作的系统。其传动系统一般采用变频调压的交流传动系统，牵引电机宜采用矢量控制或直接转矩控制的方式，以达到自动调节牵引力和电制动力的大小，并起到防空转、防滑行控制和防冲动控制的作用。

5. 转向架

转向架是城市轨道交通车辆的重要走行部件，安装在车体与轨道之间。其基本作用是：支承整个车体，并引导其沿线路运行；承受并传递车体与轨道之间的各种载荷；缓和车体与轨道之间的各种作用力；将轮对的滚动转化为车体的平动；提高车辆通过曲线的能力。

城市轨道交通车辆所采用的转向架，一般有动车转向架和拖车转向架两种。为了检修方便，满足相同部件的互换性，动车转向架和拖车转向架的基本结构相同，其主要区别在于驱动系统。动车转向架由于要提供动力，通常配置牵引电机、联轴器、齿轮箱、齿轮箱悬挂装置以及动力轮对等，这也是动车转向架和拖车转向架的主要区别。两种转向架的结构基本相同，一般由构架、轮对轴箱装置、弹性悬挂装置和中央牵引装置等部分组成（图 5-21）。

（1）构架　构架是转向架的基础，它把转向架的零部件组成一个整体，其作用有：承

第 5 章 城市轨道交通系统的构成——车辆与车辆段

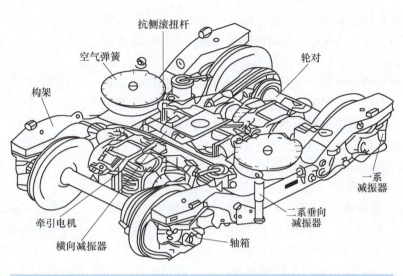

图 5-21 转向架

受、传递车体与轨道间的作用力；是转向架各组成部件的安装基础。构架的设计要求有：构架部分尺寸精度要高，例如轮对定位；要便于各部件与附加装置的安装；要具有足够高的强度和刚度。构架主要由左、右侧梁，一根或几根横梁及端梁组成，整体为 H 型轻量化低合金高强度钢板焊接结构。构架上同时设有相关设备的安装座，侧梁是构架的主要承载梁，同时侧梁的结构确定了轮对位置。构架的主要破坏形式是裂纹和变形。

图 5-22 轮对

（2）轮对轴箱装置 轮对是由一根车轴和两个同型号车轮过盈配合组装（图5-22）成的。它的作用是引导车辆运动，并且承受车辆与钢轨之间的载荷。因此，轮对应具有足够的强度，以保证车辆的安全运行。在保证强度和使用寿命的前提下，应减轻轮对的质量，并使其具有一定的弹性，以减少车轮与钢轨之间的磨耗。轮对的内侧距是车辆运行安全的一个重要参数。我国地铁车辆轮对内侧距标准为 1353mm±2mm。轮对的结构还应有利于车辆顺利通过曲线和安全通过道岔。

1）车轴。绝大多数的车轴为圆截面实心轴，是采用优质碳素钢加热锻压成型，再经热处理和机械加工制成。为了实现轴承、车轮和传动轮等的安装，在车轴上的相应位置设有安装座，各安装座及轴身之间均以圆弧过渡，以减少应力集中。轮对为车辆的簧下部分，采用空心车轴结构就可以减少轮对质量，从而降低车辆的簧下质量。

2）车轮。车轮的结构、形状、尺寸和材质是多种多样的。目前我国城市轨道车辆普遍采用的整体碾钢轮由踏面、轮缘、辐板和轮毂组成（图5-23）。

车轮与钢轨的接触面称为踏面，轮对踏面具有一定的斜度，所以称为锥形踏面。锥形踏面的作用为：直线运行时，轮对能自动调中；曲线运行时，能够减少轮轨间的滑动；运行时车轮与钢轨接触的滚动直径在不断地变化，致使轮轨的接触点也在不停地变换位置，从而使踏面磨耗更均

115

匀。除了锥形踏面外，在研究轮轨磨耗的基础上又提出了磨耗形踏面。实践证明，锥形踏面车轮的初始形状在运行中将很快形成磨耗。当磨耗成一定形状后，车轮与钢轨的磨耗都变得缓慢，踏面形状将处于相对稳定状态。如果新造轮踏面制成类似磨耗后相对稳定的形状，即磨耗形踏面，在相同的走行公里下，可明显地减少踏面的磨耗量，延长轮对的使用寿命，减少换轮、镟轮的工作量，其经济效益是十分明显的。磨耗形踏面可减小轮对的接触应力，提高车辆运行的横向稳定性和抗脱轨安全性。

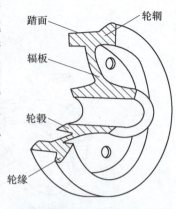

图 5-23　车轮

由于车轮踏面有斜度，各处直径不同，因此根据国际铁路组织规定，在轮缘内侧 70mm 处测量所得的直径为名义直径，作为车轮直径。轮径小，可降低车辆的重心、增大车体容积、减小车辆簧下质量、缩小转向架固定轴距，但也有阻力增加、轮对接触应力增加、踏面磨耗加快等不足之处，我国规定地铁车辆的轮径为 840mm + 3mm。新造车同轴的两轮直径之差不超过 1mm，同一动车转向架各轮径径差不超过 2mm。

3）轴箱装置。轴承与轴箱的组合体称为轴箱装置。轴箱装置的作用是：将轮对和构架连接在一起；将轮对的滚动转化为车体的直线运动；将车辆重量及各载荷传给轮对。轴箱装置的组成一般由轴箱盖、防尘挡板、滚动轴承、密封圈和轴箱体等部件组成（图 5-24）。

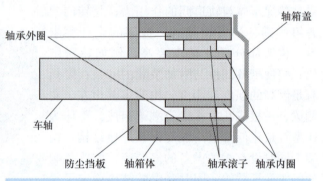

图 5-24　轴箱装置示意图

车辆用轴承一般有滑动轴承和滚动轴承两种，与滑动轴承相比，滚动轴承具有如下优点：显著降低车辆的起动阻力和运行阻力；降低轴承维护和检修工作量；降低成本。约束轮对与轴箱之间相对运动的机构称为轴箱定位装置，它对转向架的横向动力性能和抑制蛇形运动具有决定性作用。常见的定位形式有层叠式橡胶弹簧定位（图 5-25）和导柱定位（图 5-26）。

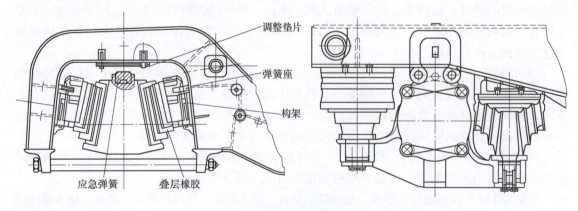

图 5-25　层叠式橡胶弹簧定位

（3）弹性悬挂装置　弹性悬挂装置安装在轮对轴箱装置与构架之间（一系悬挂）和构架与车体之间（二系悬挂）。弹簧减振装置的基本作用主要体现在：能够缓和并减少车辆行驶时的振动和冲击；控制车体的侧滚振动；控制车体地板面与轨道的高度，以提高车辆运行的平稳性和舒适性，降低噪声（图5-27）。

1）一系悬挂。一系悬挂与转向架的轴箱定位方式有关，常见的有人字层叠橡胶弹簧、内外圈钢螺旋弹簧和锥形橡胶套等形式。

2）二系悬挂。目前，转向架的二系悬挂大多都采用空气弹簧，因为它具有如下的优点：能够大幅度降低车体的振动频率；可根据车辆性能的需要，设计其刚度；使空车和重车状态的运行平稳性保持一致；能够使车体在不

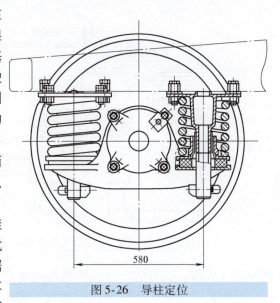

图5-26　导柱定位

同静载荷下，保持其高度基本不变；可取消传统的摇动台装置，简化了结构；具有良好的吸收高频振动和隔音性能。空气弹簧悬挂系统主要由空气弹簧、高度控制阀、差压阀、节流阀和附加空气室等组成（图5-28）。

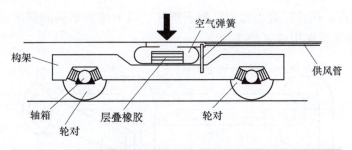

图5-27　弹性悬挂装置示意图

空气弹簧主要分为膜式和囊式两大类，膜式又分为约束膜式和自由膜式。空气弹簧主要由上盖、下盖和橡胶囊组成，它的密封要求非常高，常用的有压力自封式和螺钉紧封式两种。

高度控制阀能够根据载荷的变化自动保持车体的高度，以减少车辆通过曲线时的倾斜度。车辆正常行驶时，高度控制阀是不起作用的。

装在两附加空气室之间的差压阀能够保持左右弹簧的压差，防止车体过量倾斜。一侧气囊破裂，另一侧空气也泄出，以保证车辆的安全运行。一般情况下差压阀两侧的允许压力差有100kPa、120kPa、150kPa三种，在条件允许情况下尽可能选择压差较小值。

装在空气弹簧下方的附加空气室能够降低空气弹簧的垂向刚度，以提高车辆运行的舒适性。另外，节流阀能够吸收垂向振动能量。

车辆静载荷增加时，空气弹簧被压缩，使空气弹簧工作高度降低，这样高度控制阀随车体下降，由于高度调整连杆的长度固定，此时高度调整杠杆发生转动而打开高度控制

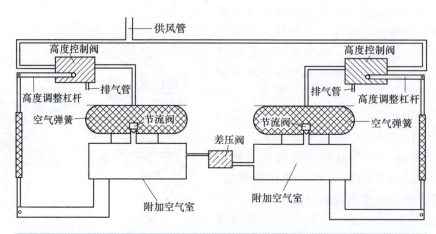

图 5-28 空气弹簧悬挂系统原理

阀的进气机构,压力空气由供风管通过高度控制阀的进气机构进入空气弹簧和附加空气室,直到高度调整杠杆回到水平位置,即空气弹簧恢复其原来的工作高度。车辆静载荷减小时,空气弹簧伸长使空气弹簧的工作高度增大,高度控制阀随车体上升,同样由于高度调整连杆的长度固定,高度调整杠杆发生反向转动而打开高度控制阀的排气机构,压力空气由空气弹簧和附加空气室通过高度控制阀的排气口排入大气,直到高度调整杠杆回到水平位置。

3) 抗侧滚扭杆。扭杆弹簧也称为抗侧滚扭杆,用于控制车辆的侧滚运动。扭杆弹簧主要由摆臂、扭杆和支承座组成(图 5-29)。

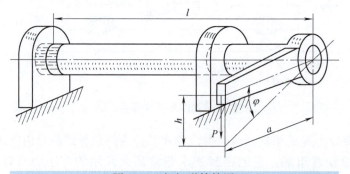

图 5-29 扭杆弹簧简图

当车辆发生侧滚运动时,扭杆弹簧能产生扭转变形,可缓解车辆的侧滚运动。当摆臂受力转动时,扭杆产生扭转变形;当摆臂受力撤除时,扭杆变形消失,扭杆两端支承在装有关节轴承的支承座内。

4) 减振器。减振器能够衰减车辆的振动能量,提高车辆的舒适性。城市轨道车辆一般都使用液压减振器,其主要原理是利用液体黏滞阻力所做的功来吸收振动能量。减振器为免维修部件,有寿命限制。

(4) 中央牵引装置

1) 基本作用。传递纵向的驱动力和制动力;缓和车体的纵向振动。其基本要求是:在结构上便于车体与转向架的拆装;相应添加的部件不能增加作业工时。中央牵引装置一般由牵引梁、中心销、止挡、牵引叠层橡胶、牵引拉杆和横向缓冲橡胶等部件组成（图5-30）。

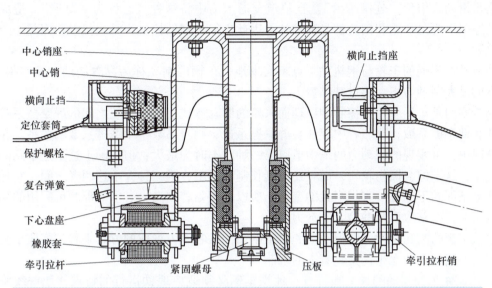

图 5-30　中央牵引装置

2）结构特点。中心销的上端用螺栓固定在车体枕梁上，下端插入牵引梁的中心孔内。中心销底部设有止挡，可以限制车体的上升，并能保证转向架与车体一起吊起。牵引梁与构架横梁之间装有牵引叠层橡胶。牵引叠层橡胶的特性是纵向较硬，横向较软。牵引拉杆主要传递列车运行时的牵引力和制动力。横向缓冲橡胶装在构架侧梁上，与牵引梁两端面间隙为10mm左右。车体可以在此间隙范围内自由摆动，当振幅超过此间隙范围时，横向缓冲橡胶开始起作用。在横向缓冲橡胶初始压缩时刚度较小，随振幅增大而增加。

另外，动力转向架上还装有驱动装置，它主要由牵引电机、联轴器、齿轮箱、齿轮箱悬挂装置以及动力轮对等组成。它的作用既可以提供牵引力，也提供制动力。

6. 制动装置

人为地使列车减速或阻止它加速称为制动。为了施行制动而在地铁列车的动车和拖车上装设的由一整套零部件组成的装置，称为制动装置。

(1) 黏着制动　以闸瓦制动为例，钢轨、车轮和闸瓦这三者之间有三种可供分析的状态：第一种是难以实现的理想的纯滚动状态；第二种是应极力避免的"滑行"状态；第三种是实际运用中的"黏着"状态。

1）靠滚动着的车轮与钢轨接触点在接触瞬间的静摩擦阻力作为制动力，车轮沿钢轨边滚动边减速停止。在此过程中，车轮与钢轨之间是静摩擦；车轮与闸瓦之间是动摩擦。这是一种难以实现的理想状态。若能达到这种状态，则可实现的制动是轮轨间静摩擦阻力的最大极限值。

2）而第二种情况正好与第一种情况相反，即在车轮、闸瓦之间为静摩擦，车轮与钢轨之间为动摩擦。由第一种状态中的车轮滚动减速改变为滑行（车轮在车辆未停止前即被闸瓦抱死，在钢轨上滑行）减速。由原来轮轨之间的几乎是静摩擦改变为滑动摩擦。此时轮轨之间的动摩擦力即为滑行时的制动力，且大小等于轮轨之间的静摩擦力。这样的摩擦还可能造成车轮的擦伤，这是必须杜绝的事故状态。

3）实际上，车轮在钢轨上滚动时，轮轨接触处既非静止，也非滑动，而是以滚动为主，略带滑动，俗称"连滚带滑"。在轨道交通术语中将这种状态称为"黏着"。造成这个现象的原因主要是车轮和钢轨都是弹性体，因此它们之间的接触不是线接触，而是一个椭圆形的接触面。

依靠黏着滚动的车轮与钢轨黏着点来实现地铁车辆的制动称为黏着制动。黏着制动时，可实现的最大制动力不会超过其黏着力。

黏着制动是车辆应用摩擦制动原理而采用的制动方式，根据轮轨之间的静摩擦系数、黏着系数和动摩擦系数，这三者中存在着静摩擦系数＞黏着系数＞动摩擦系数的关系。在上述三种情况中：可实现的制动力的最大值以第一种状态时为最大，但实际上这是达不到的；第二种最小，这不但会擦伤轮轨，而且还会延长制动距离；第三种介乎这两者之间，它随气候与速度等条件的不同可以有相当大的变化。所以采用黏着制动，必须对那些可利用的黏着条件加以研究，以获取可能的最大制动力。

地铁车辆的闸瓦制动、电阻制动和再生制动，从制动力形成的方式来看，都属于黏着制动。它们的制动力的大小都受黏着力的限制。

(2) 地铁车辆制动的种类和特点　地铁车辆必须适应地铁运行的特点，地铁线路的站间距一般在1km左右，由于站间距离短，列车的调速及制动都比较频繁。为了提高运行速度，列车必须起动快，制动距离短，这就要求地铁车辆的制动装置有操纵灵活、运用迅速、停车平稳、准确和制动力大等特点。

由于地铁列车是使用电能驱动的，它的动车装有2台或4台牵引电机，这就为采用电制动提供了基本条件。电制动有再生制动和电阻制动两种：再生制动是将列车的动能转化成电能（当发电机发出的电压高于网压时）再回馈至电网上供其他列车应用。当发电机发出的电能电压低于网压时，无法馈送到电网上去，则将这部分电能通过电阻变成热能散佚到大气中，这就是电阻制动。当列车速度降低到某一速度时，电制动力也随之降低，这时制动力已达不到要求值，则必须及时补充空气制动以达到要求值。在整个速度范围内，要充分发挥各种制动方式的作用，以适应地铁列车的自动控制，并且还需协调配合以获得最佳的制动性能。

电制动有许多优点，如能回收能源、无机械磨损、无空气污染等，这些是空气制动无法实现的。

另外，电制动还有磁轨制动方式。磁轨制动是利用安装在列车上的电磁铁通电后与路轨之间的吸引力所形成的制动力来实施制动的，但磁轨制动目前应用很少，特别在国内几乎尚无使用。上海地铁车辆的制动方式有再生制动、电阻制动和空气（摩擦）制动三种。

空气制动属机械制动的一种。在机械制动中除了我们常见的踏面制动外，还有盘形制动和弹簧制动等，其动力不仅有利用压缩空气的，也有利用弹簧力的。

另外，地铁车辆乘客的波动大，相对于轻量化的地铁车辆来说，乘客上下引起的载重波动对车辆的总重影响较大，易引起制动率（制动率＝车辆每吨重量的闸瓦压力）的波动。制动率的变化过大，对列车制动时保证一定的减速度、防止车轮滑行及减小车辆间纵向冲动都是不利的。因此地铁车辆制动系统应具有在各种载客量的工作情况下，使车辆制动率基本恒定的性能。

(3) 地铁车辆的制动方式　地铁车辆的制动方式一般有再生制动、电阻制动和空气制动三种，它们分别为第一、第二和第三优先级制动，并且还采取了程序制动措施。

程序制动的含义是：充分利用电制动，尽量减少气制动，即在制动力未达到其指令的75%（交流传动车为78%）时，同时在黏着力允许的条件下用足电制动，也就是说电制动不仅供动车制动使用而且还要承担拖住拖车的任务，当二节动车的电制动力能满足一组车的制动要求时，则这一组车就不再使用气制动，反之，则要使用气制动以补足电制动的不足。

随着列车速度的下降，其电制动力也将不断地减弱。当列车速度降低至一定的速度时，电制动力已不能再满足制动要求，这时电制动力将逐渐被切除，所有的制动力则由气制动来承担，同时列车还进入了一个停站制动的程序。所谓停站制动程序，是当列车减速进入车站时，在接近停止前略将气缸内的压力空气放去一些，然后再充气将列车刹停。这样可减小列车的冲动，可提高列车停站过程的舒适性。

(4) 制动控制方式　有轨交通车辆的控制方式有气控制气、电控制气和电—空控制等多种控制方式。

1) 气控制气。利用一根贯通全列车的管道（称为列车管）内压缩空气的变化，通过一些阀的动作来控制执行元件的动作。

2) 电控制气。利用列车线来控制操纵执行元件的电磁阀，从而达到控制执行元件的动作。

3) 电—空控制。利用电信号来控制气信号，再用气信号控制执行元件的动作。先进的电—空控制则是应用电脑对各种数据进行处理后发出电信号进行控制。

地铁列车绝大部分采用电—空控制。

(5) 地铁列车制动系统　目前，地铁列车一般采用模拟式电—空制动系统。它用一条列车控制线贯通整列车，形成连续回路。所谓"模拟"两字，是物理学中的一个名词，物理学中将连续不断地变化的量称为模拟量，其过程也称为模拟变化的过程。因此模拟制动系统的操作指令是采用电控制气、气再控制气的控制方式。制动的电指令是利用脉冲宽度调制，能进行无级控制制动。

车辆制动系统的气路部分由供气设备、制动控制单元（BCU）、基础制动装置、微机控制单元（EBCU）和防滑装置组成（图5-31）。

供气设备还向车辆的空气悬挂系统、车门控制装置以及气动喇叭、刮水器、受电弓气动控制设备和车钩操作气动控制设备等进行供气。

(6) 制动系统部件

1) 空气压缩机（简称空压机）。地铁列车的供气一般是以单元来设计的，每一单元设置一套空压机组，其中包括驱动电机、压缩机、干燥器和压力控制开关等。车辆的制动系统及其他一些子系统所使用的压缩空气都是由空压机组产生的。驱动电机通过联轴器直接驱动空压机。空压机生产的压缩空气必须经过空气干燥器后才能使其成为洁净的干燥的压缩空气，供各用气系统使用。

2) BCU。BCU是气制动的核心，它接收EBCU的指令，然后再指示制动执行部件动作。其组成部分主要由模拟转换阀、紧急阀、称重阀和均衡阀等组成（图5-32）。

这些部件都安装在一块铝合金的气路板上，犹如电子分立元件安装在印刷线路板上一样，以实现集成化，这样可避免用管道连接而容易泄露和所占空间大等问题。在气路板上还装置了一些测试接口，要测量各个控制压力和闸缸压力，只要在这块气路板上就可测得，这

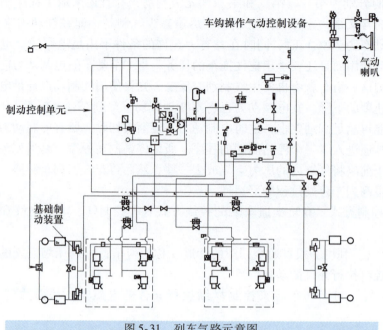

图 5-31　列车气路示意图

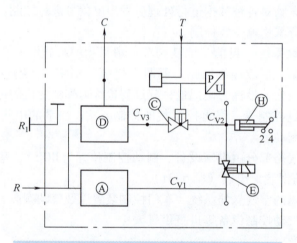

图 5-32　EBCU 工作原理图

方便了检修保养工作。同样，整个气路板的安装、调试和检修都很方便。

当压力空气从制动储风缸进入制动控制单元后分成三路：一路进入紧急阀，一路进入模拟转换阀，另一路进入均衡阀。其流程如下：

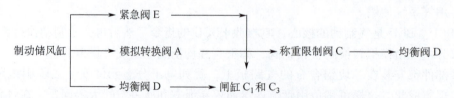

模拟转换阀由比例阀（将电信号转换成气压信号的电磁阀）、排气电磁阀和气电转换器

（将气压信号转换成电信号）三部分组成。当比例阀收到 EBCU 的指令后，将其电信号转换成相应的压力信号送至紧急阀、气电转换器和排气阀。气电转换器将压力信号转换成相应的电信号，马上馈送回 EBCU，让 EBCU 将此信号与发出的制动指令进行比较分析。

紧急阀是一个二位三通电磁阀，三个通道分别为模拟阀输出口、制动储风缸和称重限制阀。在施行常用制动时，紧急阀得电，将模拟转换阀与称重限制阀相通，切断与制动储风缸的通路。在紧急制动时，紧急电磁阀失电，使制动储风缸与称重限制阀直接相通。

称重限制阀是利用空气弹簧的压力来限制预控制压力，也就是根据车辆的载荷来调整制动压力。

制动缓解指令也是由 EBCU 发出的。模拟转换阀接到缓解指令后，将排气阀打开，使控制压力通过模拟阀中的排气阀排出。

3）EBCU。地铁车辆整个制动系统的控制采用二级控制，简述为"电控制气，气再控制气"。即为 EBCU 控制 BCU、控制气再控制执行气的方式。以下我们将电子控制单元的各个输入信号简单地介绍一下。

① 制动指令：此指令是微机根据变速制动要求，即列车司机施行制动的百分比（全常用制动为 100%）所下达的指令。它可以是各种形式的，如模拟电流、七级数字信号等。

② 制动信号：这是制动指令的一个辅助信号。它是对运行的列车发出要制动了的指示并使制动管进行预充气，充气后的气压约为 50kPa。

③ 负载信号：这个信号来自于空气弹簧。由空气弹簧的空气压力通过气电转换器转换成电信号。此信号以客室车门关闭时储存的信号为基准。

④ 电制动关闭信号：此信号为信息信号。它的出现就意味着空气制动要立即代替即将消失的电制动。

⑤ 紧急制动信号：这是一个安全保护信号。它可以跳过 EBCU，直接驱动 BCU 中的紧急阀动作，从而实施紧急制动。

⑥ 停站制动：这个信号能防止车辆在停车前的冲动，能使车辆平稳地停止。它分三个阶段实施其制动功能。

第一阶段：当列车车速低于 10km/h 时，停站制动开始接受摩擦制动力，而电制动逐步消失。在停站制动出现后，电制动的减小延迟 0.3s。动车和拖车的摩擦制动力为制动指令的 70%。

第二阶段：当车速低于 4km/h 时，一个小于制动指令的停站制动的制动等级开始实施，即瞬时地将闸缸降低。这个停站制动的制动级取决于制动指令。这个制动等级与时间有关，由停车检测根据最初的状态来决定。

第三阶段：由停车检测和保持制动信号共同产生一个固定的停站制动级，这个固定的制动等级经过负载的修正与制动指令无关。停站制动的制动等级只能随停站制动信号的消除而消除。

4）防滑系统。防滑系统用于车轮与钢轨黏着不良时，对制动力进行控制。它的作用是：防止车轮即将抱死；避免滑动；最佳地利用黏着，以获得最短的制动距离。

防滑系统控制车轮的线速度。当黏着不良时，车轮的速度必定会不同于车辆速度某一个量。防滑系统就是应用这个量对防滑排气阀进行控制从而达到控制车辆的滑行和减速度。

5）单元制动机。由于地铁车辆的车体底架下方与转向架之间没有足够的空间来安装类似于地面铁路车辆的基础制动装置,特别是动车其空间更小,因此大多地铁车辆采用单元制动机。单元制动机是单个供气动作,轻便灵活,占空间体积小,灵敏度高;使用了电气控制后,也可具有良好的同步性。普通单元制动机由增力杠杆、闸瓦、制动缸和闸瓦间隙调整器等部件组成。

当压缩空气从气管进入闸缸推动活塞向缸底行进,同时活塞弹簧也受到压缩,活塞的导向管带动杠杆围绕安装在壳体上的销轴转动,而杠杆的另一端则带动间隙调整器向车轮方向推动闸瓦托及闸瓦行进,最终使闸瓦紧贴在车轮踏面上产生制动。单元制动机的缓解是通过 BCU 中的均衡阀将闸缸的压力空气排到大气中来实施缓解的。

闸瓦间隙调整器用于闸瓦与车轮踏面之间,两者的间隙不因制动时的磨耗而增加,会自动调整在规定范围之内。间隙调整器是单作用式的,当因闸瓦与车轮踏面磨耗而导致间隙过大时,闸瓦间隙调整器会自动进行调整,使闸瓦间隙保持在标准范围;但当由于更换闸瓦,使闸瓦间隙过小时,必须人工转动回程螺母使主轴缩回,闸瓦间隙增大。

7. 空调通风系统

空调通风系统是城市轨道交通车辆中用来对车内空间进行通风换气、温度控制的装置。

空调通风系统包括通风系统、空气冷却系统、空气加热系统、空气加湿系统和调节控制系统。

8. 风源系统

风源系统是指城市轨道交通车辆上的,为空气弹簧、机械制动、车门的开闭等提供压缩空气的设备装置。

风源系统由电动空气压缩机,除油、除湿装置,散热装置,压力控制装置,管路等组成。

5.3 城市轨道交通车辆的维修

城市轨道交通车辆的计划维修是按车辆的运营里程数或运营时间,对车辆进行不同等级的周期性维修。计划维修一般分为日检、双周检、双月检、定修(运营 1 年或 100000km)、架修(运营 5 年或 500000km)、大修(运营 10 年或 1000000km)六级修程。各级修程内容的制订应遵循高一级修程包含低一级修程内容的原则,且在对各类磨损件限度标准的制订上,必须要保留足够的使用余量至下一修程。这里只介绍日检修程的内容。

日检是对当天参与运营回库的电动列车所进行的检修维护,是最初级的检查。日检的主要目的是对主电路中的受电弓,牵引电机的安装及状态,走行部分的构架、轮对、齿轮箱及联轴器,车载设备的控制单元及各类信号,指示灯等进行检查,其中除各控制单元的检查以外,其余多以目测检查为主,以保证电动列车走行部分的安全和电气控制性能的良好。下面对一些相关部件的日检项目进行介绍。

1. 转向架的日检检查

转向架包括轮对、轴箱、轴箱拉杆、构架、一系悬挂和二系悬挂、中央牵引装置、齿轮箱及其悬挂、联轴节、抗侧滚扭杆、液压减振器和高度调节阀。转向架各部件的检查十分重要,关系到地铁列车运营的安全性。

(1) 轮对的日检检查　检查车轴和踏面;检查车轮注油孔螺堵,应无丢失。

(2) 轴箱的日检检查　检查外盖螺栓、油脂及其渗漏情况,应无松动、无渗漏;检查轴箱止挡，应正常。

（3）轴箱拉杆的日检检查　主要检查拉杆、端部螺栓及开口销，要求无变形、无松动、无丢失。

（4）构架的日检检查　主要检查构架内外侧、牵引电机悬挂座和牵引拉杆座，要求无裂纹、无锈蚀、无冲击损伤，附件完好。

（5）一系悬挂的日检检查　主要检查橡胶件及簧座，应无明显裂纹、变形。

（6）二系悬挂的日检检查　主要检查空气弹簧及紧固件，要求无漏气、无松动。

（7）中央牵引装置的日检检查　检查牵引拉杆及所有附件，应无松动，损坏；检查中心盘与中心销套筒之间的距离应在标准允许范围内；检查车架保护螺栓与下心盘上部的距离应在标准允许范围内；检查横向止挡缓冲橡胶，要求无缺损。

（8）齿轮箱及其悬挂的日检检查　检查齿轮箱外观及其所有附件，要求无明显漏油、松动；检查齿轮箱与悬挂装置连接螺栓，要求防松标记无错位。

（9）联轴节的日检检查　主要检查联轴节，要求无损坏、无漏油、螺栓无松动。

（10）抗侧滚扭杆的日检检查　主要检查抗侧滚扭杆松紧螺套紧固螺母，要求防松标记无错位。

（11）液压减振器的日检检查　检查紧固件及漏油情况，应无松动、无漏油；检查连接套筒，应无损坏。

（12）高度调节阀的日检检查　检查高度调节阀，要求完好，无松动、无损伤；检查高度调节阀联动装置，要求完好、无损伤；检查高度调节杆应垂直，不准倾斜。

2. 车体的日检检查

车体主要包括客室车门、驾驶室、通道和各类车钩。

（1）客室车门的日检检查　检查客室车门外观、橡胶件和紧急手柄，要求完好，无明显损坏；测试车门开关功能，各车门动作应基本一致。

（2）驾驶室的日检检查　检查驾驶室遮阳帘、两侧刮水器、左右滑动门及紧固件、通客室门及观察孔，要求功能正常、无损坏、无松动。

（3）地铁车辆车载灭火器　要求每日检查各灭火器是否在原位，外观是否完好，是否有效。上海地铁吸取韩国大邱地铁大火的经验，对各灭火器放置处都采用蓄光材料进行指示，使乘客在地铁车辆即使失去全部照明情况下，仍能快速找到灭火器并进行及时处理。

（4）车钩的日检检查　检查全自动车钩钩头、橡胶托架、电缆和电缆夹、气管密封环、缓冲器标志环和各紧固件等，要求各项目正常、无明显损坏、无明显松动及遗落；检查半自动车钩、橡胶托架、电缆和电缆夹、缓冲器标志环和各紧固件等，要求各项目正常、无明显损坏、无明显松动及遗落；检查半永久车钩抱箍、橡胶托架、电缆和电缆夹和各紧固件等，要求各项目正常、无明显损坏、无明显松动及遗落。

3. 空气气路及制动系统检查

空气气路及制动系统主要包括空压机单元及空气干燥器、各类气管及阀和单元制动机。

（1）对空压机单元及空气干燥器的日检检查　检查空压机及空气干燥器外观、紧固件及工作状况，要求外观正常、紧固件无松动。

（2）对各类气管及阀的日检检查　检查各类气管，要求无明显泄漏；检查可见阀门，要求阀门位置正确。

(3) **对单元制动机的日检检查** 检查锁紧片、橡皮保护套、闸瓦卡簧及其各螺栓，要求无异常；检查闸瓦，要求闸瓦未磨耗到限，或更换闸瓦后检查其调整间隙。

5.4 城市轨道交通车辆段的构成与工作范围

车辆段是对车辆进行运营管理、停放及维修养护的场所（图5-33），一般情况下，一条线路设一个车辆段，当线路长度超过20km时，可以考虑再增设一个停车场。车辆段主要分停车库、检修库和办公生活设施三大部分。车辆段主要划分为检修区和运营区，所有的检修工作均集中在检修区进行，运营区主要负责段属车辆的停放、列检和乘务工作。

1. 停车库

停车库兼有停车、整备、清扫、日常检查和列车司机出乘等多种功能（图5-34）。

图 5-33 天津地铁 1 号线车辆段

图 5-34 停车库

为实现这些功能，停车库除设有停车线外，还设有运用车间、运转值班室、列车司机待班室等列车司机出乘用房，还设有列车以及列车车载信号检修用房。由于列车本身价值昂贵，在地铁运行中占据着重要地位，因此在停车库都设置自动防灾报警设备，并与整个地铁消防系统联系在一起。按要求，架空触网或接触轨应进库，接触轨应加防护装置，每条库线两端和库外线之间及停车台位之间设置隔离开关，可以对每条停车线的接触网（接触轨）独立停、送电，每条停车线还应有接触网呜触轨送电的信号显示和列车出、入库的音响报警装置。停车线兼作车辆列检线，应有检查地沟。

2. 检修库

检修库（图5-35）专门用于车辆检修作业，配有检修设备，包括列检库、月检库、定修库、架修库和大修库。含架车线、镟轮线和检修线等线路。

检修库的平面布置主要取决于车辆的配属量、车辆的修程、检修方式及其工艺流程，同时要综合考虑自然地形条件、工件运输线路以及安全、防火和环保要求等因素。

(1) **双周、双月检修库** 双周、双月检都要在库内对列车的走行部、车体及车顶设备进行检查。为便于作业和保证安全，线路应采用架空形式。除线路中间设置地沟外，在检修线两侧应设三层立体检修场地，底层地坪低于库内地坪，可以对走行部以及车体下布置的电气箱、制动单元、蓄电池进行检查，主要对车辆顶部的受电弓、空调设备进行检修，车顶平台设有安全栏杆。

双周、双月检修库根据作业的要求可设悬臂吊，以便对需要进行拆、装作业的受电弓和空调设备进行吊装。还可以配置液压升降车、蓄电池电气箱搬运车等运输车辆。

为了对车辆进行双周、双月检以及定修阵检，还应设置受电弓、空调装置、车载信号、试验设备等辅助工间以及备品工具间。

（2）定修库　定修库和周、月检一样，线路采用架空形式，线路中间设置检修地沟，线路两侧设置三层检修场地。另外，车库设有起重机。车辆的定修和

图 5-35　北京地铁 4 号线检修库

临修有时也可以在一个车库进行，合并为定修、临修库，这时必须根据列车编组在库内设置架车机组，在列车解钩后可以同步架起一个单元的车辆。车库内设有 10t 起重机，其起重量可吊装车辆的大部件，其辅助工间应和其他检修库统一考虑。

（3）架修、大修库　架修、大修的布置应根据车辆检修工艺流程确定。对车辆设备和零部件的检修方式采用互换修为主，作业流程根据实践情况，一般采用流水作业和定位修方式相结合。采用部件互换修可以减少列车的停库时间，并且可以合理安排计划，做到均衡生产，避免因某一部件检修周期长，影响整列车的检修进度。联合检修厂房内设置车辆的待修、修竣部件和部件的存放场地。

3. 办公生活设施

办公生活设施是指为保证车辆的正常运营和满足维修需要的附属设施，主要包括：易燃品库、混合变电所、降压变电所、信号楼、综合办公楼等办公场所和设备、司乘公寓、锅炉房、污水处理站、食堂和浴室等生活设施与场所。

4. 车辆段的工作范围

车辆段的主要功能有：承担所属线路的车辆停放、清洁、列检工作（图 5-36）；承担所在线路车辆的定修（年检）及以下车辆检查维修和临修工作；承担所属线路和由多条联络线互相沟通的线路的车辆架修、大修工作；承担车辆部件的检测、修理工作，满足车辆各修程对互换部件的需求（图 5-37）。车辆段维修能力的设置也可使其成为地铁网络的车辆部件维修点，为其他车辆服务。

车辆段一般还兼有综合检修基地功能，是保障线路各系统正常运行的保障基地和管理部门。在停车场一般设置各系统的维修工区，属综合检修基地管辖。综合检修基地的功能和任务如下：

1）承担所辖线路沿线隧道、线路和桥梁等设施的检查、保养和维修工作。

2）承担所辖线路车站建筑和地面建筑的保养和维修工作。

3）承担所辖线路变电所、接触网、供电线路和设备的运行管理、检查、保养和维修工作。

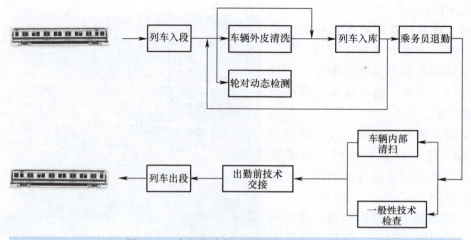

图 5-36　车辆段车辆运用整备工艺流程图

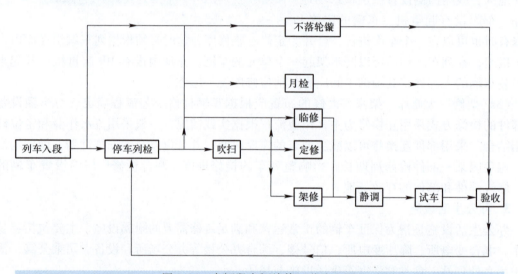

图 5-37　车辆段车辆检修工艺流程图

4）承担所辖线路各机电系统及设备的运行管理、检查、保养和维修工作。

5）承担所辖线路通信、信号系统的运行管理、检查、保养和维修工作。

6）承担所辖线路自动售检票系统和设备的运行管理、检查、保养和维修工作。

7）承担所辖线路火灾报警系统、设备监控系统的检查、保养和维修工作。

8）承担所辖线路运营、检修所需的各类材料、设备、备品配件的采购、储备、保管和发放工作。

5.5　城市轨道交通车辆段的主要设备

城市轨道交通车辆段的主要设备包括运输牵引设备、升降设备、清洗设备、维修加工设备、检测设备和试验设备等。下面做具体介绍。

1. 不落轮镟床

转向架的轮对在运行中会发生踏面的擦伤、剥离和轮缘磨耗，需要及时镟削。不落轮镟床可以在不拆卸轮对的情况下对其踏面和轮缘即时进行镟削（图5-38）。

2. 列车自动清洗机

列车自动清洗机是通过其端部和两侧不同形式的清洗毛刷组，将水和清洁剂喷射在车体上，用清洁毛刷对列车的前后端部、两侧车体侧面、车门和车窗玻璃进行滚刷。目前列车自动清洁机一般采用室内侧刷固定型（图5-39）。

图5-38 不落轮镟床

清洗机按程序进行车头、车尾、车侧、车窗、车体连接折篷的清洗，还可以进行水洗和化学清洗选择以及进行水处理循环等工作。

另外，还有转向架清洗机和超声波洗涤机等。

3. 地面式架车机

地面式架车机（5-40）能同步提升多节不解钩的列车单元组，以便对列车车体下部的机械、电气部件进行维修、保养和更换等操作。每4台架车机为一组，提升1节车，可选定一组、二组和三组同步提升。地面式架车机可分为固定式和移动式两种。

图5-39 列车自动清洗机

图5-40 地面式架车机

4. 地下式架车机

架车机组最高平面与地面轨道同一水平面，由两个独立的车体架车机和转向架架车机组成。该架车机组不但能提升起列车，还能轻易落下车辆中任意一个转向架或轮对。配合铲车和液压升降台等专用设备，还能对车体下的所有部件进行拆卸维修。两套提升装置能单独进行转向架和车体的升降。

5. 空调悬臂吊

空调悬臂吊是能够起吊、安装、拆卸、运输列车顶部空调总成和受电弓等部件的专用设备。吊车动臂能在车顶和接触网间伸缩，以进行车顶部件的拆装起吊作业。悬臂吊电源与接触网电源联锁，不能同时有电。

6. 轮对压装机

轮对压装机（图 5-41）用于车轮和车轴在设定压力下装配成轮对或将轮对分解成车轮和车轴。

7. 运输牵引维护设备

运输牵引维护设备主要包括轨道平地两用牵引车（图 5-42）、轨道车、移车台及转轨设备。

图 5-41　轮对压装机

图 5-42　轨道牵引车

8. 检测与试验设备

检测与试验设备主要包括超声波轮对探伤仪、轮缘轮距测量仪、车门驱动空气压力测量装置、列车静调试验台和转向架试验台等各种试验台。

1. 操作练习

1）在实训室中完成对模拟转向架结构的认识和对其作用的了解，并能比较熟练地进行拆装练习。

2）能够在模拟驾驶室中熟练地进行模拟驾驶，并能正确应对一些常见事故。

2. 书面练习

1）简要回答城市轨道交通车辆的构成及各构成的作用。

2）简要回答城市轨道交通车辆系统中转向架各构件的作用及其工作原理。

3）简要回答城市轨道交通车辆日检修程中的有关内容。

1. 教师的评价

由教师在完成本章的教学任务后填写，在相应表格中画"√"。

序号	评价项目	教师的评价			
	题 目	好	较好	一般	较差
1	对本单元教学过程的控制				
2	在本章教学过程中,学生参与情况				
3	学生对本章知识学习后的效果反馈				
教师对本章教学的总结评价意见及跟进措施					

2. 学生的评价

由学生在完成本章学习任务后填写,在相应表格中画"√"。

序号	评价项目	学生的评价			
	题 目	好	较好	一般	较差
1	在本章教学执行过程中教师的表现				
2	本章教学内容与社会实际需求的联系状况				
3	自己在本章学习过程中的表现				
学生在学习本章后对自己的表现评价及对教学的跟进意见					

3. 知识跟进

1) 考虑可以从车辆结构的哪些方面来提高轨道交通运营的安全性和效率?

2) 转向架中哪些部件的工作状况对列车运行的平稳性和舒适性影响较大?

第 6 章

城市轨道交通系统的构成——供电与牵引

问题导入

电力牵引供电系统是城市轨道交通系统的重要组成部分，它相当于人体的心血管系统。没有可靠安全的供电系统供电，没有牵引系统足够的动力支持，就不可能有城市轨道交通的正常运行，那么供电系统和牵引系统是如何起作用的呢？本章将回答这些问题。

学习目标

1. 掌握城市轨道交通供电系统的组成。
2. 熟悉直流牵引变电所的核心设备——整流装置的工作原理。
3. 掌握电力牵引的制式、电力车辆牵引供电系统的组成。
4. 了解城市轨道交通常用的电力电子器件。

教学建议

1. **教学场地**：在教室和牵引供电模拟实训室中进行，课后可实地参观。
2. **设备要求**：供电系统沙盘或仿真实训室、仿真牵引变电所；至少具有接触网或接触轨及操作模拟演示的软件1套，仿真受电弓、受电靴等教具1套。
3. **课时要求**：共6课时，其中课堂讲授4课时，模拟操作2课时。

理论知识

6.1 城市轨道交通电力供电系统

1. 供电系统概述

城市轨道交通供电系统（Power Supply System for Urban Rail Transit）是由电力系统经高压输电网、主变电所降压、配电网络和牵引变电所降压、整流（转换为直流电）等环节，向城市轨道系统输送电力的能源系统（图6-1）。

城市轨道交通的供电系统通常包括两大部分，即对沿线牵引变电所输送电力的高可靠性的专用外部供电系统，以及从直流牵引变电所经降压、整流后，向动车组供电的直流牵引供

第 6 章　城市轨道交通系统的构成——供电与牵引

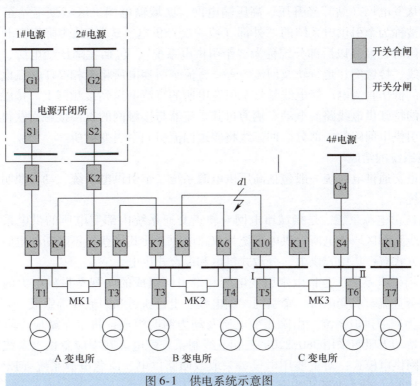

图 6-1　供电系统示意图

电系统。

通常，高压输电线到了各城市或工业区以后，通过区域变电所（站）将电能转配或降低一个等级，如以 10~35kV 的电压向附近各用电中心送电。城市轨道交通的牵引用电既可从区域变电所高压线路得电，也可以从下一级电压的城市地方电网得电，这取决于系统和城市地方电网具体情况以及牵引用电容量大小。

对于直接从系统高压电网获得电力的城市轨道交通系统，往往需要再设置一级主降压变电所，将系统输电电压从 110~220kV 降低到 10~35kV，以适应直流牵引变电所的需要；从管理角度上看，主降压变电所可以由电力系统（电业部分）直接管理，也可以归属于城市轨道交通部门管理（图 6-2）。

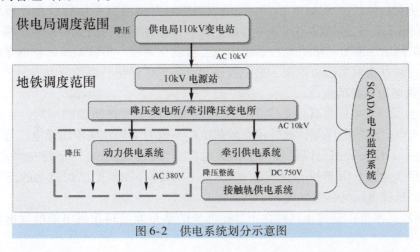

图 6-2　供电系统划分示意图

以上，从发电厂（站）经升压、高压输电网、区域输电网、区域变电站至主降压变电所部分通常被称为牵引供电系统的"外部（或一次）供电系统"。从主降压变电所（当它不属于电力部门时）及其以后部分统称为"牵引供电系统"，包括主降压变电所、直流牵引变电所、馈电线、接触网、走行轨及回流线等。直流牵引变电所将三相高压交流电变成适合电动车辆使用的低压直流电。馈电线是将牵引变电所的直流电送到接触网上。接触网是沿列车走行轨架设的特殊供电线路。电动车辆通过其受流器与接触网的直接接触而获得电力，走行轨道构成牵引供电回路的一部分。回流线将轨道回流引向牵引变电所。

2. 供电系统的组成

城市轨道交通供电系统一般包括高压供电源系统、牵引供电系统、动力照明供电系统和电力监控系统。

（1）高压供电源系统　是指城市电网对轨道交通系统内部变电所的供电系统，包括发电厂、传输线路和区域变电所。供电系统为双路电源，使其能获得不间断的电源。高压供电系统的供电方式有：集中式供电、分散式供电和混合式供电。

（2）牵引供电系统　是指由牵引变电所和牵引网组成的向列车提供电力的系统，由主降压变电站、直流牵引变电所、牵引网、馈电线、走行轨道和回流线等组成。

（3）动力照明供电系统　由降压变电所及动力照明组成，每个车站应设降压变电所和配电室。车站动力照明采用380/220V 三相五线制系统配电。其中应急供电系统的主电源系统采用双环网供电模式；对重要用电设备采取双回路供电、应急电源系统（EPS）、不间断电源系统（UPS）。动力照明供电负荷分级表见表6-1。

表6-1　城市轨道交通动力照明供电负荷分级表

负荷级别	所负荷的设备
一级负荷	火灾自动报警系统设备、环境与设备监控系统设备、专用通信系统设备、信号系统设备、变电所操作电源、地下车站及区间的应急照明、各种消防设备、各种事故风机、自动售检票系统、门禁系统、主排水站等
二级负荷	乘客信息系统、变电所检修电源、地上车站公共与工作照明、普通风机、排污泵、普通电梯及自动人行道等
三级负荷	车站空调制冷及水系统、广告照明、维修电源、清洁设备等

（4）电力监控系统（SCADA 系统）　是控制中心对供电设备运行状态进行监视、控制及数据采集的系统。它包括设在控制中心的主视、设在各变电所的远程控制终端、连接终端和中心的通信网络三部分。电力监控系统由综合自动化系统、传输系统、供电车间复示终端系统组成。控制方式采用远动控制、集中控制和设备本体控制三级控制方式。

3. 高压供电源系统的组成

（1）发电厂　发电厂将其他形式的能源转换为电能。根据能源的不同，常见的发电厂为火电厂、水电厂和核电厂等，此外还有地热电厂、风力电厂和潮汐海洋电厂等。

1）火电厂。目前我国仍以燃煤为主的火电厂居多数。这些电厂多建在煤炭基地附近，故称为"坑口"电厂，其单机容量可达 600MW（兆瓦）。如果把已做过功的乏气再作为热能供给用户，这种电厂又称为热电厂。

2）水电厂。水电厂是建于江河之上并把河流的落差能量转化成电能的发电厂。水能发电不仅效率高，而且水能是在自然界中不断循环的再生资源，具有用之不竭的特点。我国水能资源丰富，水能发电的潜力很大，目前世界最大发电机的容量为750MW，我国水轮发电机的单机最大容量为700MW。

3）核电厂。核电厂是将原子核裂变时所产生的核能转变为电能。核电厂的核心部分是核子反应堆和蒸汽发生器，相当于发电厂的蒸汽锅炉。其发电设备仍为一般汽轮机和发电机[⊖]。核电厂建设需要大量公用辅助和防护设施，故为了提高效益，核电厂的单机容量较大，近年来多在900MW以上。

(2) 电力网和电网电压　电力网简称电网，由输电线路、配电线路和变电所组成。输电线路的作用是输送电能，其特点是电压较高，线路较长；配电线路的作用是分配电能，其特点是电压较低，线路较短。

电网按其规模主要分为地区电网和区域电网，前者多限于一个地区或一个省，电压等级为110~220kV。区域电网通常是由几个地区或几个省的电网联合组成，电压等级为330~500kV。

国家规定的电网额定电压（单位：kV）分别为：750、500、330、220、110、60、35、10、6九个电压等级。

为了提高电网的输送容量和输送距离，世界各国都在探索更高电压等级的输电线路。同时由于直流电压输电无电抗存在、稳定性好，故受到世界各国的普遍重视。我国也已建成了多条±500kV的直流高压输电线路。

(3) 变电所　变电所除具有变换电压的作用外，还具有集中电能、分配电能、控制电能以及调整电压的作用。一般把变电所分为以下三种类型：

1）枢纽变电所。它通常都有两个及以上电源汇集，并进行电能的分配和交换，从而形成一个电能的枢纽。此类变电所规模较大，多采用三绕组变压器以获得不同级别的电压，并送到不同距离的地区。

2）地区变电所。其作用是供给一个地区用电。通常也采用三绕组变压器，高压受电，中压转供，低压直配。

3）用户变电所。此类变电所属于电力系统的终端变电所，直接供给用户电能，通常采用双绕组变压器。铁路牵引变电所就属于此类变电所。

(4) 一次供电网络　一次供电网络是指直接向牵引变电所供电的地区变电所（或发电厂）及高压输电线路。输电线路一般分为两路，电压为110kV。近年来，也有采用220kV的，相比之下，后者电源的可靠性和稳定性等技术指标相对较高。

高压输电线路专门用于牵引供电，由国家电力部门修建并管理，并以牵引变电所的110kV进线门形架为分界点。

目前城市轨道交通系统中变电所主要包括主变电所、电源开闭所、牵引变电所、降压变电所（有些线路把后两者结合起来，称混合变电所）。具体需要各类变电所数量，视线路实际需求为准。

4. 牵引供电系统的组成

(1) 牵引变电所　牵引变电所的作用是降压，并将三相电源转换成两个单相电源，然

[⊖] 发电机一般采用三相同步发电机，电压多为10.5kV。每台发电机都有相应的升压变压器，并组成发电机—变压器组。

后通过馈电线分别供电给牵引变电所两侧的接触网。

牵引变电所（包括分区亭、开闭所、AT 所等）为了完成接受电能、变压和分配电能的工作，其电气接线可分为一次接线（主接线）和二次接线两大部分。主接线是指牵引变电所内一次主设备（即高压、强电流设备）的连接方式，也是变电所接受电能、变压和分配电能的通路。它反映了牵引变电所的基本结构和功能。二次接线是指牵引变电所内二次设备（即低电压、弱电流的设备）的连接方式。其作用是对主接线中的设备工作状态进行控制、监察、测量以及实现继电保护与运动化等。

对于城市轨道交通来说，主接线采用何种引入线方式，需要从技术、经济、运行、外部供电方式以及主变压器的接线方式等因素综合比较后才能确定。

目前我国牵引变电所的主接线方式有以下三种（图 6-3）：

1）桥接线方式。当电力系统的功率需要穿越牵引变电所时，采用此种引入线方式。

牵引变电所有两路引入线，并通过断路器连接起来，以便通过穿越功率。当断路器位于牵引变压器侧时，称为内桥；当桥断路器在线路侧时，称为外桥。

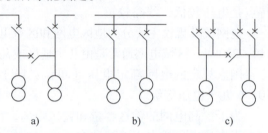

图 6-3　牵引变电所的引入线方式
a）桥接线方式　b）双 T 接线方式　c）单母线分段方式

2）双 T 接线方式。双 T 接线方式又称为分支接线，即两路输电线路分别引出两条支线到牵引变电所，构成双 T。此种引入方式通常只有一路送电，另一路备用。

在牵引供电系统中，双 T 接线方式应用最多。

3）单母线分段方式。当牵引变电所除了两回路电源引入线外，还需要引出线到中心变电所，通常采用此种引入线方式。母线分段断路器既能经常通过穿越功率，又可在必要时将母线分成两段，以提高供电的可靠性和灵活性。

开闭所是指不进行电压变换而用开关设备实现电路开闭的配电所，一般有两条进线，然后多路馈出向枢纽站场接触网各分段供电。进线和出线均经过断路器，以实现接触网各分段停、供电灵活运行的目的。又由于断路器对接触网短路故障进行保护，从而可以缩小事故停电范围。

分区亭设于两个牵引变电所的中间，可使相邻的接触网供电区段（同一供电臂的上、下行或两相邻变电所的两供电臂）实现并联或单独工作。如果分区亭两侧的某一区段接触网发生短路故障，可由供电的牵引变电所馈电线断路器及分区亭断路器，在继电保护器的作用下自动跳闸，将故障段接触网切除，而非故障段的接触网仍照常工作。

牵引网采用 AT 供电方式时，在轨道沿线每隔一段距离设置一台自耦变压器 AT，该设置处所称为 AT 所，如图 6-4 所示。

牵引变电所内的变压器，根据用途不同，分为主变压器（牵引变压器）、动力变压器、自耦变压器（AT）、所用变压器几种；根据接线方式不同，又有单相变压器、三相变压器、三相/二相变压器等。

断路器是牵引变电所内最重要的电气设备之一，它依靠本身所具有的强大的灭弧能力，不但可以带负荷切断各种电气设备和牵引网线路，更可与保护装置配合，快速、可带地切断各种短路故障。牵引变电所目前应用最多的有少油断路器、六氟化硫断路器和真空断路器等几种。

隔离开关，顾名思义就是一种在需要时将电气设备、线路与电源隔离开来的开关设备，一般都由主刀闸、支持瓷瓶、底座、连杆和操作机构组成。隔离开关按使用地点不同，有户内式和户外式两种；按操作方式不同，有电动和手动两种。

仅有变压器、开关等变配电设备是远远不能满足安全、可靠、高效供电要求的，还需要用二次设备将其有效地监控、保护起来。因此，就需要一种变换装置将主设备中的电气参数传递给二次设备，如

图 6-4　AT 所

仪表、继电器等，这种将高电压、大电流变换成低电压、小电流的设备就是互感器，变换电压的设备叫电压互感器，变换电流的设备叫电流互感器。

(2) **牵引网**　牵引网是由馈电线、接触网、钢轨和回流线组成的双导线供电系统。

1) 馈电线是连接牵引变电所母线和接触网的架空铝绞线。馈电线除直接送电给接触网外，还要送电给附近车站、机务折返段和开闭所等，所以馈电线的数目较多，距离也可能较长。

2) 接触网是牵引网的主体。由于接触网分布广、结构复杂、运行条件又差，所以日常维修工作量大、短路故障较多，故与牵引供电的可靠性⊖关系极大。

5. 内外部供电系统联结方式

高压供电系统与牵引变电所的供电联结方式取决于牵引负荷的用电等级和电力系统的分布情况。牵引变电所与电力系统的产权分界点在牵引变电所一次侧进线的门形架处，我国规定，电力牵引为一级负荷，牵引变电所应有两路电源供电；当任一路故障时，另一路应能正常供电，其中两路电源可来自不同的地区变电所或同一地区变电所的不同母线或母线分段，以保证一级负荷的供电可靠性。外部供电方式主要有下述几种：

(1) **环形供电**（图 6-5）　环形供电即电力系统将牵引变电所联成环形网。其优点是供电可靠性好，当任一输电线或电源故障时都不影响牵引变电所的正常供电。但因牵引变电所一次侧进出线多及开关多，继电保护复杂，会使成本增加。

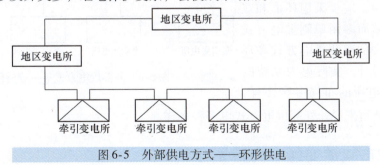

图 6-5　外部供电方式——环形供电

⊖　流过电力机车的负荷电流经钢轨和回流线回到牵引变电所。由于钢轨对地并非绝缘，所以部分电流沿大地流回到牵引变电所，形成地中电流。

(2) 双侧供电（图 6-6） 双侧供电即电源来自电力系统的两个地区变电所，给轨道交通供电的输电线是联络这两个地区变电所的线路。根据可靠性的要求及实际情况，双侧供电可分为双路输电线和单路输电线两种类型。但不论哪种类型，各路输电线的容量应不小于相关牵引变电所的容量之和。单路输电线方式一次侧进出开关少，投资也少，但供电可靠性不及双路方式。如果一路输电线或一路电源分别出现故障，仍不会导致牵引变电所失电。

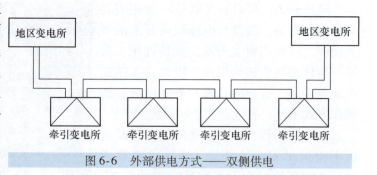

图 6-6　外部供电方式——双侧供电

(3) 单侧供电（图 6-7） 单侧供电即由一个地区变电所给数个牵引变电所供电。为保证供电的可靠性，应采用双路或同杆双回输电线，并由地区变电所的不同母线或不同母线分段上引入牵引变电所，其方式有两种。单侧供电方式的可靠性一般比双侧供电和环形供电方式要差些，投资比环形供电方式和单路输电线双侧供电方式少些。当单侧输电线较长时，为缩小故障范围，可选择适量位置的牵引变电所进线处进行分段，称该处为支柱牵引变电所。

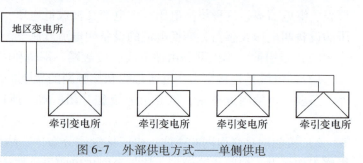

图 6-7　外部供电方式——单侧供电

(4) 放射供电（图 6-8） 当各牵引变电所离开电源差不多等距并且比单侧供电更经济时，可采用放射供电方式。

我国电网通常采用最高电压等级环网的运行模式。因此，在目前 220kV 及更高电压等级逐步形成的情况下，当采用 110kV 电力系统给轨道交通系统供电时，应少采用环形和双侧供电等方式，而多用单侧供电方式或带有备用开关的双侧供电方式和环形供电方式。另外，实际电力系统的电源与牵引变电所的布局多种多样，对一条电气化轨道来说，外部供电方式也多种多样。

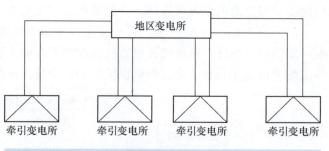

图 6-8　外部供电方式——放射供电

6.2　城市轨道交通电力牵引系统

1. 城市轨道交通电力牵引概念

城市轨道交通电力牵引（Electric Traction of Urban Rail Transit）是以电力系统城市电网

的电力为动力源，在车辆上将电能转换为机械能，从而牵引列车组在轨道上运行的一种城市交通牵引动力形式。由于它具有准时、快捷、安全、舒适、运量大、编组灵活、节能和无污染等优点，已经成为世界许多国家大中城市公共交通的骨干。城市轨道交通电力牵引系统结构如图6-9所示。

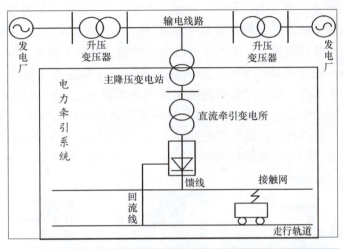

图6-9　城市轨道交通电力牵引结构图

2. 城市轨道交通电力牵引系统的构成及功能

（1）城市轨道交通电力牵引系统的构成　城市轨道交通电力牵引系统主要是由牵引供电系统和电动列车牵引控制装置两大部分组成。

1）牵引供电系统。是由牵引变电所和牵引网组成的向列车提供电力的系统。牵引变电所包括主降压变电站和直流牵引变电所。牵引网包括馈电线、接触网（接触轨）、走行轨道和回流线。

2）电动列车牵引控制装置。电动列车的牵引控制装置由牵引电器和列车电路构成。牵引电器包括受流器、牵引电机、传动控制装置和其他牵引电力电子转换控制系统。列车电路包括主电路、辅助电路和控制电路。

（2）电力牵引系统各组成部分的功能

1）牵引供电系统。牵引变电所把电力系统供应的电能变换成适合电动列车牵引要求的电能（图6-10）。牵引变电所的作用是将城市电网的交流电压（一般为110kV、35kV或10kV）降压并整流成为直流电压。世界各国城市轨道交通的电压制均为直流，电压等级有600V到3000V各种不同等级。国际电工委员会（IEC）推荐的直流供电电压为DC 750V（允许波动范围为500～900V）和DC 1500V（允许波动范围为1000～1800V）。

图6-10　城市轨道交通牵引变电所

牵引网由接触网、馈电线、走行轨道和回流线组成。接触网是牵引网中最主要的组成部分，车上的受电器通过与其可靠地直接滑动接触，不断取得电能，以保持电动车组的正常运行。接触网按其结构可分为接触轨式和架空式两种。接触轨式是沿走行轨道一侧平行铺设第三轨，电动车组从侧面伸出的受电器（接触靴）与其滑动接触而取得电能。接触轨又分上磨式、下磨式和侧磨式三种（图6-11）。上磨式接触轨安装在专用绝缘子上，工字形轨底朝下，优点是固定方便，缺点是接触靴在其上面滑行，无法加防护罩；下磨式接触轨轨底朝上，由绝缘体紧固在弓形肩架上，优点是可以加防护罩，保证工作人员的安全。在城市轨道交通中，地下铁路一般宜用 DC 750V 接触轨受流方式，这样隧道净空高度低，接触网结构简单、造价低、便于维修。架空式接触网是架设在走行轨道上部的接触导线、承力索系统。电动车组从上伸出的受电器（受电弓）与接触导线滑动接触取得电能。架空接触网又分地面架空式和隧道架空式两种。在城市轨道交通中，地下部分由于受净空高限制，一般宜采用第三轨受流方式，而地面及高架部分则宜采用架空式接触网，电压宜采用 DC 1500V。

图 6-11　接触轨与受电器连接的三种方式

馈电线是连接牵引变电所和接触网（轨）的导线（图 6-12），它将牵引变电所变换后的电能送到接触网（轨）。

图 6-12　馈电线

走行轨道是指在电力牵引时，轨道除仍具有导向功能外，还需要完成导通回流的任务，因此，电力牵引的轨道，需要具有良好的导电性能。

回流线是连接轨道和牵引变电所的导线，通过回流线把轨道中的回路电流导入牵引变电所的主变压器。

2）电动列车牵引控制装置。受流器从接触网（或接触轨）将电流引入电动列车的装置。常见的包括受电弓（图 6-13）和受电靴（图 6-14）两大类。

牵引电机（图 6-15）是城市轨道交通车辆得以实现牵引及电制动的动力机械装置。它将电

第6章 城市轨道交通系统的构成——供电与牵引

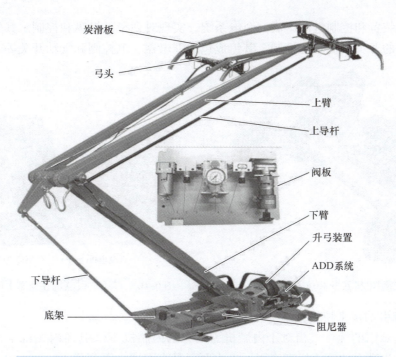

图 6-13 受电弓结构示意图

能变为机械能，产生牵引力驱动列车，又可将机械能转变为电能，实现电制动力。牵引电机种类主要有直流牵引电机、交流牵引电机和直线牵引电机（图6-16）。

各种传动、控制和转换装置是一整套用来动力传动、牵引电机调速与控制、电能转换与控制的装置。

列车电路主要有主电路、辅助电路和控制电路。①主电路：将产生列车牵引力和制动力的各种电气设备连成一个电系统，实现牵引功率的传输。主要功能是在列车牵引和制动时，完成能量传递和转换。其组成包括牵引变压器、整流器和牵引电机等。②辅助电路：将牵引系统中的各种辅助电气设备和辅助电源连成一个电系统。其主要功能是给列车电器控制、电子控制及照明和空调设备供电。其组成包括变换电源、蓄电池、车灯和空调等。③控制电路：将主电路和辅助电路中的各电气设置的控

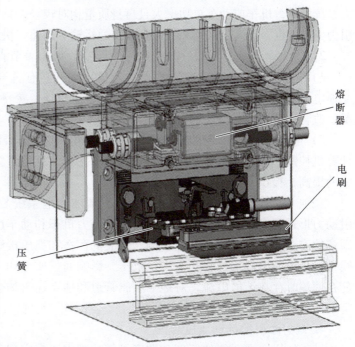

图 6-14 受电靴结构示意图

制装置、信号装置和控制电源连成一个电系统，实现对列车的操纵和控制。其主要功能是完成电路和气路的开关和机车的控制。其组成包括继电器、电控阀和气动开关等。

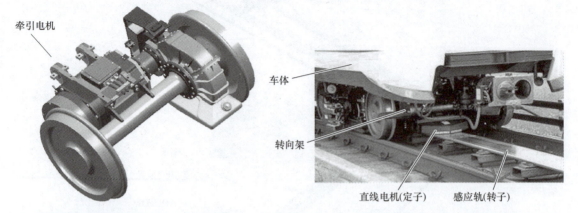

图 6-15　牵引电机及安装位置示意图　　　图 6-16　直线牵引电机在列车上的应用

3. 电力牵引的技术特性

（1）电力牵引的优点　相对于内燃机为动力的内燃机车牵引（内燃机车、城市公交汽车）和蒸汽机为动力的蒸汽机车牵引，电力牵引具有下述一系列优点：

1）电力牵引为非自给式牵引动力。电力机车本身不带燃料和原动机，而是由大容量的电力系统供电，机车或动车总功率大且自身质量相对较轻，具有起动和加速快、过载能力强、牵引力大等特点，能满足铁路和城市现代交通运输对高速、快速、重载和大运输能力的需要。

2）电力牵引的总功效（做功效率）最高，可显著节省能源并降低运营成本。

3）电力牵引列车和车辆噪声小，不排出废气和有害气体，有利于环境保护。城市轨道交通电力牵引采用地下建筑或高架结构，运输快捷、灵活、安全，可缓解城市交通堵塞状况、改善生活空间。

4）电力牵引各主要组成环节均为独立的电气系统，且又连成整体，它们与电子技术和计算机控制手段相结合，易于实现全面自动化和信息化，为城市交通的技术进步、劳动生产率的提高，提供了广阔的发展前景。

（2）电力牵引存在的缺陷　电力牵引增加供电系统装置，使其一次投资费用比其他牵引动力形式要高些。另外，交流制整流器电力机车和动车产生高次谐波和负序电流，对电力系统的安全和经济运行有一定影响；谐波的存在和高压接触网及其回流网络的不对称，对沿线平行接近的电信线路将产生干扰电压，影响通信质量和人身安全；直流电力机车和动车负荷在回流时存在迷散电流，对地下金属管道和地下建筑物会形成腐蚀作用，因此需要采取一定的措施进行防护和限制。

4. 电力牵引的远动监控装置

城市轨道交通运行的管理和调度是由控制中心来实现的，其中的电力调度室是供电系统运行的管理和调度部门。供电系统的各类变电所及其他主要设备是沿着轨道线路分散设置的，要保证系统的安全、可靠和提高经济性，就必须对系统进行集中管理和调度，实现系统运行状态的监视和运行方式的控制。早期的集中调度是通过调度电话来实施的，即通过人与人之间的信息交换，由值班人员对系统的运行方式进行监视和控制。这种间接的监视和控制

第6章 城市轨道交通系统的构成——供电与牵引

效率低，可靠性也差。目前现代化的集中调度完全可以通过功能完善、运行可靠的微机远动监控设备，对各类变电所进行直接的集中监视和控制，并能和其他系统（如行车指挥系统）交换有关信息，实现整个轨道交通系统的综合自动化。

（1）地下迷流　　在直流牵引供电中，牵引电流并非全部由钢轨直接流回牵引变电所，而是有一部分由钢轨杂散泄漏流入大地，再由大地流回钢轨和牵引变电所，这种地下杂散电流被称为地下迷流。牵引电流越大或钢轨对地绝缘程度越差，地下迷流就越大。

小贴士

地下迷流主要有两个危害：一是轨道线路附近的各种地下电缆或金属构件将因电解现象而被腐蚀损坏；二是在电气接地装置上将会引起过高的接地电位，使某些设备无法正常工作。

因此必须采取防护措施，尽量减少迷流源的泄漏，限制迷流向线路外部扩散。此外，对线路附近的地下金属管线应采取有效的防蚀措施。

（2）谐波　　由于牵引变电所大功率整流设备和其他变流装置等的非线性负荷特性，使牵引供电系统成了城市电网的一个重要谐波源。为了抑制谐波对轨道交通系统本身和电力系统其他用户的危害，常常采取增加整流器的整流相数、保持三相负荷平衡和采用电容吸收等方法来解决。

（3）电动车组　　由牵引供电系统供给电能，驱动车辆上的电动机，产生牵引力牵引在轨道上行驶的列车组。列车组中的车辆主要分为两类：有动力装置的动车和无动力装置的拖车。动车和拖车又有列车司机室和无列车司机室之分。为保证动车组良好的性能和服务，电动车组的车体大多采用铝合金或不锈钢材料；走行部采用动力制动（包括再生制动和电阻制动）辅以空气制动。在运行方式上，应用了自动驾驶系统。在服务设施上，增加了客室容量，采用空调、通风等设施。电动车组的最高运行速度多数在80km/h，2min时间间隔；也有少数城市在100km/h以上。线路的站间距离：市区一般为1km左右，郊区多为1.5~2km。

（4）车辆电气　　车辆电气包括车辆上各种电气设备及其连接导线。按其作用和功能可将车辆电气系统分为主电路、辅助电路和控制电路三个系统。主电路的作用是实现能量的转换和传递，在牵引工况下，将从变电所传递来的电能转变成机械能，产生车辆运动所需的牵引力；在制动工况下，将车辆的动能转换为制动力或产生电能回馈给牵引变电所。主电路的电气设备主要包括受电器、高速断路器、牵引传动系统和电动机。随着电力电子器件和计算机技术的发展，牵引传动系统大致经历了20世纪80年代前的凸轮变阻调压直流传动系统、80年代的斩波调压直流传动系统和90年代的调压调频的交流传动系统三个阶段。

小贴士

与直流传动系统相比，交流传动系统有以下优点：
① 可充分利用黏着，减少电动车组比重。
② 主电路无触点化，电动机无换向器和电刷，提高了运行可靠性，减少了维修量。
③ 再生制动可从高速持续到5km/h以下，安全平稳、节省电能。
④ 交流电动机结构简单、寿命长，可延长检修周期。

143

目前在发达国家中，交流传动系统的交流装置已普遍采用场效应管组件，将电力电子器件与驱动电路、保护电路和检测电路等集成在一个芯片或模块内。辅助电路是为了保证车辆的正常运行和客室的舒适性，包括车辆上所需要的许多辅助设备（如压缩机、空调机和控制设备等）及其供电设备（如直流变交流的静止逆变器等）和连线。车辆上的控制电路是低压小功率电路，分为有接点的直流电路和无接点的电子电路。前者是由主控制器、继电器和控制电路的低压部分及联锁接点组成；后者是由微机及各种电子插板等组成，有列车牵引控制单元、制动控制单元、空调控制单元和逆变器控制单元等。控制电路的作用是控制主电路及辅助电路的各种电器的协调动作，通过列车司机操纵主控制器各手柄和操纵按钮，使电动车组按列车司机意图或由列车自动运行控制系统控制而运行。

1. 操作练习

1）通过供电与牵引实训室的接触网模型，了解接触网是如何给电力机车提供电能的，并了解接触轨的给电方式。

2）根据自己对牵引系统的了解，自己画出在机车内部电能的转化过程，并且标出交直流的制式变化分界线。

2. 书面练习

1）简要回答城市轨道交通供电系统的概念与构成。

2）简要回答城市轨道交通牵引系统的组成与工作原理。

1. 教师的评价

由教师在完成本章的教学任务后填写，在相应表格中画"√"。

序号	评价项目 题 目	教师的评价			
		好	较好	一般	较差
1	对本章教学过程的控制				
2	在本章教学过程中，学生的参与情况				
3	学生对本章知识学习后的效果反馈				
教师对本章教学的总结评价意见及跟进措施					

2. 学生的评价

由学生在完成本章学习任务后填写，在相应表格中画"√"。

评价项目		学生的评价			
序号	题　目	好	较好	一般	较差
1	在本章教学执行过程中教师的表现				
2	本章教学内容与社会实际需求的联系状况				
3	自己在本章学习过程中的表现				
学生在学习本章后对自己的表现评价及对教学的跟进意见					

3. 知识跟进

1）供电系统的设备组成以及电能的传递过程是什么？

2）牵引系统电能和动能的转化过程以及电气制动的工作原理是什么？

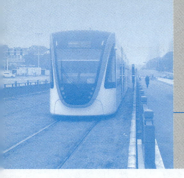

第 7 章

城市轨道交通系统的构成——信号与通信系统[一]

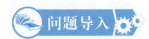

城市轨道交通的车辆在线路上如何有序安全地工作？又如何有效率地运行？城市轨道交通运营人员之间如何联系？乘客又如何知道我们的列车将要到什么地方？信号系统以指挥行车、保证安全和提高效率为首要任务，在现代城市轨道交通的运营中起着重要的作用。通信系统将通过通信传输系统、电话系统、闭路电视监控系统和广播系统等为乘客提供服务。本章将系统介绍这些知识内容。

学习目标

1. 掌握城市轨道交通信号与通信系统的概念和作用。
2. 能说出信号与通信系统中各个不同功能的系统的作用。
3. 能清晰表达出信号与通信系统中各系统的基本工作原理及相互之间的关系。

教学建议

1. **教学场地**：在多媒体教室和信号与通信模拟实训室中进行，课后可实地参观。
2. **设备要求**：轨道、道岔和轨道电路模型各 1 套，行车调度模拟沙盘 1 个，联锁系统和 ATC 系统仿真软件各 1 套；传输电缆和光缆模型 1 套，站台、站厅闭路电视 1 套，有线广播系统、旅客信息系统各 1 套。
3. **课时要求**：共 6 课时，其中课堂讲授 4 课时，模拟操作 2 课时。

7.1 城市轨道交通信号系统的作用、特点和组成

1. 信号系统的概念和特点

信号系统是城市轨道交通系统中最重要的设备之一。信号系统是保证安全实现行车指挥

[一] 本章中 7.1~7.4 介绍信号系统，7.5~7.11 介绍通信系统。

第 7 章 城市轨道交通系统的构成——信号与通信系统

和提高运输效率的关键设备系统。城市轨道交通具有高密度、短间隔、短站距和快速等特点，因而对交通保障系统有着安全要求高、通过能力大、抗干扰能力强、可靠性高、自动化程度高等要求。城市轨道交通信号系统改变了传统的铁路以地面信号显示指挥行车的方式，实现了以车载信号为主体信号，用计算机系统实现了速度控制、进路选择和进路控制等，并逐步向无人驾驶方向发展。

2. 信号系统的演变

在城市轨道交通的信号发展史上，列车自动控制系统（ATC）是当前最常用的，也是最成熟稳定的一种信号系统。

ATC 系统的发展，随着技术性能的不断进步，呈现出三个发展阶段：

第一阶段：单纯使用轨道电路的固定闭塞模式。这种模式下，系统无法知道列车在分区内的具体位置。

第二阶段：综合使用轨道电路加应答器的准移动闭塞模式。这种模式下，系统可以告知后续列车继续前行的距离，后续列车可根据这一距离合理地采取减速或制动，从而可改善列车速度控制，缩小列车安全间隔，提高线路利用效率。但准移动闭塞中后续列车的最大目标制动点仍必须在先行列车占用分区的外方，因此它并没有完全突破轨道电路的限制。由于这种制式具有较高的可靠性、合理的性价比，已经具有充分的运行经验，其列车运行间隔（100~150s）已能满足绝大多数轨道交通运营部门的要求，因此，这类系统至今仍是轨道交通建设的首选制式。

第三阶段：基于通信的移动闭塞模式。随着综合使用轨道电路加应答器的准移动闭塞模式的广泛应用，其缺点也逐渐显现出来：①目前，世界上各种准移动闭塞的信息传输频率、通信协议等不一致，导致了在一个城市或一个地区的轨道交通网中各条线路的列车不能实现联通联运；②大多数基于数字轨道电路的准移动闭塞，为了实现调谐和电平调整，不得不在钢轨旁侧设置轨旁设备，而这对于轨道交通的日常维护工作非常不利；③由于以钢轨作为信息传输通道，因此传输频率受到很大的限制，导致车—地之间通信的信息量较低，而且传输性能也不稳定。因此"准移动闭塞"距真正意义上的"移动闭塞"还有差距，列车运行间隔的进一步缩短和列车运行速度的提高都将受到限制。

由于基于准移动闭塞模式 ATC 有以上的弊端，所以，从 20 世纪 70 年代末开始，日本及欧美一些国家就开始研发基于无线通信为基础的列车运行控制系统。这种模式下，需要列车实时地向控制中心汇报自己的位置和速度等运行参数，控制中心必须实时地为列车计算运行参数并发送给列车，此种机制的实现，需要连续式双向车与地通信系统支持，一般将这种列车控制方式，称为基于无线通信的列车自动控制系统（CBTC）。这是当前城市轨道交通信号发展的最新技术，也是其未来发展的主要方向。

3. 信号系统的组成

信号系统（图 7-1）的设备主要有信号机、转辙机、轨道电路、联锁系统和列车自动控制（ATC）

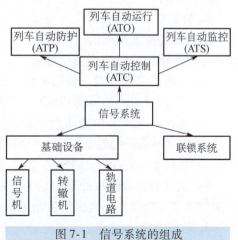

图 7-1　信号系统的组成

系统或基于无线通信的列车自动控制系统（CBTC）。

7.2 信号基础设备

1. 信号机

信号机的作用是指挥行车，以保证列车的行车安全。列车必须绝对执行信号机显示的命令。城市轨道交通的信号机采用色灯信号机（图7-2）。

（1）色灯信号机　色灯信号机是以其显示灯光的颜色、数目和亮灯的状态来表示信号。色灯信号机有高柱和矮柱两种。高柱信号机安装在钢筋混凝土信号机柱上，主要使用在需要显示距离远、观察位置明显的地方，如车辆段的进段、出段信号机。矮柱信号机安装在信号机水泥地基上，一般使用在信号显示距离要求不远、隧道等安装空间有限的地方。

（2）地面信号机

1）地面信号机的设置原则。城市轨道交通采用右行车制，地面信号机设于列车运行方向的右侧，

图7-2　信号机

地下部分一般装在隧道壁上。特殊情况下，可设于列车运行方向的左侧或其他位置。

2）信号机的设置。城市轨道交通采用ATC（列车自动控制），一般不设置通过信号机，车站可设置进出站信号机，线路尽头设置阻拦信号机。车辆段出入段设置出进段信号机，其他位置根据需要设置调车信号机。

3）信号显示的颜色。信号显示的基本颜色为红、黄、绿三种，再辅以蓝、月白，构成信号的基本显示系统。因为人眼对红光最敏感，更能引起人的注意，所以以红色灯光作为停车信号。黄色显示距离远，且具有较强的分辨力，故采用黄灯为警惕信号。绿色和红色的反差较大，容易分辨，所以用绿色作为允许信号。调车的禁止信号选用蓝色灯光，而允许信号采用月白色灯光。

2. 转辙机

转辙机是道岔控制的执行机构，它对于保证行车安全，提高行车效率有着非常重要的作用。下面介绍转辙机的作用和要求：

1）转换道岔的位置，根据需要定位和反位，要求具有足够大的拉力，可带动尖轨往返运动；当尖轨受阻不能运动到底时，应随时通过操纵使尖轨回复原位。

2）道岔转至所需位置而且贴紧后，实现锁闭。当尖轨和基本轨不密贴时，不应锁闭。一旦锁闭，应保证不致因车通过产生的振动而解锁。

3）正确地反映道岔的实际位置，道岔的尖轨贴于基本轨后，正确地给出相应的表示。

4）道岔被挤或因故处于"四开"（两侧尖轨均不密贴）位置时，及时给出报警或显示，在道岔被挤未修复前不应再使道岔转换。

3. 轨道电路

轨道电路是利用钢轨线路和钢轨绝缘构成的电路。它是用来监督线路的占用情况和传递

列车的行车信息。

(1) **轨道电路的基本原理** 轨道电路是以钢轨线路作为导体，两端加以机械绝缘，接上送电和受电设备构成的电路（图7-3）。

1）轨道电路的两端分别设有送电端和轨道继电器（图7-4）。当轨道继电器中有电流时，轨道继电器吸起，继电器前接点和中接点闭合；当轨道继电器没有电流时，轨道继电器落下，后接点和中接点闭合。

2）当轨道电路内钢轨完整，没有列车占用轨道时，继电器吸起，表示轨道电路空闲，此为轨道电路的调整状态。

3）当轨道电路被列车占用，轨道电路被轮对分路，轮对电阻远小于轨道继电器线圈的电阻，流经轨道继电器的电流大大减小，轨道继电器落下，表示轨道电路被占用，这时轨道电路呈分路状态。

4）当轨道电路的钢轨被折断，轨道电路受电端轨道继电器中无电流通过，此时，轨道电路设备反映钢轨断轨。

(2) **音频轨道电路** 城市轨道交通的轨道电路不仅用来检测列车的占用，更重要的是传输列车的行车信息，所以在正线区段采用音频轨道电路（图7-5）。音频轨道电路采

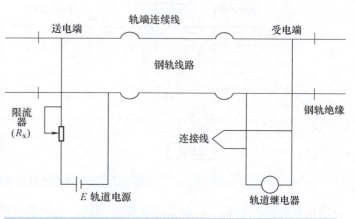

图7-3 最简单的轨道电路

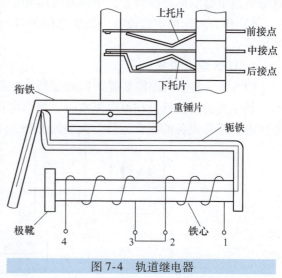

图7-4 轨道继电器

用无绝缘的轨道电路，用电气隔离的方法形成电气绝缘节，取代机械绝缘。

发送器的一个输出端和接收器的一个输入端接在S形导线的中间。电容器 C_2 与钢轨 L_2 及S形电缆的一半组成谐振于轨道区段2音频频率 f_2 的并联谐振电路。两个并联谐振回路分别对 f_1、f_2 信号呈现高阻抗，以使信号能够发送和接收。

在轨道电路的检测过程中，接收器对收到的信号幅值进行计算，当接收到的轨道电压幅值足够高，并且轨道电路调制器鉴别编码调制正确，接收器则发送"轨道空闲"信号，轨道继电器吸起，表示"轨道区段空闲"。当车辆进入区段，因为车辆轮对的分路作用，该区段被短路，接收端的接收电压减小，轨道继电器达不到相应工作电压而落下，接收器则发出"轨道占用"的信号。

音频轨道电路的工作方式为以下四种：

1）传输轨道电路报文。用于检查轨道电路区段占用。

2）传输ATP列车报文。当列车进入区段，使接收电平下降，电平监测模块产生触发信

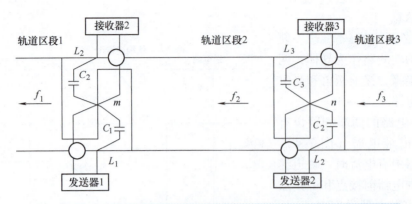

图 7-5　音频轨道电路原理图

号给报文转换控制器，控制器位置发生翻转，使轨道电路发送 ATP 列车报文。

3）双向发送信息，具有方向性。ATP 设备从联锁系统获得进路方向信息，输出控制信息给轨道电路双向切换装置，切换发送端和接收端。

4）作为列车的定位设备。轨道之间的分割点作为列车因空转、打滑等引起的位置变化的校正点。

4. UPS 电源设备

UPS 是一种含有储能装置，以逆变器为主要组成部分，提供恒定的电压和频率的电源设备。其主要的功能就是在市电正常时，将市电稳压后供给设备使用，当市电中断时给自身设备供电，维持设备的正常运行。典型的 UPS 结构如图 7-6 所示。

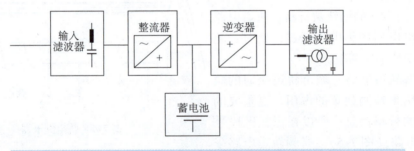

图 7-6　UPS 结构图

UPS 按照其后备方式分为三种：后备式 UPS、在线式 UPS 和在线互动式 UPS。

（1）后备式 UPS　市电正常工作时，仅对市电起稳压作用。逆变器不工作，处于停机状态，并给蓄电池充电，对市电电网的不良影响没有改善；市电异常时，后备式 UPS 迅速切换到逆变状态（切换时系统有中断），将蓄电池的电能转换为正常的交流电输出，对负载供电。

（2）在线式 UPS　在线式开机逆变器始终处于工作状态，市电正常时，UPS 先将市电变成直流给蓄电池充电，然后逆变成交流电给负载；市电故障时，由蓄电池供电，逆变器输出正常交流电。逆变器始终处于工作状态，系统不存在中断。

（3）在线互动式 UPS　市电正常时，逆变器反向工作给蓄电池充电；市电异常后，逆变器工作，将蓄电池的直流电转化为交流电并给负载供电。

城市轨道交通信号系统的 UPS 设备多使用在线互动式 UPS。

7.3 联锁设备

联锁是指对道岔信号进行联动控制,确保行车安全的一组信号控制设备。包括轨道电路的处理、进路、道岔、信号控制等。联锁系统通过电气集中联锁(又称继电联锁)和计算机联锁两种方式,以信号机、动力转辙机和轨道电路室外三大件来实现联锁功能。

联锁系统早期使用的是继电集中联锁,我国的 6502 电气集中就是其中非常优秀的一种联锁系统,它在我国铁路系统得到广泛的使用。现在多是计算机联锁系统。

1. 6502 电气集中联锁

6502 电气集中是继电集中联锁中非常好的一种制式。6502 电气集中的设备由控制台、区段人工解锁、继电器、继电器组合和组合架等组成。

(1) 控制台 控制台是车站值班员指挥行车、调车控制中心指挥列车运行和调车作业的控制中心。控制台可控制道岔的转换和信号的开放,可对进路、信号和道岔进行监督。控制台通常设于车站值班室内,多使用单元拼凑式,以适应站场及变更。

(2) 区段人工解锁 区段人工解锁是在更换继电器、轨道电路停电恢复时的解锁设备,恢复电路到正常状态;或者道岔区段不能解锁时办理故障解锁,取消进路时不能关闭信号的情况下关闭信号。区段人工解锁的操作需要两人操作,一人操作控制台,一人进行区段解锁,避免单人操作危及行车。

(3) 继电器、继电器组合及组合架 继电器部分是 6502 电气集中的逻辑核心。在继电集中电路中,继电器的数量少则上千多则上万。把这些继电器按照信号机、道岔和进路关系做成定型电路,这是 6502 电气集中的重要特征之一。

2. 计算机联锁

随着计算机技术的发展,计算机联锁正在凭借其更高速、更可靠的特点逐步取代继电联锁。20 世纪 60 年代中期,有些国家从设计可靠的计算机硬件入手,应用故障—安全元件来构建计算机,但是因为价格昂贵,没有得到推广。20 世纪 70 年代后期,随着计算机的发展,从软件入手,软件冗余实现故障—安全。所谓故障—安全,就是要求轨道信号设备或系统一旦发生安全故障后能防止出现灾难性后果,自动导向安全一方的重要设计原则。如信号机红色灯丝断,则其信号显示向前转移。

计算机联锁设备主要由表示操作层、逻辑层、执行表示层、设备驱动层和现场设备层五层组成。

(1) 表示操作层 表示操作层是人机界面,是将设备和列车运行情况进行图形化显示,可通过鼠标和键盘操作命令实现联锁命令操作,接收操作员命令给逻辑层处理。

(2) 逻辑层 逻辑层是系统核心,是对联锁逻辑的处理。逻辑层应用了 2 取 2、3 取 2 等技术。

1) 2 取 2。系统由两个各自独立的相同的系统组成,数据由两个通道输入,比较并同时进行处理,如图 7-7 所示。只有当两个通道的处理结果相同时,结果才能输出。一旦检查出第一个故障,系统将停止工作,这样避免了连续出现故障所引起的危害。

2) 3 取 2。系统由三个各自独立的相同的系统组成,数据由三个通道输入,比较并同时进行处理。只有当两个或三个通道的处理结果相同时,结果才能输出,一旦检查出第一个故

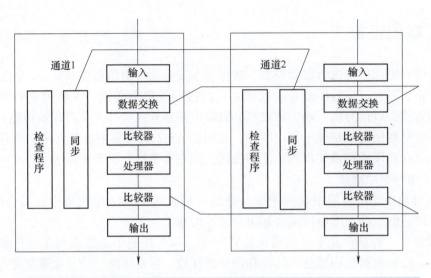

图 7-7　2 取 2 系统

障，相关的通道被切除，系统按 2 取 2 系统工作方式继续工作。

（3）执行表示层　执行表示层是逻辑层和设备驱动层的接口，它分解逻辑层的命令，控制设备驱动层驱动设备，将采集设备驱动层的表示信息给逻辑层。

（4）设备驱动层　设备驱动层是现场设备的驱动设备。

（5）现场设备层　现场设备层如道岔、转辙机、信号机和轨道电路等现场设备。

3. 联锁系统的控制

（1）进路的建立　进路建立指进路开始办理到防护该进路的信号机开放的这一阶段。主要经过进路元素的可行性检查、进路元素的征用、进路监督以及开放信号。

（2）进路解锁

1）取消进路。取消进路是指进路建立后，因人为需要而取消进路的一种解锁方式。一旦进行取消进路的操作，进路始端信号机立即自动关闭，检查是否需要延时，如果不需要延时，立即取消进路；否则延时 30s 后检查进路的第一个轨道区段是否解锁或被车占用，如已解锁或被车占用，终止解锁，否则立即取消进路。

2）正常解锁。正常解锁指列车通过进路中的轨道区段后自动解锁。一般采用三点解锁法。以图 7-8 中Ⅱ区段为例，当满足以下条件时，Ⅱ区段自动解锁：①前一轨道区段（Ⅰ）和本轨道区段（Ⅱ）同时被占用；②前一轨道区段（Ⅰ）出清并解锁；③本轨道区段（Ⅱ）和下一轨道区段（Ⅲ）同时被占用；④本轨道区段（Ⅱ）出清且后一轨道区段（Ⅲ）被占用。

（3）列车运行的三级控制

1）中心级控制。全自动列车监控模式，列车的进路设置命令由自动进路设定系统发出，其信息来源于时刻表和自动调整系统。

2）远程控制终端的控制。在控制中心故障或控制中心与下级设备通信故障时，列车司机输入目的码，列车发送系统发出列车信息，远程终端产生控制命令。

3）站级控制。列车运行进路控制在车站值班员工作站执行，值班员选择通过联锁区的预期进路，联锁控制逻辑检查进路没有被占用，并没有建立进路，然后自动排列进路。

第 7 章 城市轨道交通系统的构成——信号与通信系统

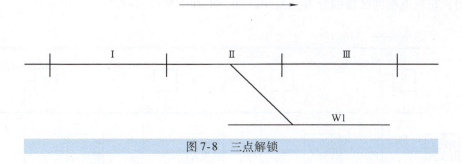

图 7-8 三点解锁

7.4 列车自动控制系统

列车自动控制（Automatic Train Control，简称 ATC）系统是城市轨道交通信号系统最重要的部分。它实现了列车指挥和运行的自动化，最大限度地保证列车的安全，提高其运输效率。列车自动控制由列车自动防护（ATP）系统、列车自动驾驶（ATO）系统和列车自动监控（ATS）系统组成。

ATC 系统按闭塞制式分为固定闭塞、准移动闭塞和移动闭塞。闭塞，是指为了防止列车在区间线路上发生迎面相撞和同向追尾事故，按照一定规律组织列车在区间的运行的方法。固定闭塞将轨道划分为固定的闭塞分区，不论前车还是后车都是用轨道电路来监测的，所以系统只知道列车在哪个区段并不知道列车的具体位置，所以列车的控制必然是分级的、阶梯式的。准移动闭塞对前后车的监测不同，前车的监测仍然使用固定闭塞的方式，而后车的监测使用移动的方式，获得后车的具体位置，这样后车可根据自身的位置、速度等情况选择制动点。移动闭塞则是完全的移动，前后车的位置和间距都是随着列车的运行而变化的（图 7-9）。

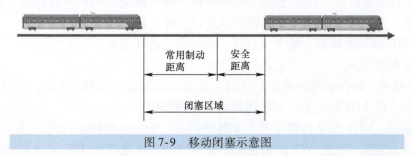

图 7-9 移动闭塞示意图

按结构来分，ATC 系统又分为点式 ATC 和连续式 ATC。点式 ATC 系统是在地面设置应答器，当列车驶过地面应答器，车载应答器与地面应答器对准时，车载应答器通过电磁感应的方式将能量传递给地面应答器，地面应答器的内部电路开始工作，将所存数据通过电磁感应传送到车上。列车计算机系统根据所得到的数据计算制动曲线。点式 ATC 有地面应答器无源、高信息容量和结构简单等特点，但是难以胜任高密度情况。后续列车通过地面应答器得知前方有车，算出一条制动曲线，当后续列车驶过后，前车已驶离，后续列车已经通过地面应答器，后车不能得到新的信息，只能减速到下一个地面应答器得到新信息为止。

连续式 ATC 速度码系统（图 7-10），用不同频率代表不同的允许速度，控制中心通过信息传输媒体将列车的最大允许速度直接传到车上。速度码系统从地面传递的列车信息是阶梯分级的，在轨道电路区段的分界点是跳跃的，不利于平稳驾驶。

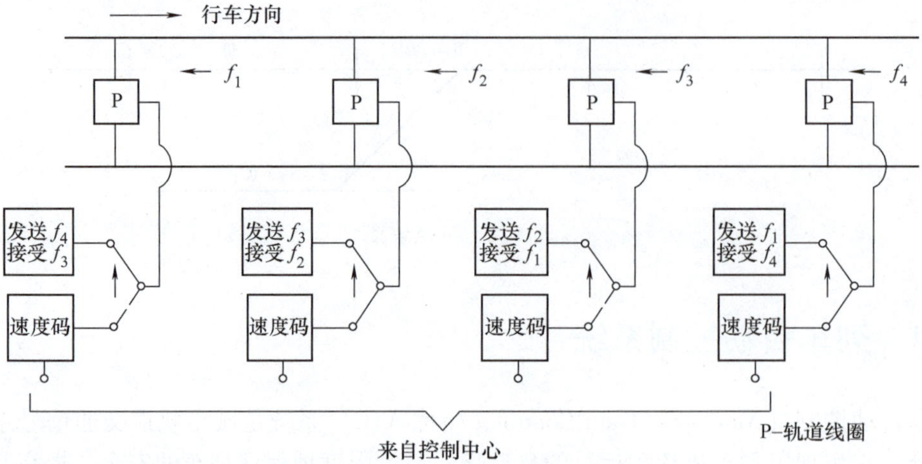

图 7-10　连续式 ATC 速度码系统

连续式 ATC 距离码系统，使用数字音频轨道电路从地面传至车上前方目标距离的一系列数据，车载设备计算传来的信息，实时计算允许速度曲线，并按此曲线控制。此系统速度监控实时、无级，可实现平稳驾驶。

1. 列车自动防护系统（Automatic Train Protection，简称 ATP）

ATP 系统是保证行车安全、防止列车进入前方列车占用区段和防止超速运行的设备。ATP 系统将联锁系统和操作层的信息、线路信息、前方目标点距离、允许速度信息等通过轨道电路传至车上，车载设备根据 ATP 所传输的信息计算当前所允许的速度，由测速器测得列车实际的运行速度。如果列车速度大于 ATP 装置指示速度，ATP 车载设备发出制动指令，列车自动制动，当列车速度降至 ATP 指示速度以下时，自动缓解。

ATP 是 ATC 的基本环节，是安全系统，必须符合故障安全。

（1）列车驾驶模式

1）ATO 模式。即自动驾驶模式，只用于正线运行，此时车辆、ATP、ATO 和联锁各系统都正常工作。在 ATO 模式中，列车司机只起监视作用。

2）SM 模式。即在 ATP 监督下的人工驾驶模式，是列车的降级模式，在 ATO 故障时使用。此模式时，列车司机在 ATP 的监督下行车，当列车速度超过 ATP 允许速度时发出警告，继而紧急制动。

3）RM 模式。即限制式的人工驾驶模式，此时 ATP 提供一定的速度防护，列车超过此速度，ATP 将紧急制动。列车由列车司机驾驶，运行安全由列车司机负责。

4）URM 模式。即非限制式人工驾驶，此时无 ATP 防护，运行安全完全由列车司机控制。

（2）ATP 的工作原理

1）列车检测。采用轨道电路等作为列车检测设备，当轨道电路区段空闲，发送轨道电路检测电码，检测结果送往联锁装置，此时轨道电路的功能是检测轨道是否空闲。

2）列车自动限速。ATP 轨旁单元从联锁和轨道电路获得驾驶指令，ATP 车载设备通过此数据计算现有位置的列车的允许速度,实际的列车速度和驶过的距离由测速装置测量,ATP车载设备通过对列车实际速度和允许速度的比较进行速度的控制。

3)制动模式。

① 分级制动,以闭塞分区为单元,根据前车距离调整车速(图7-11)。

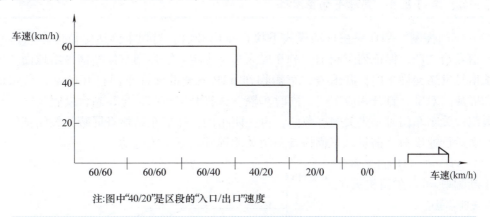

注:图中"40/20"是区段的"入口/出口"速度

图7-11 分级制动

② 一级制动,按目标距离制动,根据前行车距离,由控制中心据线路等计算制动曲线,控制列车的运行(图7-12)。

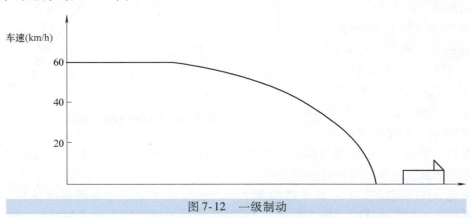

图7-12 一级制动

4)制动方式。可采用常用制动方式,直接控制列车主管压力使机车制动和缓解,不影响列车原有制动系统的功能。紧急制动时,列车快速停止,列车冲击大,中途不能缓解,直到停车。

5)车门控制。在通常情况,车辆没停稳或在车辆段换轨上,ATP不允许车门开启。列车在车站预定停车区域内停稳且停车点的误差在允许范围内,ATP允许车门开关操作。

2. 列车自动驾驶系统(Automatic Train Operation,简称ATO)

ATO系统主要是实现"地对车的控制",即用地面信息实现对列车的控制,是根据控制中心的指令自动使列车正点、安全、平稳运行。ATO系统是非故障安全系统,它是模拟的最佳的列车司机,可高质量地自动驾驶,以提高运行效率和舒适度。

(1)ATO的工作原理 ATO系统从ATP系统获得最大允许速度和列车实时速度,并根据ATS系统和定位系统的信息,发出牵引和制动命令,驾驶车辆运行。

> 小贴士
>
> ATO 模式在以下条件下激活：ATP 在 SM 模式、已过了车站停车时间、联锁系统已排列进路、车门关闭、驾驶手柄在零位。

（2）车门控制　ATO 只在自动模式下执行车门开启。当列车到达定位停车点，ATO 发出停车信号给 ATP，保证列车制动。ATP 检测车速为零，发送列车停站信号给地面，地面收到停站信号发送允许车门打开信号，车辆收到 ATP 发送的允许车门打开信息，且保证列车车门和屏蔽门对准，打开相应车门，同时车辆发送打开屏蔽门信号，站台接收信号，打开相应屏蔽门。关闭车门时，先关闭屏蔽门，再关闭车门。然后车站检查屏蔽门关闭锁好，允许 ATP 发送运行速度命令信息，车辆检查车门关闭锁好，列车才起动。

（3）ATO 和 ATP 的关系

手动驾驶 = 列车司机人工驾驶 + ATP 系统

自动驾驶 = ATO 系统自动驾驶 + ATP 系统

表示 ATO 和 ATP 的关系的三种制动曲线（图 7-13）。

① 曲线为 ATP 计算的列车紧急制动曲线，列车一旦触及此曲线，ATP 启动紧急制动，直到停车。② 曲线为 ATP 系统计算的制动曲线，此时的速度只是较 ATP 给出的最大速度略

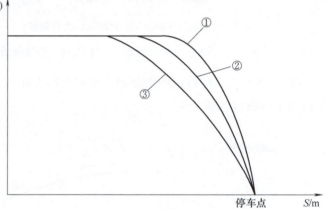

图 7-13　ATO 和 ATP 的关系

低，系统给出警告，不启动紧急制动。此时的减速度与最大常用制动相同。③ 曲线为 ATO 的正常驾驶曲线，列车实现平稳制动。

ATP 是 ATO 的基础，ATO 也不能脱离 ATP，必须从 ATP 系统获得基础信息。只有在 ATP 的基础上才能实现 ATO，列车安全才有保证，因此，ATO 是 ATP 的发展和延伸。

3. 列车自动监控系统（Automatic Train Supervision，简称 ATS）

ATS 系统主要实现对列车运行的监督和控制，其主要功能包括对列车运行情况的集中监视、自动排列进路、自动进行列车调整、自动记录列车的运行实迹和自动监测设备状态等；另外，ATS 系统还辅助调度人员对全线列车进行管理。

（1）ATS 系统的构成　ATS 系统主要包括控制中心设备和车站（车辆段）设备。

1）控制中心设备。控制中心设备是 ATS 系统的控制主机，其作用主要是进行数据的处理（图 7-14）。

① 通信服务器：实际进程的镜像都存储在通信服务器，所有联锁等发送的数据先由通信服务器得到并进行处理。

② 数据库服务器：主要负责系统数据存储，处理不受运行事件影响的数据，如系统配置、计划时刻表和计划运行图等，只有在系统启动或询问指令或参数设置时才需要从系统管

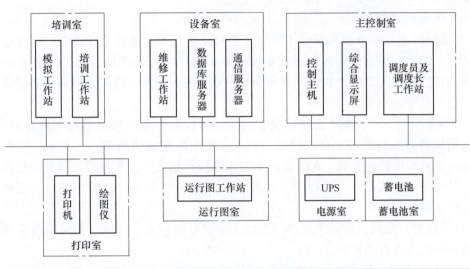

图 7-14　控制中心设备

理服务器中读取数据。

③ 时刻表服务器：是用来建立离线时刻表的操作平台，主要是进行时刻表的编译。系统管理服务器存储的计划时刻表由时刻表服务器提供。

④ 综合显示屏：用来监视正线列车的运行情况和监视系统设备状态。

⑤ 调度员及调度长工作站：用于行车调度指挥，是实际操作的平台。调度员在控制中心监视和控制联锁设备及行车状态，工作站显示计划运行图和实际运行图。之所以设两个调度员工作站，与正线运转有关。调度长工作站备用，替代和扩大两个工作站中的一个工作。

⑥ 培训与模拟工作站：是列车运行的仿真软件。该工作站与调度员工作站显示相同，有相同控制功能，可仿真列车运行和异常，但不参与实际列车的控制，它用来进行实习调度员的模拟操作培训，以培养其系统控制能力。

2）车站设备。车站有集中联锁站和非集中联锁站的区别。集中联锁站设有一台 ATS 分机，连接 ATS 与 ATP 地面设备和 ATO 地面设备，采集车站设备信息、传送控制命令，与 ATS 系统联系。非集中联锁站不设 ATS 分机，PTI、PIIS 和 DTI 均通过集中联锁站的 ATS 分机和 ATS 系统联系，道岔和信号机由集中联锁站计算机控制。

（2）ATS 系统的主要功能

1）列车监视。用计算机再现列车的运行，列车运行有轨道空闲和占用信号驱动。列车由车次号识别，ATS 给 MMI、旅客信息显示系统提供列车位置信息。列车运行的识别由轨道占用信号从"空闲"到"占用"的翻转来识别。

2）时刻表处理。系统提供时刻表编制数据库，调度员人工设置数据产生计划时刻表，计划时刻表从控制中心传到 ATS 分机，系统存储适合不同情况的多套计划时刻表，系统随时对时刻表的状态进行比较。

3）自动建立进路。控制中心对进路、信号机和道岔实现集中控制，形成控制道岔位置的命令，在适当时间向信号系统发送命令。

4）列车运行调整。不断对计划时刻表和实际时刻表比较，通过调整停站时间和列车运行等级，自动调整列车按计划时刻表运行。

(3) ATS 系统的控制

1）中央级控制。中央级控制是正常情况下的控制方式，是根据联锁表、计划运行图自动设置列车进路，并根据计划运行图自动控制列车运行时分和停站时分。控制中心 ATS 人工控制方式，信号机人工控制状态，列车为非自动调整，调度工作站给联锁设备进路控制命令，人工设定列车识别号。

2）车站级控制。ATS 系统正常情况下的车站级控制：车站值班员在未修改的情况下，所有原自动控制仍由中央 ATS 自动控制，原人工控制由车站值班员人工控制，原自动调整和非自动调整列车维持原方式。ATS 故障下的车站级控制方式：车站值班员在未修改时，原进路和信号机控制模式不变，运行图下载到车站 ATS 分机控制，此时不能自动调整，只能根据时分默认值控制行车。

3）现场控制。现场工作站人工排列进路，联锁设备由人工控制，信号机设为联锁自动进路，列车不能实现自动调整。

4. 基于无线通信的列车自动控制系统（Communication Based Train Control System，简称 CBTC）

CBTC（图 7-15）是一种采用先进的通信、计算机技术，连续控制、监测列车运行的移动闭塞技术，这种技术是通过车载设备和轨旁设备不间断的双向通信来实现。列车不间断向控制中心传输其标识、位置、方向和速度等信息，控制中心可以根据列车实时的速度和位置动态计算列车的最大制动距离。列车的长度加上这一最大制动距离并在列车后方加上一定的防护距离，便组成了一个与列车同步移动的虚拟分区。由于保证了列车前后的安全距离，两个相邻的移动闭塞分区就能以很小的间隔同时前进，这使列车能以较高的速度和较小的间隔运行，从而提高运营效率。

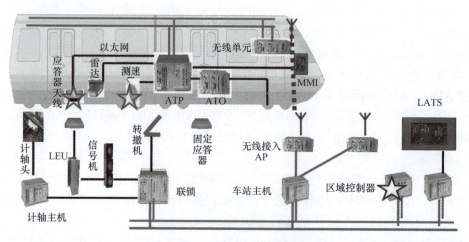

图 7-15 CBTC 系统构成示意图

通过这项技术带来了极大的益处：摆脱用轨道电路判别对闭塞分区占用与否，突破了固定闭塞的局限性；实现列车与轨旁设备实时双向通信且信息量大，改变了以往列车运行时信息只能由轨旁设备向车上传递，信息量少的缺点；大大减少轨旁设备，安装维修方便，在进一步完善其降级使用模式后，有利于降低运营成本；便于短编组、高密度运行，可缩短站台长度和端站尾轨长度，提高了服务质量，降低了土建工程投资；CBTC 确立"信号通过通信"的新理念,使列车与地面(轨旁)紧密结合、整体处理,改变以往车与地相互隔离、以车为主的状态。这意味着只要车与地通信采用统一标准协议后,就易于实现不同线路间不同类型列车的联通联运。

7.5 通信传输系统

城市轨道交通通信系统是指直接为轨道交通运营服务,保证列车快速、高效运行及乘客安全的一种内部智能自动化综合业务数字通信网络系统,主要用于指挥列车运行、组织客运的指令发布和进行公务联结,有效地传输运营与安全管理相关的语言、数据和图像等各种信息。

通信系统按其用途可分为综合传输系统、电话系统、调度系统、时钟系统、闭路电视监控系统、广播系统、商用通信系统和旅客信息系统等。

1. 综合传输系统的结构

综合传输系统(图 7-16)是系统各站点与控制中心及站与站之间的信息传输和信息交换的通道。因为担负着城市轨道交通几乎所有通信系统信息传输的重任,所以在城市轨道交通通信系统中的地位非常重要。通信系统由光纤骨干网络、网络节点、用户接口卡和网络管理系统组成。

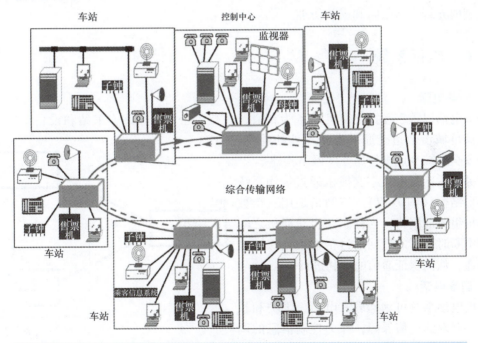

图 7-16 综合传输系统结构

(1) **光纤骨干网** 光纤骨干网贯穿整个传输介质,有光纤、电缆两种传输介质。短距离连接使用电缆或多模光纤和 LED 光源,长距离只能使用单模光纤。

(2) **网络节点** 网络节点是用户访问网络、使用网络的途径。网络节点可为用户接口卡提供电源,可接收用户接口卡的信息并发送到光纤网络,还接收光纤网络信息并传送到用户接口卡。

(3) **用户接口卡** 用户接口卡是用户接入系统的硬件工具,其功能是使自身系统无限向外延伸。用户接口卡有硬件和软件两种形式：硬件，即通过板卡自身跳线和微动开关实现；软件，通过网络中心实现。

（4）网络管理系统　通常是基于主流、成熟的操作系统，具有友好的操作界面，其功能是负责对传输网络的配置、扩展、管理和维护。

2. 综合传输系统的运行方式

综合传输系统采用双环路运行方式：一个环路运行，负责传送信息；另一环路备用。两个环路功能一致，同时运行，并不断监测备用环路，确保备用环路能随时启动。一旦主路故障，备用环路立即启动。

3. 光纤通信

（1）光纤的结构及其原理　光纤是用石英玻璃（SiO_2）制成的双层同心圆柱，在包层外有两层涂覆物来保护光纤。光纤的内层纤芯折射率 n_1 大于包层折射率 n_2，当光线从大于临界角的角度从内层线纤芯射到外包层时，光线发生全反射，以此来进行光信息的传输。

（2）光纤通信的安全　光纤传输所依靠的是高能量的激光，其直径为 $10\sim100\mu m$，极其微小，在使用中要特别注意以下几点：不要调整或修改激光及其控制电路；不要直接看光学端口或者光纤的末端；在准备好连接电缆之前请不要移除保护盖；小心接触破损的光纤，避免锐利的光纤引起眼睛和皮肤伤害。

7.6　电话系统

1. 公务电话

公务电话以数字程控交换机设备为核心，连接办公室、OCC、车站和设备室等电话分机，以满足城市轨道交通对内和对外的通信，为保证安全和减少成本使用专网网络构建。

公务电话网是由数字交换机通过传输系统构成环形结构（图 7-17）。该网络是用三个数字交换机组成的网络，当任意两台交换机之间的传输中断时，可以迂回通过传输线路保证联络的畅通，从而保证通信的顺利进行。

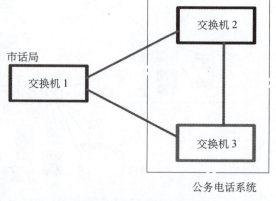

图 7-17　环形结构

2. 调度电话

调度电话系统可为运营、电力、维护和救灾等提供有效的通信保障，并为控制信息的调度人员行车调度、环控调度、电力调度和维修调度等提供专用直达通信。

调度电话由调度总机、调度台和调度分机组成。调度总机是调度电话的核心，由具有交换功能的交换机组成，组成 7 个以上独立调度系统，行车调度一、行车调度二、电力调度、环控调度、维修调度、公安调度、总调度，配备维护终端、数字录音设备。调度台设于中央运营控制中心（OCC），是调度业务的操作台。一般为按键式，配置手柄式话机。

调度总机与调度分机间为点对点连接。调度台呼叫分机，按热线功能方式，无须拨号；分机呼叫调度台分为一般呼叫和紧急呼叫，紧急呼叫时调度台有相应的信号显示。

调度电话均配备有录音设备，录音系统应确保地铁控制中心调度员与车站运营人员之间的调度指令和安全指令的正确保存，可对每个话路进行录音、监听、回放及识别来电号码，为各级管理人员提供准确、及时的分析数据，提高管理的工作效率。录音采用控制中心的集中录音方式。

OCC 各系统中心调度员与各站相应系统分机和 OCC 各调度之间可直接通话，各分机间不允许直接通话，分机间必需的通话需要由调度台转接（图7-18）。

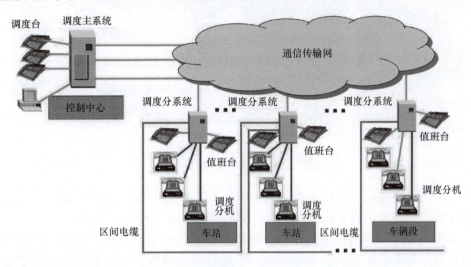

图 7-18　调度电话网

3. 站内和轨旁电话

站内电话是为了适应站内岗位之间频繁通话而建立的独立的内部电话系统。站内电话主要提供车站内部通信和与相邻车站、联锁站间直达通信。站内电话是一个车站内部的电话系统，一般采用小型交换机实现。

轨旁电话是在系统运营和维护及应急需要时，让列车司机和维修人员在紧急情况下及时联系车站及相关部门而设置的电话。轨旁电缆连接轨旁电话与站内交换机，轨旁电话机具有抗冲击性和防潮等特性，区间内每 150~200m 安装一部电话，3~4 部轨旁电话机并接并使用同一号码，通常在一条区间线路是几部电话交叉配置，以提高可靠性。轨旁电话可同时接站内电话和公务电话，通过插座或开关实现号码转换。

7.7　无线通信系统

无线通信系统主要是指采用无线通信设备（图7-19），用于地铁列车运行指挥、公安治安、防灾应急通信和设备及线路的维修施工通信的系统，主要包括列车无线调度系统、公共治安无线系统和紧急防灾无线系统。

其中无线调度系统是调度与列车司机通信的唯一手段，也是移动作业人员和抢险人员实现通信的重要手段。

无线通信系统有两种形式：专用频道方式和集群方式。

（1）**专用频道方式**　是根据用途配置频道，有多少用途配多少频道，每种频道只作一

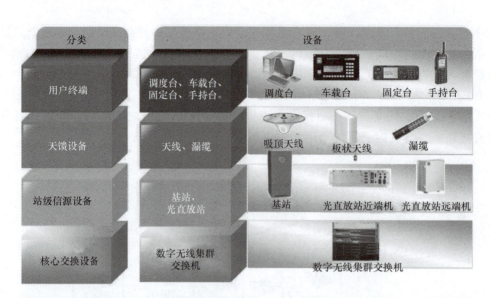

图 7-19　无线通信系统设备

种用途，空闲也不作它用。专用频道方式有着设备简单和通话速度快等特点，但是在话务负荷上分布不均，某些繁忙的信道经常阻塞，而某些信道则经常处在空闲状态。

(2) **集群方式**　是所有用途共用一个频道，根据需要临时分配、设置一个控制频道和若干通话频道，其通话频道数少于用途数。平时移动台接收中心控制信息和向中心返回信息，通话时由中心分配通话频道，通话结束后自动返回。集群方式有着共用频率、共用设施、共享覆盖区、共享通信业务、分担费用和改善服务等优点。

　小贴士

集群通信系统按信令方式的不同分为共路信令和随路信令：共路信令，即设定专门控制信道来传送信令，其信令传送速度快，但信道利用率低；随路信令，即在一个信道中同时传送语音和指令，信令不单独占用通道。

按信令占用信道的不同可分为：固定式，起呼占用固定信道，实施简单；搜索式，起呼占用随机信道，不断搜索变化的信令信道，忙时信令信道作语音信道，新空出的语音信道接替控制信道。

按呼叫处理方式的不同可分为：损失制系统，语音信道占满时，呼叫示忙，通话需重新呼叫；等待制系统，信道占满，对新的呼叫采用排队处理，不需重新申请。

按占用信道的不同分为消息集群、传输集群和准传输集群。消息集群，又叫信息集群，通话期间分配固定无限信道，信道保留时间为 6~10s，在保留时间内，原用户按 PTT 即可保持原来信道，超过保留时间，信道分配给其他通话；传输集群，又叫发射集群，按下 PTT 开关，占用一个空闲信道，通话完毕，松开 PTT，释放信道，重新分配，PTT 一旦松开，信道丢失，重新通话需重新分配信道；准传输集群，又叫准发射集群，兼顾消息集群和传输集群，缩短信道保留时间到 0.5~6s，高峰话务时信道保留消除延时，保证通话完整。

按控制方式的不同分为集中控制和分散控制。集中控制，有专用信道作为控制信道，并由中央控制器集中控制和管理系统内信道方式，这种方式具有接续快、功能设置多、连续分配信息、遇忙排队、自动呼叫的优点。这种方式当专用控制信道产生碰撞时，采用定时询问，即对每个移动台分配专用时隙，或者采用竞争体制，几个信道轮换作专用信道，定期轮换。分散控制，基站台每个转发器都有单独的智能控制器负责信道控制和信号转发，各转发器信息交换通过高速数据总线进行，移动台在任何空闲信道接入，具有时间短、可靠性高、效率高的优点。

7.8 闭路电视监控系统

闭路电视监控系统（图 7-20）是控制中心调度管理人员、车站值班员、站台管理人员和列车司机实时监控车站客流、列车出入站、旅客上下车等情况，以提高运营组织管理效率，保证列车安全、正点运送乘客的系统。该系统借助于录像还可以进行安全事故取证。

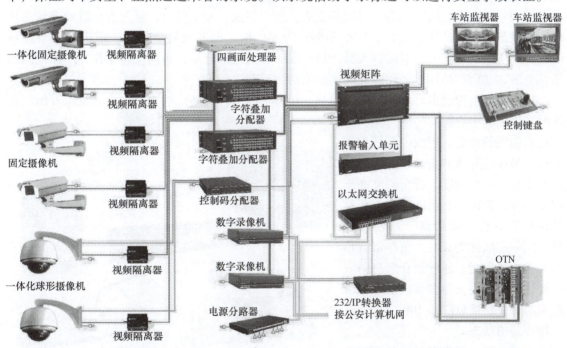

图 7-20　闭路电视监控系统构成图

闭路电视的设备主要分为车站级和中心级。

车站级设备保证车站工作人员实时监视本车站，有摄像机、车站控制盘、监视器、视频交换矩阵、数字传输设备、视频插入分割器、视频均衡放大器、数字硬盘录像机等设备。车站级可以满足车站工作人员和列车司机的以下要求：

（1）图像显示　车站工作人员对本车站监视图像的选择显示，自动循环显示设定的固定分组图像，人工单选一个车站的图像显示到任一显示器上。

（2）录像功能　录取车站的所有图像，所录制图像可回放到显示器或远程调取。

(3) 图像文字叠加 车站设备可叠加显示必要信息，如车站名称、摄像机位置编号、日期时间等，维护人员可更改叠加信息，中心设备也可叠加调度人员专用信息。

(4) 列车司机监视功能 为列车司机提供当前站台监视，以保证乘客上下车安全；供列车司机查看车门和屏蔽门的开关，防止夹伤乘客。

控制中心设备能帮助中心调度人员实时监控所管辖的车站，其设备主要有视频解码设备、数字硬盘录像机、中心网络管理终端、中心控制盘和监视器，可保证每个使用人员一套独立设备，互不干扰。中心设备主要是满足中心调度人员监视和录像。中心的录像功能有两种模式，LONG PLAY（24h）和 NORMAL（3h）。LONG PLAY 图像是不连续的跳跃的，24h 不间断录像；NORMAL 连续录取图像。正常时使用 LONG PLAY，有突发情况或需实时录像转到 NORMAL 模式（图 7-20）。

7.9 广播系统

广播系统是城市轨道交通运营行车组织的必要手段，它的主要作用有：对乘客广播，通知列车到站、离站、线路换乘、时间表变更、列车误点、安全状况，播放音乐以改善候车环境，广播范围包括站厅、站台、列车车厢；防灾广播，突发或紧急情况，组织指挥事故抢险，提高应急响应能力；对运营人员广播，发布有关通知信息，协同配合工作，广播范围包括办公区、站台、站厅、运用库、段内道岔群附近和人行道。

广播系统由控制中心和车站两级控制，正常情况下以车站广播为主，事故抢险及组织指挥时，以控制中心防灾广播为主。为了运营防灾的需要，控制中心环控调度员有最高优先级。在优先级上，环控调度高于行车调度，行车调度高于维修调度，控制中心调度员高于车站值班员，站长广播台高于站台广播员。同一广播优先级时，预存语音信息高于人工广播，通常预存信息防灾广播优先级最高。当多等级信息相继触发时，正在播放广播中断，自动进入按序等待状态。

广播系统（图 7-21）由运营线广播、停车场/车辆段广播系统组成，其中运营线广播系统又分为车站广播和列车广播。列车广播系统与车辆设计有关，由车辆专业进行系统设计，由车辆供应商提供。

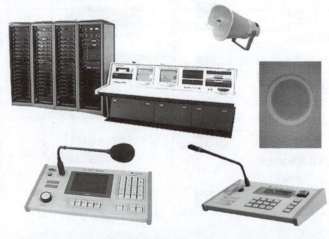

图 7-21 广播系统设备举例

7.10 时钟系统

时钟系统（图 7-22）是为运营准时、服务乘客、统一全线设备标准时间而设置的，系统采用 GPS 标准时间。

第 7 章 城市轨道交通系统的构成——信号与通信系统

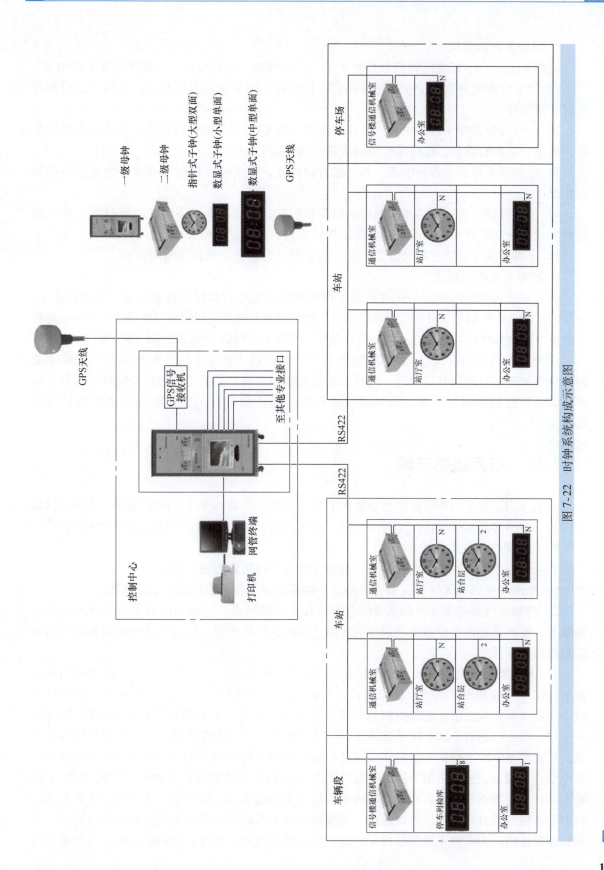

图 7-22 时钟系统构成示意图

165

1. 时钟系统的组成

时钟系统由 GPS 标准时钟信号接收单元、一级母钟、监控设备、二级母钟和子钟构成。

1) GPS 标准时钟信号接收单元设置于控制中心,用于接收卫星时间,并向一级母钟提供时钟源信号。

2) 一级母钟设置于控制中心,其作用主要是将 GPS 接收单元接收的信息转换为时钟信息,有主、备两套设备,在故障时可以实现自动转换。

3) 监控设备设置于控制中心,与一级母钟相连,可实时监控时钟系统各主要设备的运行状况。

4) 二级母钟设置于车站或车辆段通信设备机房,具有独立的系统。二级母钟接收一级母钟发送的标准时间和控制信息,并控制子钟运行,可独立于母钟单独运行。

5) 子钟设置于站厅、站台、值班室、调度室,为这些区域提供时间显示。

2. 时钟系统的控制模式

(1) 中央控制运行模式　中央控制运行模式是系统正常状况的控制模式。在该模式下,系统正常接收 GPS 信号,并传送标准时间给二级母钟及其他需要时间信号的设备。当一级母钟不能正常接收 GPS 信号时,通过自身高稳晶振运作提供时间信号给二级母钟等终端用户。

(2) 车站级控制模式　车站级控制模式是一级母钟不能正常接收 GPS 信号且故障不能向二级母钟传送时间信号时使用,此时二级母钟靠自身高稳晶振运作提供子钟时间信号,但不给其他系统提供时间信号。若二级母钟故障,子钟则自行运作,继续向乘客提供时间显示。

7.11　商用通信系统

商用通信系统是为旅客提供在地铁内的无线通信、广播和无线上网等服务,具体包括城市广播、中国移动 GSM 通信、GPRS 上网、中国联通 GSM、CDMA 通信以及 4G 服务等。

1. 商用通信系统的构成

商用通信系统主要分为电源系统、传输系统和无线覆盖系统三部分。

1) 电源系统是为无线覆盖系统设备和传输系统设备等提供可靠的工作电源。

2) 传输系统是基于光纤的宽带综合业务数字传输网络,主要为商用通信运营商提供传输服务,在移动通信系统基站至信号引入站之间提供传输通道,同时可为无线覆盖系统网管监控提供传输通道。

3) 无线覆盖系统,在每个地下车站商用通信机房各设置 1 套 POI 平台,移动通信基站的下行信号经由 POI 合路后,再分别传送至站台层、上下行隧道区间、站厅层、出入口通道、商业区及换乘通道,完成射频信号的下行覆盖;反之,来自站台层、上下行隧道区间、站厅层、出入口通道、商业区及换乘通道的上行信号,通过 POI 合路后,再分别送到各移动通信运营商基站的上行信号接收端,完成射频信号的上行传输。上下行区间隧道采用漏泄同轴电缆进行覆盖,隧道内漏泄同轴电缆采用上下行信号分缆敷设。自 POI 下行输出端/上行输入端在站台两侧采用射频同轴电缆将无线信号引至隧道口。地下车站站厅层、地下车站站台、设备层、公共区域、出入口通道、商业区及换乘通道采用全向吸顶小天线进行覆盖。在较长隧道区间,为实现无线信号覆盖,需设置光纤直放站。光纤直放站前后端应设置多频段分合路器,将漏缆中的多系统、宽频信号按系统制式分路出来,采用不同系统的光纤直放站分别放大。

2. 漏泄同轴电缆

电波在隧道中的传输是很困难的,因为它容易被隧道墙壁所吸收,这样会使电波的传输衰耗大大增加。为了进行正常的通信,在隧道内一般采用敷设导波电缆的方法来解决上述问题,而敷设漏泄同轴电缆便是其中的一种。

漏泄同轴电缆的外导体为皱纹铝管,内导体是铝管或软铜轴线单线,并在外导体沿纵向周期性设置具有电波漏泄作用的槽孔,使电缆内的电磁能的一部分作为电波均匀地向外辐射。

当在漏泄同轴电缆的内外导体之间加上信号电压,则在内外导体间有电流流动。在未开槽孔的地方,电流在外导体内表面沿电缆轴向流动,电缆内部磁场与轴向垂直,如图 7-23a 所示。在开槽孔地方,电流分解为槽孔长度方向和与其垂直方向两部分,磁场也分为两部分,如图 7-23a、b 所示。槽孔长度方向的电流,因为槽孔很窄,电流几乎不漏泄,如图 7-23c 所示。而与槽孔垂直的电流分布大乱,磁场大量泄漏,如图 7-23d 所示。当电流为交流时,泄漏到外面的磁场产生电场,成为辐射电磁波波源。

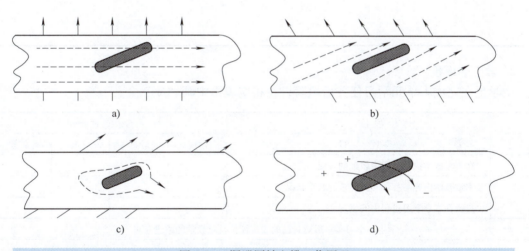

图 7-23 漏泄同轴电缆工作原理

实践操作

1. 操作练习

1)在实训室中完成对信号和通信系统的感性认识和作用了解,并在 OCC 和列车模拟驾驶中感受信号和通信系统的作用。

2)根据对信号与通信系统的初步认识,在课外查找有关轨道交通的信号和通信系统方面的先进成果。

2. 书面练习

1)简要回答城市轨道交通信号与通信系统的作用。

2)简要回答城市轨道交通信号与通信系统的组成部分。

1. 教师的评价

由教师在完成本章的教学任务后填写，在相应表格中画"√"。

评价项目		教师的评价			
序号	题 目	好	较好	一般	较差
1	对本章教学过程的控制				
2	在本章教学过程中，学生的参与情况				
3	学生对本章知识学习后的效果反馈				
教师对本章教学的总结评价意见及跟进措施					

2. 学生的评价

由学生在完成本单元学习任务后填写，在相应表格中画"√"。

评价项目		学生的评价			
序号	题 目	好	较好	一般	较差
1	在本章教学执行过程中教师的表现				
2	本章教学内容与社会实际需求的联系状况				
3	自己在本章学习过程中的表现				
学生在学习本章后对自己的表现评价及对教学的跟进意见					

3. 知识跟进

1）城市轨道交通信号与通信系统在城市轨道交通运营和调度过程中产生哪些影响？

2）对于城市轨道交通信号与通信系统中的安全原则，在实际的运营工作中有哪些注意事项？

第 8 章

城市轨道交通系统的构成——安全防护管理

问题导入

城市轨道交通系统越来越成为世界各国城市交通系统的骨干运输力量。如何安全、快捷地把旅客运送到目的地，不断地克服城市轨道交通系统因列车运行速度加快、运行时间间隔缩短、运行时间加长、客流量增大以及线路车站形式多样等带来的各种困难，并在一旦发生事故时，能尽可能减少事故所造成的损失等始终是各国城市轨道交通系统要解决的问题。特别是如何进行安全管理以及系统的防灾管理依然是一个重要的课题。

学习目标

1. 掌握轨道交通安全工作的地位和作用。
2. 熟悉城市轨道交通系统安全管理的方法。
3. 掌握城市轨道交通系统防灾管理的内容。

教学建议

1. **教学模式**：采取讲授、分析与案例模拟演练的方式进行。
2. **设备要求**：至少具有模拟地铁火灾发生状况的视频 1 套，国内外城市轨道交通系统事故发生现场图片集 1 套。
3. **课时要求**：共 6 课时，其中课堂讲授 4 课时，案例模拟讨论 2 课时。

理论知识

8.1 城市轨道交通安全管理概述

城市轨道交通安全管理是指为实现城市轨道安全运营目标而进行的有关决策、计划、组织和控制等方面的管理活动，解决和消除各种不安全因素，防止事故的发生。

1. 安全观念的发展历程

安全观念，也称安全观，即对安全的作用、地位和价值等总的看法。在不同的历史时期，人们的安全观是不同的。

17 世纪以前，人们的安全观主要是宿命观。在这一阶段，人们的行为特征是典型的被动承受型。该安全观是基于当时的特点产生的，因为在社会生产力低下的远古时期，生产力水平尚处在初始阶段，人们面对自然灾害时往往无能为力，只能表现出一种无奈、无知，因而只能听天由命，这就是最原始的安全观。

17 世纪末到 20 世纪初，由于社会生产力水平的提高，人们的安全观由宿命观转变为经验观。在此阶段，人们通过实践活动，总结积累事故的经验教训，从而得出与某事故相关联的"命运"的好坏和安全活动的局部预知，并根据经验的不断总结和不断升华来做到"吸取事故教训以指导安全工作"。

20 世纪初至 50 年代，随着工业化进程的不断加快，人类开始意识到某些从未发生过的事故也可能发生，单凭经验预知事故并不能有效地避免事故。而此时，系统论的提出给安全工作者提供了一个非常重要的思考方法。因此，在这一阶段，系统观开始盛行。

20 世纪 50 年代以来，随着高科技技术的不断应用，如现代军事、宇航技术和信息化革命，人类的安全观正式转变为本质观。"预防为主"的思想成为现代安全管理的主要特征。此时，人们开始构筑"超前预防"行为，在事故发生前就努力把隐患和危险尽可能消除或削弱，以达到尽可能预防事故发生的目的。

安全观发展的简要脉络见表 8-1。

表 8-1 安全观发展进程

阶 段	时 代	安 全 观	行 为 特 征
一	17 世纪以前	宿命观	被动承受型
二	17 世纪末至 20 世纪初	经验观	总结经验，事后型
三	20 世纪初至 50 年代	系统观	人、机、环对策型
四	20 世纪 50 年代以来	本质观	预防为主

2. 安全管理的发展进程

安全管理的发展是随着人类安全观念的转变而转变的。

早期的安全管理主要是事故后管理，人们紧紧围绕事故本身做文章，在事故发生后才开始进行相应的工作，常常利用传统的行政手段、经济手段以及常规的监督检查手段来从事安全管理。

现代的安全管理是指 20 世纪 60 年代以来的强化超前和预防型安全管理（以安全系统工程为标志）。人们意识到强化隐患的控制、消除危险才能高效地预防事故。安全管理的方法也转变为利用现代的法制手段、科学手段、文化手段和崇尚以人为本的安全理念。

3. 安全、事故、危险和隐患的概念

（1）**安全** 安全是指在生产活动过程中，能将人或物的损失控制在可接受水平的状态。换言之，不管事故是否发生，只要人或物的损失是在人们可以接受的范围之内，就称之为安全；反之则为不安全。其具体内涵包括以下几点：

1）这里所讨论的安全指的是生产领域中的安全问题。
2）安全不是瞬间的结果，而是对系统在某一时期、某一阶段过程状态的描述。
3）衡量系统是否安全的标准在不同的时代、不同的生产领域是不相同的。
4）安全是在具有一定危险性条件下的状态，安全并非绝对无事故，其矛盾双方为安全与危险。

5）没有绝对的安全，安全只是相对的。

(2) 事故　事故是指在生产活动中，由于人们受到主客观条件（科学知识和技术力量的限制，或者由于认识）的局限，突然发生的违背人们意愿的事件。其内涵具体包括以下几点：

1）事故是违背人的意愿的一种现象。
2）事故是隐患突变，并失去控制的外在表现。
3）事故是不确定的事件，既受必然性支配，又受偶然性影响。
4）事故可以预防、减少，但是不能消灭。
5）事故只要发生，就会造成损失。

(3) 危险　危险是指在生产活动过程中，人或物遭受损失的可能性超出了可以接受范围的一种状态。危险与安全一样，也是与生产过程共存的过程，是一种连续性的过程状态。危险包含了尚未为人所认识的，以及虽为人们所认识但尚未为人所控制的各种隐患。

危险性与安全性的对比如图 8-1 所示。

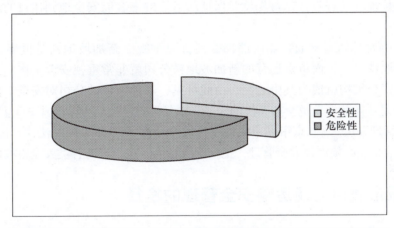

图 8-1　危险性与安全性的关系

1）危险性（R）。即风险，是衡量系统危险程度的客观量。
2）安全性（S）。是衡量系统安全程度的客观量。
3）安全与风险相对应，$R = 1 - S$。

(4) 隐患　隐患是指在生产活动中，由于人们受到科学知识和技术力量的限制，或者由于认识上的局限，而客观存在的可能对系统造成损失的不安全行为或不安全状态。隐患是事故发生的必要条件，常见的安全隐患有以下几种类型。

1）最大的心理隐患。惰性心理、侥幸心理、麻痹心理、逞能心理。
2）最直接的人为隐患。违章、违纪、违标。
3）最根本的管理隐患。官僚主义、形式主义、好人主义。

4. 轨道交通系统安全工作的地位和作用

(1) 安全是城市轨道交通的头等大事

1）企业生产和经营性质决定了安全是头等大事。城市轨道交通行业既属于运输业，但又有别于运输业。它的主要目的是实现人的"位移"。另外,作为城市的一种重要的交通运输方式,城市轨道交通已成为社会公益事业的一部分,政府支持在其中起着非常重要的作用。所以,一旦发生重大事故,不仅会引起轨道交通沿线的交通瘫痪,而且也会影响整个城市的正常运转。

2) 安全是轨道交通的头等大事。目前,大多数城市都或多或少地出现了交通堵塞、拥堵的问题,而轨道交通系统往往成为解决大城市交通的重要办法之一。一旦轨道交通系统出现事故,将直接导致城市沿线交通严重瘫痪。

(2) 安全是实现社会效益和企业效益的保证

1) 城市轨道交通运输是广泛的社会分工中的一个分支,是社会化大生产的重要组成部分。整个社会为轨道交通系统提供生产对象——旅客,而轨道交通系统则通过保证人员流通,为旅客提供交通服务,从而使社会效益得到保证。只有保证轨道交通系统的安全,才能吸引更多的乘客乘坐、更大范围地解决城市中的交通拥堵问题;也只有使轨道交通系统更加安全,才能使社会效益更上一个台阶。

2) 城市轨道交通运输不能创造出新的产品,只是实现劳动对象的"位移"。所以,要提高轨道交通系统的经济效益,首先就要保证所运输的乘客能安全地到达目的地,以满足社会的不同需求。

(3) 安全在全球轨道交通行业内部都受到普遍重视 新加坡地铁是世界上屈指可数的几家能赢利的地铁之一,而负责运营的新加坡地铁公司就非常重视安全工作。该公司成立的四大机构中,安全机构就成为其中之一。由此可见,新加坡地铁公司对安全工作非常重视。

(4) 安全是法律赋予轨道交通系统的义务和责任 《中华人民共和国安全生产法》《城市轨道交通运营管理办法》《北京市城市轨道交通安全运营管理办法》等法律、法规明确规定,各轨道运输企业必须严抓安全管理,把安全放在第一位,严防各类安全事故的发生。

8.2 城市轨道交通运输安全管理的途径

1. 安全的影响因素

虽然安全是相对的,绝对的安全是不存在的,但这并不意味着人们在事故面前无能为力。如果在预防事故方面多下功夫,可以做到预防和减少事故的发生。

从系统论的观点出发,影响安全的诸多因素可以归结为人、机、环境和管理。早在20世纪40年代后期,美国康奈尔(Cornell)大学的 T. P. Wright 就提出,按人、机、环境分类是检查事故起因和事故预防机理的理性模型。1976年,纽约工业学院的 E. J. Cantilli 等人揭示了以管理为边界的人、机、环境之间的关系(图8-2)。

由图可知,以管理作为约束的系统各要素(人、机、环境、管理)之间的相互关系及相互作用。安全科学的理论和实践指出,在人-机-环境系统中,影响安全的因素有人、机(设备)、环境和管理四大要素,轨道运输系统也不例外。

城市轨道交通系统也是由人员、设备、环境和管理四大要素构成,在系统安全的运作层次,人的安全技术和素质、设备的安全性能、环境的安全质量以及三者的匹配程度和质量,都单独或者综合地影响着系统的安全,而系统安全运作层次效能的发挥则取决于系统管理层次的效能,即系统的安全管理水平。安全管理担负着监督人、机、环境的动态变化,调节和控制着三者及其组合状态，以保证系统安全运作的连续、良性和有序。因此需要运用各种有效的组织管理手段，采取各种必要的安全技术措施，调动一切积极因素，以形成强大有力、稳妥可靠的安全保障壁垒。

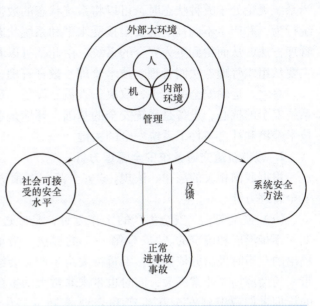

图 8-2　影响安全的因素及相互关系

(1) **人的影响因素分析**　对于人的影响因素，要从行车系统人员、其他运输部门人员、基层人员和系统外人员分别进行分析；而对最重要的行车系统人员，则从思想素质、技术业务素质、生理心理素质和群体素质诸方面进行详细分析。对于系统外人员，一般引发地铁突发事件发生的因素有：未遵守乘客守则、人为故意破坏、无应急技能。

(2) **设备的影响因素分析**　对于设备的因素，可从具体设备和总体设备两方面分别进行分析。前者从可靠性、先进性、操作性和维修方便性等方面衡量其设计的安全性，从运行时间、故障及维修保养确定其使用的安全性；后者则从设备的布局、配合性、作业能力和固定资产含量等方面分析设备的总体安全性。具体而言，设备包含供电系统、通信系统、信号系统、通风排烟系统、车辆系统以及其他辅助设备系统中的所有设备，这些设备在运营过程中都存在一定的风险。

(3) **环境的影响因素分析**　对于环境的因素，可按内部环境和外部环境分别进行分析。前者着重作业环境（温度、湿度、照明、噪声和振动等）和内部社会环境分析，后者着重自然环境（地理、气候、季节、时间和自然灾害等）和外部社会环境（政治、经济、技术、社会、家庭、法律等）的分析。需要强调的是，人们对一些自然灾害会引发地铁灾害通常存在认识误区，其实自然灾害会对地铁运营造成影响，甚至可能引发次生灾害而造成更大的危险。

1) 台风。根据国内外地铁事故（例如台湾省地铁受纳莉台风影响所造成的损失）的分析，台风对地铁的地面建筑物有一定的影响，并且其破坏程度较高。

2) 水灾。地铁车站与隧道大都处于地面标高以下，一方面受到洪涝灾害及积水回灌的危害；另一方面，也会受到岩土介质中地下水渗透浸泡的危害。地下水或地表水进入地铁车站和隧道后，可以使装修材料霉变、电气线路、通信元件受潮浸水而损坏失灵，继而造成事故。

3) 地震。地铁车站和隧道包围在围岩介质中，地震发生时地下构筑物会随围岩一起运动，与地面结构不同，围岩介质的嵌固改变了地下构筑物的动力特征。一般认为，地震对地下结构的影响较小；但 1995 年阪神地震后，人们才改变以往的看法，地下结构也存在地震破坏的可能性。

(4) **管理的影响因素分析**　如果管理上存在缺陷，同样会导致人为事故的发生。一般而言，按照社会可接受的安全水平，可将系统状态分为正常状态、近事故状态或事故状态。

当系统无论处于哪种状态时，可以将系统状态的数据反馈给管理系统，便可通过管理改变系统行为，并产生不同程度的安全接受水平和系统状态。系统状态数据还可用于改进系统安全管理方法，从而得到更为安全的系统。由此，可以看出管理的重要性。对管理因素而言，则主要从组织管理、法制管理、技术管理、教育管理、信息管理和资金管理等方面进行分析。

总之，运输安全的水平，取决于人员、设备、环境和管理的本质安全化水平，其中人是系统安全的核心，设备是系统安全的基础，环境是系统安全的外部条件，而管理则是在一定技术经济和社会条件下系统安全的关键。

2. 城市轨道交通系统安全管理方针

根据我国相关的法律、法规，"安全第一、预防为主"是我国城市轨道交通系统运营的安全管理方针。

（1）安全第一　安全生产的工作方针，是经过不断的经验总结，经历了较长的历史时期而逐步形成和确定的。"安全第一"的提法，最早是在1896年由美国钢铁公司的总经理提出的。当时提出的依据是：不重视安全生产，会经常发生人身伤亡和设备事故，给企业所带来的经济损失非常巨大，同时也带来非常大的生存压力。因此，社会上的有识之士和企业的管理者们意识到安全在生产和企业长期发展中的重要性，提出了"安全第一"的管理要求。

1952年，在全国第一次劳动保护工作会议上，我国也提出了"安全第一"的要求。1979年，当时的第七机械工业部在一份工作文件中正式提出把"安全第一、预防为主"作为安全工作的指导思想。1983年5月18日，国务院发布文件，进一步明确了"安全第一、预防为主"的指导思想。1987年3月26日，原国家劳动部在全国劳动安全监察工作会议上，正式决定将"安全第一、预防为主"作为我国安全生产工作的方针。现在，《中华人民共和国安全生产法》等都以法律的形式明确了安全生产工作中必须坚持"安全第一、预防为主、综合治理"的方针。

在城市轨道交通系统中，"安全第一"就是把安全工作放在第一位。各级行政正职是安全生产的第一责任人，必须亲自抓安全工作，确保安全工作列入本单位的议事日程。"安全第一"就是要求运营单位在组织生产、指挥生产时，坚持把安全生产作为企业生存与发展的第一要素和保证条件。具体体现就是安全具有"一票否决权"，当安全与其他工作出现矛盾时，应首先服从于安全。

（2）预防为主　"预防为主"是安全生产方针的核心和具体体现，是实施安全生产的根本途径。安全工作必须始终将"预防"作为主要任务予以统筹考虑。除了自然灾害造成的事故以外，任何事故都是可以预防的。轨道交通运输企业必须将工作的立足点纳入"预防为主"的轨道。"防患于未然"，把可能导致事故发生的机理或因素消除在事故发生之前。具体体现在以下几方面：

1)"预防为主"是实现"安全第一"的保证。预防为主是实现安全生产的最好举措，是"安全第一"的基本做法，要实现安全就必须扎扎实实地从预防为主做起。

2)"预防为主"要体现"以人为本，重视教育"。"预防为主"就是要教育培训职工学好各种技术本领、树立起牢固的安全意识，高度重视安全生产，学会如何做、怎样做才能安全。使员工从"要我安全"转变为"我要安全"，再转变为"我会安全"。

3)"预防为主"要做到"安全生产、人人有责"。"预防为主"就是要严格把安全生产责任制层层分解,分解给各级领导、各部门和各类人员。人人都有自己的安全责任,形成安全工作有人做,安全工作有人管,对安全生产实行全员、全方位和全过程的管理,真正做到各司其职、各负其责,彻底消除安全死角,清理安全隐患,确保安全生产。

4)"预防为主"着重前馈控制。"预防为主"就是未雨绸缪,认真做好事故预想,制定好防事故措施计划与安全技术劳动保护措施计划。重点做好三保(保人身、保电网、保设备)、四防(防触电、防高空坠落、防火、防车辆交通事故)工作,切实做好安全组织措施和技术措施,确保没有安全措施的事不做,没有安全保障的事不为。

5)"预防为主"要有严格的工作制度。在进行城市轨道交通系统安全管理中,要重视工作制度的建立。其中,"预防为主"就是要坚持"两票三制",杜绝无票工作、无票操作;要修正防误装置,杜绝误操作;要坚持事故调查"三不放过"原则,总结经验教训,避免事故重复发生。

6)"预防为主"就是要坚持长久,"预防为主"就是要警钟长鸣。"三天打鱼,两天晒网"的思想迟早会导致事故的发生,所以预防就要求要在思想上经常提醒"不怕一万,就怕万一";要建立起健全的安全监察机构,强化安全监察工作,并要求安全管理专职人员要经常敲响安全生产警钟。

7)"预防为主"就是要求做好日常例行安全工作。预防为主既要讲意识,又要讲行为、措施。要坚持执行各项安全规章制度,要坚持做好例行安全工作,如班前班后会、安全分析会、安全监察及安全网例会、安全检查、安全日活动等。

8)"预防为主"就是要推广安全性评价。安全性评价也是预防为主的一种方式,是安全管理现代化的一项重要内容,是企业在安全生产上改善微观管理的一个重要手段。通过安全性评价,可以预见事故的发生并超前对事故采取预防。

(3)"安全第一,预防为主"两者的关系 "安全第一,预防为主"是相辅相成、辩证统一的关系。只有重视安全,才会去做预防工作;只有做好预防工作,才能实现安全。

综上所述,可见"预防"在进行安全管理时占据着重要的地位。其实,分析国内外发生过的地铁事故,足以证明"预防"的重要性。例如,2006年7月13日,美国芝加哥地铁发生列车脱轨事故,导致至少有152人被送往医院接受救治,列车严重损坏,地铁线路被迫封闭数个小时,事故现场惨不忍睹(图8-3)。

图8-3 芝加哥地铁脱轨事故救援现场

3. 城市轨道交通系统安全管理途径

(1)建立完善安全规程,做到安全生产有章可循 完善安全规章制度是抓好运营安全工作的保障。规章制度是管理工作的基础，建立科学的、完善的、全面的安全生产管理制度，使安全生产有章可循。狠抓安全规章制度的建设，要用规章制度来约束员工的工作行为，并为员工提供安全生产指引。在严格执行国家、省、市各项安全法律法规的同时，建立健全《安全生产管理办法》《安全奖惩办法》《行车组织规章》等制度和各类操作规程，涵盖公司的各个专业和运营生产环节，使各环节和各专业的安全生产管理都有章可循，促进安全生产工作向规范化、制度化迈进。

目前，国内许多地铁运营企业都开展了 ISO 9001 质量体系和 OHSMS18000 职业健康安全管理体系的认证工作，国家也出台了《地铁运营安全评价标准》，这都为规范运营安全生产工作提供了依据和标准。

(2) 建立三级安全网络，落实安全生产责任制　　地铁运营企业要坚持"安全第一，预防为主"的工作方针，全面贯彻《安全生产法》，强化制度化、规范化、科学化的安全管理。坚持管生产必须管安全、安全生产要各级负责人亲自抓的原则，有效发挥"纵管到底、横管到边、专管成线、群管成网"的安全管理网络作用，形成安全工作一级抓一级、一级保一级、一级监督一级的网络化安全监督管理体系。要狠抓安全生产责任制的落实，上自总经理，下至基层员工，逐级签订安全生产目标责任状和社会综合治理目标责任状，将安全生产目标纳入考核内容，明确各层级的安全职责和安全生产目标，有效落实安全生产责任，形成"安全生产、人人有责"的良好氛围。

(3) 建立安全检查制度，预防运营事故发生　　加强监督检查机制是抓好运营安全工作的关键。安全检查是对安全工作实施有效管理的一项重要内容。学习运用"破窗理论"抓隐患，抓漏洞，漏洞不补必酿大祸。建立班组每周一查，中心每旬一查，专业管理系统每月一查，公司每季一查的制度，采取定期检查与不定期抽查相结合，综合检查与专项抽查相结合的形式，坚持安全检查以自查自纠为重点，自下而上，查找不足。严抓隐患整改，按照"五个落实"，即任务落实、人员落实、经费落实、质量落实、时间落实，按期整改完成；在做好安全检查工作的同时，逐步建立安全隐患管理机制，将安全检查和隐患管理统一起来，并落实到工作制度中，形成健全的检查网络，以实施有效监控。

(4) 建立安全培训制度，营造安全文化氛围　　提高员工安全意识和技能是抓好运营安全工作的基础。运营企业要认真开展安全生产知识培训教育工作，组织各单位负责人和安全生产管理人员参加《安全生产法》培训，有关人员要按规定取得安全生产资格证；对新进员工实行三级（公司级、中心级、岗位级）安全教育；除国家规定的特殊工种外，规定内部特种作业项目，如 LOW 操作、客车驾驶等；制定特种作业人员安全管理办法和特种作业人员培训持证上岗制度；利用安全宣传月、119 消防日等活动，在车站、列车等宣传阵地，向市民派发安全实用手册，不断提高员工和市民的安全意识。通过广泛开展各类安全生产培训教育活动，有效地提高干部职工的安全文化素质（表 8-2）。

(5) 建立应急救援体系，增强应急处置能力　　根据国内外地铁运营救援抢险的经验和突发事件的特点，建立健全应急预案体系，针对轨道交通运营线路发生火灾、列车脱轨、列车冲突、大面积停电、爆炸、自然灾害以及因异常原因如设备故障、客流冲击、恐怖袭击等造成影响运营的非常情况制定相应的应急预案；在国家和地方发生紧急事件、疫病传播情况时，制定相应的应急预案。另外，还要针对部分预案经政府组织相关部门、专家进行评审。

表 8-2 城市轨道交通安全管理培训计划举例

培训对象	培训级别	培训主要内容	学时	考核形式	合格要求
所有员工	公司级	1）国家安全生产法规标准 2）公司的安全管理体系、方针政策，安全生产规章制度、劳动纪律及风险管理 3）安全生产和职业卫生的基本知识（防机械伤害、安全用电、防火防爆、防尘防毒、急救、危险因素、应急预案等）；个人防护用品的性能和使用方法 4）消防安全 5）安全生产正反方面的经验和教训，及重大事故安全案例教训	4h	笔试	满分
运营部员工	部门级	参加基础安全资格培训并考试合格	4h	笔试	满分
运营部员工	班组级	1）室/班组内的安全生产作业特点、注意事项、有关工作指引等 2）作业场所存在的风险、危险因素分布、安全通道、应急预案内容；作业环境中安全警示标志、消防设施位置 3）岗位可能发生伤害事故的各种危险源及危险部位；本岗位涉及的安全装置、设施的使用方法	32h	笔试	满分
其他部门员工	部门级 班组级	比照运营部员工班组级培训内容进行，工作涉及进入车站、运营禁区的，由经理确认后为其申请获取相应地铁安全资格	36h	笔试	满分

要组织员工对各种预案进行学习，按计划进行演练，演练的方式包括培训式、桌面式、突发式，在演练的过程中，每个安全点都安排评估人员把关，使演练活动有序、安全地进行。定期的实战演练可以有效地发现救援设备是否足够、发现运营设备是否完好、发现员工是否熟悉掌握各种规章，改善各部门间的协调作战的能力，增强员工的熟练程度和信心，提高员工的安全意识；通过演练来检验规章和预案的可行性和实用性，可以提高员工的业务技能，增强员工对事故事件的应急处理能力。

(6) 建立事故处理机制，落实责任追究制度 建立健全事故处理机制，按照"四不放过"的原则和"安全奖惩办法"，对事故进行定因、定性、定责，严格惩处相关责任人。通过教育和处罚，使有关人员吸取教训，提高认识，增强岗位意识、责任意识和纪律意识；将"降低故障事件率"作为一项长效工作机制专题研究，开展地铁事故案例研究，学习先进一流的运营安全管理，博采众长，取长补短，让每个员工认识到任何时候都不要把安全生产形势估计得过好，要始终保持一种危机感和忧患感；同时，各级人员都要转变观念，对发生的事故要由此及彼，由表及里，透过现象看本质，从领导层、管理层上剖析深层次原因。从加强管理上，要研究制定有针对性的措施，解决安全工作中的问题，变被动管理为主动管理，变事后惩处为事前预防，不断提高事故的分析处理能力城市轨道交通事故通报流程举例如图 8-4 所示。

(7) 建立警地联动机制，共保地铁一方平安 目前，国内地铁都建立了相应的公安部门，地铁运营单位要加强与地铁公安的合作，充分依靠公安力量，保障地铁的平安秩序，建立《警地联动工作实施办法》，明确联动例会制度，工作联系机制及联动应急机制。通过双方的精诚合作，共保地铁平安。

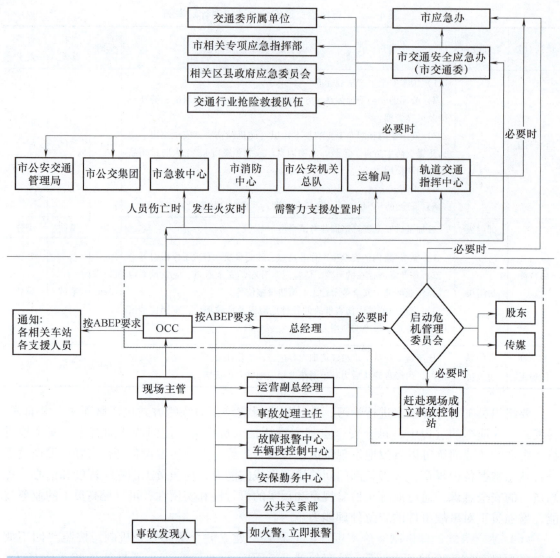

图 8-4　城市轨道交通事故通报流程举例

8.3　城市轨道交通系统事故分析

1. 事故等级标准的确定

我国目前尚未制定全国性统一的城市轨道交通事故等级分类标准。但各拥有轨道交通系统的城市都结合自身的特色，制定了相关的规则和标准。

以北京市为例，在《北京市轨道交通运营突发事件应急预案》中对城市轨道交通运营突发事件进行了等级方面的相关规定。

依据轨道交通运营突发事件所造成的危害程度、波及范围、影响力大小、人员伤亡及财产损失等情况，由高到低划分为特别重大（Ⅰ级）、重大（Ⅱ级）、较大（Ⅲ级）、一般（Ⅳ级）四个级别。

(1) Ⅰ级　在运营工作中，出现下列情形之一时，称为特别重大轨道交通运营突发事件：

1）造成轨道交通运营中断6h以上的。

2）造成30人以上死亡（含失踪），或者危及50人以上生命安全，或者100人以上重伤（中毒）的。

3）造成被困人数3000人以上的。

4）造成1亿元以上直接经济损失的。

5）造成需要紧急转移安置10万人以上的。

(2) Ⅱ级　在运营工作中，出现下列情形之一时，称为重大轨道交通运营突发事件：

1）造成轨道交通运营中断3h以上6h以下的。

2）造成10人以上30人以下死亡（含失踪），或者危及30人以上50人以下生命安全，或者50人以上100人以下重伤（中毒）的。

3）造成被困人数1000人以上3000人以下的。

4）造成5000万元以上1亿元以下直接经济损失的。

5）造成需要紧急转移安置5万人以上10万人以下的。

(3) Ⅲ级　在运营工作中，出现下列情形之一时，称为较大轨道交通运营突发事件：

1）造成轨道交通运营中断0.5h以上3h以下的。

2）造成3人以上10人以下死亡（含失踪），或者危及10人以上30人以下生命安全，或者10人以上50人以下重伤（中毒）的。

3）造成被困人数500人以上1000人以下的。

4）造成1000万元以上5000万元以下直接经济损失的。

5）造成需要紧急转移安置1万人以上5万人以下的。

(4) Ⅳ级　在运营工作中，出现下列情形之一时，称为一般轨道交通运营突发事件：

1）造成轨道交通运营中断0.5h以下的。

2）造成3人以下死亡（含失踪），或者危及10人以下生命安全，或者10人以下重伤（中毒）的。

3）造成被困人数500人以下的。

4）造成1000万元以下直接经济损失的。

5）造成需要紧急转移安置1万人以下的。

2. 预警级别的确定

事故发生前，应当向社会公布预警级别。以北京市为例，在《北京市轨道交通运营突发事件应急预案》中对预警级别规定如下：依据轨道交通运营突发事件的危害程度、发展情况和紧迫性等因素，轨道交通运营突发事件的预警由高到低分红色、橙色、黄色、蓝色四个级别。

(1) 红色预警　预计将要发生特别重大（Ⅰ级）以上轨道交通运营突发事件，事件会随时发生，事态正在不断蔓延。

(2) 橙色预警　预计将要发生重大（Ⅱ级）以上轨道交通运营突发事件，事件即将发生，事态正在逐步扩大。

(3) 黄色预警　预计将要发生较大（Ⅲ级）以上轨道交通运营突发事件，事件已经临近，事态有扩大的趋势。

(4) 蓝色预警　预计将要发生一般（Ⅳ级）以上轨道交通运营突发事件，事件即将临近，事态可能会扩大。

3. 城市轨道交通事故分析、处理

（1）国内外城市轨道交通突发事件统计　根据所收集的资料，对近年来国内外城市轨道交通突发事件的统计见表 8-3。

表 8-3　国内外城市轨道交通突发事件

事件分类	时　　间	地　　点	原因与后果
火灾	1971 年 12 月	加拿大蒙特利尔	火车与隧道端头相撞引起电路短路，造成座椅起火，36 辆车被毁，列车司机死亡
	1972 年 10 月	德国柏林	车站和 4 辆车被毁
	1973 年 3 月	法国巴黎	第 7 节车厢被人为纵火，车辆被毁，死亡 2 人
	1974 年 1 月	加拿大蒙特利尔	由车辆内的废旧轮胎引起电线短路，9 辆车被毁
	1975 年 7 月	美国波士顿	隧道照明线路被拉断，引发大火
	1976 年 10 月	加拿大多伦多	纵火造成 4 辆车被毁
	1979 年 1 月	美国旧金山	电路短路引发大火，死亡 1 人，伤 56 人
	1980 年 ~ 1981 年	美国纽约	共发生火灾 8 次，重伤 50 人，死亡 53 人
	1982 年 3 月	美国纽约	传动装置故障引发火灾，伤 86 人，1 辆车报废
	1987 年 11 月	英国伦敦	售票处大火，死亡 31 人
	1995 年 10 月	阿塞拜疆巴库	电动机车电路故障，死亡 558 人，伤 269 人
	2003 年 2 月	韩国大邱	人为纵火，死亡 140 人，伤 289 人，失踪 318 人
水灾	2003 年 7 月	中国上海	隧道部分坍塌，地面出现"漏斗形"沉降，1 栋 8 层楼房坍塌
	2001 年 9 月	中国台北	暴雨和洪水造成 18 座车站被淹，地铁陷于瘫痪
停电	1996 年 1 月	中国北京	高压输电线被砸断，57 辆车辆停运，时间长达 146min
	2003 年 8 月	英国伦敦	近 2/3 的地铁列车停运，大约 25 万人被困在地铁中，许多地铁站被迫暂时关闭
毒气	1995 年 3 月	日本东京	3 条线路的 5 节车厢同时发生被称为"沙林"的神经性毒气事件，造成 12 人死亡，5000 多人受伤，14 人终身残疾
列车相撞	1991 年 5 月	日本	地铁列车撞击事故，造成 42 人死亡，527 人受伤
	1999 年 8 月	德国科隆	地铁列车撞击事故，造成 67 人受伤，其中 7 人重伤
	2005 年 4 月	日本	列车脱轨事故，导致 91 人死亡，456 人受伤
爆炸	1995 年 7 月	法国巴黎	发生炸弹爆炸事件，造成 8 人死亡，117 人受伤
	2001 年 8 月	英国伦敦	发生爆炸，造成 6 人受伤
	2004 年 2 月	俄罗斯莫斯科	发生爆炸，造成 30 人死亡，70 人受伤
其他	1995 年 1 月	日本阪神	共有 5 个地铁车站和 3km 的地铁隧道发生破坏
	1999 年 6 月	俄罗斯	地铁车站发生意外，6 人死亡
	1999 年 9 月	白俄罗斯	地铁车站人数太多，发生意外，54 人被踩死

（2）城市轨道交通事故的分类

1）行车事故。

① 由于人的行为失误，或因轨道交通系统的设备故障，而导致产生危及列车在正线上正常运行的事件。

② 车站、车辆基地内所有与行车、调车作业有关的危及人身安全和设备安全的各类事件。

③ 列车运行过程中（包括运行途中和停车期间），危及乘客安全的事件。

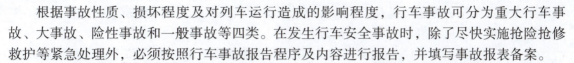

第 8 章 城市轨道交通系统的构成——安全防护管理

根据事故性质、损坏程度及对列车运行造成的影响程度，行车事故可分为重大行车事故、大事故、险性事故和一般事故等四类。在发生行车安全事故时，除了尽快实施抢险抢修救护等紧急处理外，必须按照行车事故报告程序及内容进行报告，并填写事故报表备案。

2）客运事故。凡是在车站的站厅（指收费区内）、站台上、客运列车车厢内发生的危及乘客人身安全的事件，均属于客运事故。客运事故主要有列车车门、屏蔽门、自动扶梯、列车停站时站台边缘与列车间的间隙、列车进出站等原因所造成的客伤。

发生客运安全事故时，应及时救助处理，并填写相关文件备案。

3）自然灾害引起的事故。由自然因素引进的事故与灾害，如水害、风害、雷击或地震等。对此，城市轨道交通在建设时应有良好的预防监测措施。在遭遇此类事件时，应及时统一指挥组织乘客疏散转移，组织现场抢救。

(3) 城市轨道交通系统事故处理注意事项

1）事故处理办法。在处理城市轨道交通事故时，应该按照相关法律、法规及轨道交通运营企业制定的处理办法严格执行。

2）处理事故的"四不放过"原则。

① 事故原因没有搞清楚不放过。

② 事故责任人没有受到处理不放过。

③ 相关人员没有受到教育不放过。

④ 预防事故措施没有落实不放过。

4. 应急预案的制定

应急预案是针对各种可能发生的事故或突发事件所需的应急行动而制定的指导性文件，是应急救援系统的重要组成部分。其目的是指导应急行动按计划有序进行，防止因行动组织不力或现场救援工作的混乱而延误事故应急救援，从而减少人员伤亡和财产损失。

(1) 应急预案的制定应该分层次、分级别

1）城市轨道交通特大事故和突发事件应急救援预案应由当地政府组织制定。当地政府应组织城市轨道交通运营单位、公安、消防、供电、通信、供水、交通和医疗等单位建立统一和完善的灾害救援指挥机构和抢险救灾体系，制定故障、火灾、爆炸、化学恐怖袭击、灭火抢险救灾等应急处理工作预案。

2）城市轨道交通运营单位级的应急预案。城市轨道交通运营单位应组织制定运营机构应对轨道交通事故和突发事件的应急救援预案。该预案应遵循统一指挥、逐级负责、快速反应、配合协同的原则，并且该应急预案还要包含以下子预案：

① 控制中心应急处理预案（调度指挥预案）：城市轨道交通运营单位应组织制定控制中心应急处理预案，该预案应规定控制中心各调度岗位在运营组织中，遇到各类突发事件时的应急处理程序。

② 城市轨道交通车站应急处理预案：城市轨道交通运营单位应组织制定车站应对各类事故和突发事件的应急处理预案。车站现场应急处理预案均应遵循及时报警、疏散乘客、抢救伤员的原则，周密制定相关岗位职责、工作流程和设施器材配置标准及操作规程。

③ 车站其他预案：为确保城市轨道交通运营安全，除火灾应急预案外，运营单位还应建立毒气、爆炸、劫持人质等突发事件应急预案。

④ 车务安全应急处理预案：城市轨道交通运营单位应组织制定车务安全应急处理预案，

该预案应规定车站、客车司机及车厂行车有关人员对乘客服务、行车组织、调车作业等工作中可能发生的各种应急事件、事故的处理程序。

⑤ 乘客疏散预案：因发生火灾等突发事件需要疏散乘客时，各岗位工作人员应密切配合、协调动作，根据指挥进行乘客疏散作业。

(2) 应急预案的基本内容

1) 运营单位抢险指挥领导小组应负责抢险救援的组织、指挥、决策，并指挥各部门实施各自应急预案，尽快恢复轨道交通运营。

2) 抢险信息的报告程序，应遵循迅速、准确、客观和逐级报告的原则。

3) 现场处置过程中各部门的组织原则及相关职责。

4) 不同事故情况下的抢险救援策略和人员疏散方案。

5) 提供救援人员、通信、物资、医疗救护和生活保障。

(3) 应急预案的分类　应急预案按照针对事故的不同可以分为故障应急预案、事故应急预案和突发事件应急预案（图 8-5）。

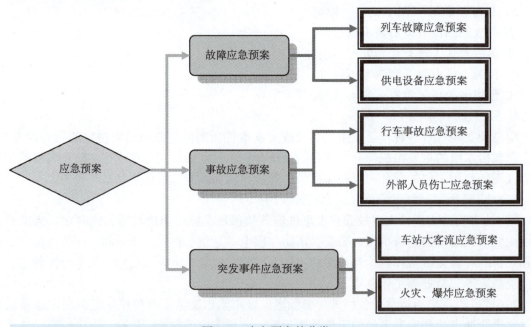

图 8-5　应急预案的分类

(4) 应急预案的使用　应急预案在编制完成后，应尽快让工作人员熟悉和演练。首先，应急预案必须及时发放给相关工作人员，包括应急处置指挥人员、参与应急处置人员、可能与事故直接有关人员、可能会受到事故影响的人员。其次，应急预案必须通过模拟演练与培训来强化。应急预案中规定的救援办法通常都需要多单位、多部门的人员进行相关配合完成，因此应急预案在被编制完后一定要相关人员进行配合模拟演练。

8.4　城市轨道交通系统防灾

1. 城市轨道交通系统防灾管理指挥系统建立

(1) 设立系统防灾中心　系统防灾中心应做到：统一实施防灾措施的落实、监督；统一管理防灾设施的建设、安装、运行；统一监视与报警；统一协调指挥抢险救灾工作；统一处理灾后事宜。

(2) 安装防灾安全设施　在车站、车辆基地、线路上建设与安装良好的防灾安全设施（如烟感器、温感器、水幕、消火栓、事故风机、事故照明和事故电话等），以及监视报警系统（如自动扶梯、楼梯、通道等处的电视监控器等）。

防灾管理指挥系统在正常情况下处于监视预警状态，与城市轨道交通系统的环境控制系统可同步运行；在发生意外事故或紧急事故时，则进入紧急救援抢险状态，应按预定的程序指挥组织抢险救护工作。

2. 城市轨道交通安全防护的种类及措施

城市轨道交通安全防护的种类主要有事故防护和灾害防护。

(1) 事故防护　事故防护主要有运营管理事故防护、行车事故防护和控制检修事故防护。

1）城市轨道交通事故的具体表现。

① 运营管理事故：站务管理方面的事故；票务管理方面的事故；行调管理方面的事故；客流管理方面的事故。

② 行车事故：列车运行误时事故；列车相撞事故；列车脱轨事故。

③ 控制检修事故：控制、检修时出现的设备损坏事故；控制、检修时造成的人员伤亡事故。

2）城市轨道交通事故的原因。

① 人为因素造成的事故：违章作业造成的事故；业务不精，判断失误造成的事故；身体因素造成的事故；外来人员对地铁设备不了解造成的事故；人群密集、客流量大造成的事故；故意破坏、恐怖袭击造成的事故。

② 设备因素造成的事故：设备故障造成的事故；新设备状态不稳定造成的事故；设备潜在的安全隐患造成的事故。

③ 天气因素造成的事故：风、雨、雷电、雾的影响造成的事故；气温和湿度的影响造成的事故。

3）城市轨道交通事故的防护措施。

① 建立安全生产管理体系：包括资产、风险、能力及利益相关者管理；组织及管理责任；标准与程序管理；审核、处理与系统保证。

② 安全生产管理执行：搭建安全生产组织架构与安全生产队伍建设；制定安全生产制度，落实安全生产责任；进行安全检查、隐患排查治理及安全审核；安全生产教育培训与安全文化宣传推广传播；应急管理、演练；生产事故调查、处理及整改。

(2) 灾害防护　主要有地震灾害的防护、火灾的防护、水灾的防护、杂散电流的防护、施工诱发环境灾害的防护和战争灾害的防护等。

1）地震灾害的防护。当发生地震时，常常会给城市轨道交通系统带来巨大的破坏。常见的有：对地铁车站和区间隧道的破坏形式为中柱、顶板开裂、坍塌以及侧墙开裂；对轻轨运行的高架桥破坏的形式主要表现为支座锚固螺栓拔出剪断、活动支座脱落或者支座本身构造上的破坏。

例如，1995 年 1 月 17 日，日本阪神地区发生 7.2 级地震。神户有 466 座地铁车站顶板开裂、坍塌，部分区域侧墙开裂，区间结构柱遭到严重破坏，地铁因此而停运。由于原有设计中均没有抗震设计，造成地铁系统严重破坏，如大开车站地震前后其结构发生严重变形

（图 8-6，图 8-7）。

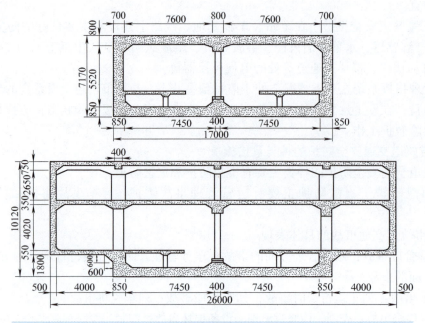

图 8-6　大开车站地震前结构图

因此，在城市轨道交通系统进行抗地震防护设计时，要考虑以下几个方面：设计理念要达到"大震不倒，中震可修，小震可用"；地震时地基下层土和结构的变形；结构自重产生的惯性力；地震时的土压力；地震时的动水压力；地铁与轻轨设防的烈度应达到或高于《中国地震烈度区划图（1999）》中该区域的烈度。

2）火灾的防护。城市轨道交通事故种类繁多，但最大的危险是火灾。根据书中表 8-3 所示数据，绘制出地铁突发事件原因分布图（图 8-8），从图中可以看出火灾是威胁地铁安全的主要因素，发生火灾的总量约为总发事故量的 65%。

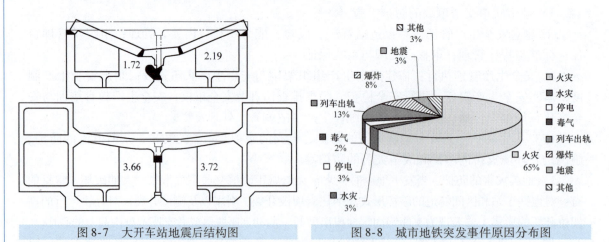

图 8-7　大开车站地震后结构图　　　图 8-8　城市地铁突发事件原因分布图

① 地铁火灾的原因见表 8-4。

第 8 章　城市轨道交通系统的构成——安全防护管理

表 8-4　地铁火灾原因

危 险 因 素	可能发生位置	可 能 原 因	事 故 后 果
地铁火灾、爆炸	列车上	车辆电路短路等列车故障；车厢内可燃物着火；未熄灭的烟头；人为纵火	设备损失、中断运营、人员伤亡
	车辆段	维修设备时违章作业；电器火灾	设备损失、人员伤亡
	车站	车站内的电气设备故障；乘客携带危险品、吸烟和吸烟后烟蒂随处乱扔等处置不当；人为纵火；地铁站厅和通道内违规设置的商业网点发生火灾引起连锁火灾等	设备损失、人员伤亡、中断运营
	隧道	隧道电缆着火；隧道内电气设备故障起火；隧道内可燃物着火	设备损失、中断运营

> 小贴士
>
> 地铁火灾原因
> ① 电气设备故障。
> ② 工作人员违章操作。
> ③ 生产生活中用火用电不慎而引燃地铁车站内所存在的可燃物。
> ④ 乘客违反安全乘车规定，携带易燃易爆物品乘车。
> ⑤ 乘客在车上吸烟用火或车上电气设备故障起火。
> ⑥ 车辆兜挂运行线路的导电体出现短路。
> ⑦ 变配电站的工作环境恶劣、潮湿、多粉尘、通风散热不良，导致设备故障起火。
> ⑧ 人为纵火等其他原因。
> ⑨ 按实际情况关闭相关机电及空调设备、开启事故照明和启动相应的送风及排烟程序。设置屏蔽门的车站，可以在站台乘客疏散完毕后，打开屏蔽门进行事故排烟。
> ⑩ 根据控制中心命令指挥后续列车迅速通过事故车站或防止后续列车进站。
> ⑪ 消防队到达现场后，派人引导到火灾现场进行扑救。

② 地铁火灾的特点。由于城市地铁位于地下，具有相对封闭的环境特点，地铁中发生火灾将比地面建筑物中发生火灾更具有危险性。

> 小贴士
>
> 地铁火灾的主要特点可以概括如下：
> A. 疏散困难。地铁火灾的一个最重要特征是形成浓烟和热气浪，同时产生大量的有毒气体，这对于人员疏散是非常不利的。同时，自下而上的疏散路线与内部烟和热气流自然流动的方向一致，因而人员的疏散必须在烟和热气流的扩散速度超过步行速度之前完成。这一时间差很短，又难以控制，故给人员的疏散带来很大的困难。
> B. 扑救困难。由于地下空间的限制，以及浓烟、高温、缺氧、有毒、视线不清、通信中断等原因，救援人员很难了解现场情况，并且地铁进口少，消防队员之间难以进行

185

战术配合，由于大型的灭火设备无法进入现场，进入的救援人员需要特殊防护等特点，因此救人及灭火困难大。

C. 通信系统容易瘫痪。在地铁发生火灾时，会产生高温，再加上救援时所带来的高速水流都会使现场原有和消防员所带的通信设备不能正常工作。

D. 温度上升快、峰值高。地铁是一个相对封闭的空间，发生火灾以后，大量的热量积聚无法散去，空间温度提高很快，火势猛烈阶段温度可达到1000℃以上。高温有时会造成气流方向的变化，对逃生人员影响很大，而且会对车站结构造成很大的破坏。

E. 被困人员心理恐慌程度大、行动混乱程度高。由于地铁及隧道的出入口少，通道狭窄，疏散距离长，人员密度大，故造成的人员恐慌和行动混乱程度要比在地面建筑物中严重得多，易发生踩踏事故。

③ 地铁火灾的应急处理措施。虽然地铁火灾具有如此多的不利条件，故一旦发生地铁火灾时，应更快地采用地铁火灾应急预案。

小贴士

一般来说，遇到火灾时，地铁运营公司应该做到以下几点：
A. 确认发生火灾后，在值班站长的领导下迅速启动火灾应急预案。
B. 通知车站工作人员各自执行预案中的相应职责。
C. 立即向公安部门和公安消防机构报警。
D. 向控制中心报告现场情况。
E. 广播通知、组织和引导车站内乘客进行紧急疏散，抢救伤员。
F. 在车站出入口处设立警告标志，阻止人员进入车站。
G. 带好灭火器具，扑救初起火灾。

城市轨道交通火灾的防护对策与技术要求有：规划布局合理，增强其抗灾功能；选择钢筋混凝土结构；合理选择不燃、难燃或经阻燃处理的装修材料；合理选择出入口的位置和数量。

城市轨道交通系统在进行防火保护时，还需要考虑到以下几方面：两条隧道之间应设联络通道；钢结构要进行防火保护处理，以提高其耐火能力；地铁车站和隧道要有机械通风及排烟设施；地铁系统的重要场所要设置自动报警系统；灭火系统要合理选择；应设火灾疏散指示和防灾救护设施。

另外，在进行防火保护设计时，还需要定期进行消防设施检查与维修保养。消防设施、器材的检查维护保养管理应与本单位的运营管理工作统筹安排，应结合自身消防安全特点，按照国家有关建筑消防设施维护管理标准的要求，建立健全消防设施、器材的消防安全管理制度，确定消防设施使用、管理、检查、维护的职能部门和逐级岗位消防责任制，在单位消防安全责任人或管理人的领导下抓好各项工作的落实，确保消防设施的完好有效。按照国家有关消防技术规范要求，需要委托具有建筑消防自动设施资格的单位对系统进行全面检测的，应定期委托检测并要求出具检测报告。运营单位应委托有资质的单位对消防设施维修更换，保证消防设施完好有效。室内外消防给水系统、火灾自动报警系统、自动喷水灭火系统、气体灭火系统、防烟、排烟与事故通风系统和防灾通信系统的操作、维护和管理人员上岗前应经过专业培训,并取得合格证,熟悉和掌握系统的工作原理、技术性能和操作维护规程。

3) 水灾的防护。城市轨道交通水灾防护的原则与技术要求有:防水设计的原则以防为主、防排结合、因地制宜、综合治理;地下车站和隧道的防水工程,严格按照地下铁路工程设计施工验收规范设计施工;地铁车站和机电设备集中地段的防水的等级为三级(地下工程防水等级标准见表8-5)。

表 8-5 地下工程防水等级标准

防 水 等 级	渗 漏 标 准
一级	不允许渗漏水,围护结构无湿渍
二级	不允许渗漏水,围护结构允许有少量或偶见湿渍
三级	有少量漏水点,不得有线流和漏泥沙,实际渗漏量 $<0.5L/m^2 \cdot d$
四级	有漏水点,不得有线流和漏泥沙,实际渗漏量 $<2L/m^2 \cdot d$

小贴士

在进行水灾防护时还需特别注意防洪涝积水回灌。针对此点,应注意以下几点:夏季暴雨时,为防止雨水向车站回灌,地铁要设防水淹措施;车站出入口及通风亭的门洞下沿应高出室外地面;在地铁车站、区间隧道设置足够的泵房设备;位于水域下的区间隧道两端应设电动、手动防淹门等。

4) 杂散电流的防护。杂散电流是指从钢轨泄漏至道床结构、车站、隧道和其他管线的直流电流。它主要来自列车接触网(第三轨)供电线路回流,并会对地下管道、电缆、设备等金属设施造成严重的腐蚀破坏,因此,需特别注意杂散电流的防护。

小贴士

杂散电流的防护要求有:将管片钢筋焊接连通成等电位体;固定设备,均采用打膨胀螺栓解决;在预留螺栓孔中设遇水膨胀密封垫圈;管片连接件、外露件,均镀锌处理;结构表面做防水防腐涂层;消防管道防迷流;设塑料绝缘管、橡胶隔震装置;设畅通的轨回流线路,道床设杂散电流收集网等。

5) 施工诱发灾害的防护。施工诱发灾害的表现可分为三种情况。

① 高架桥施工:钻挖孔桩、打桩施工引起震动、地面沉陷、土体的位移、泥浆污染和噪声的干扰;预制桥梁制作、吊运过程会阻碍交通;高架桥对视线、景观造成的影响等。

② 市区地铁车站施工:地下连续墙、桩排墙施工时产生泥浆噪声、振动;造成地下水位变化及地下水径流紊流的混乱、水质的变化;引起土层的沉降、密实度、孔隙水压力变化;支撑的失稳,连续墙的倾倒,大面积土体的滑移、坍陷;车站深大基坑开挖,引起近旁道路的地下管线(煤气、地下电缆、热力蒸气等)的开裂。

③ 地铁区间隧道施工:盾构法隧道施工易引起流沙等不良地质现象;钻爆法施工引起

振动、烟尘、渣土、断层和强烈破碎带引起冒顶塌落；浅埋暗挖法化学注浆时易引起土性的改变、塌方冒顶；沉管法隧道对航道、河床和水流的速度有影响。

城市轨道交通工程施工保护方法大致分两种。①对建筑物：地基托换、主体加固、隔水墙、保护墙、土壤加固、向加固基础底板下预注浆加固、紧跟沉降发展跟踪注浆。

②对地下公用设施管线：路踪注浆地基加固或开挖暴露并悬吊保护。

6）战争灾害的防护。城市轨道交通设施的战时功用有人口疏散运输、人员掩蔽、救护；防空、防毒、日常用品及战时物资存储。

小贴士

地铁工程战争防护设计：战时的防护功能应该结合城市总体防御规划和城市建设相结合统筹安排；地铁工程战时既要满足人口疏散运输，又要满足人员掩蔽、救护等功能；对于明确兼顾人防功能的地下工程，按战术技术要求确定适当的设防等级；平战功能转换的技术原则；车站的掩护功能设计；车站的防毒功能设计；车站出入口战时防护设计；防护的结构设计。

1. 案例模拟

结合 2003 年韩国大邱发生的地铁火灾，分析地铁火灾发生的原因及在这场事故中工作人员的疏忽。

2. 书面练习

1）简要回答城市轨道交通轨道系统安全管理的途径。

2）简要回答城市轨道交通轨道系统中事故的种类及应急预案应包含哪些基本内容。

3）简要回答城市轨道交通系统中影响安全的因素有哪些。

1. 教师的评价

由教师在完成本章的教学任务后填写，在相应表格中画"√"。

评价项目		教师的评价			
序号	题　目	好	较好	一般	较差
1	对本章教学过程的控制				
2	在本章教学过程中，学生的参与情况				
3	学生对本章知识学习后的效果反馈				
教师对本章教学的总结评价意见及跟进措施					

2. 学生的评价

由学生在完成本章学习任务后填写，在相应表格中画"√"。

评价项目		学生的评价			
序号	题 目	好	较好	一般	较差
1	在本章教学执行过程中教师的表现				
2	本章教学内容与社会实际需求的联系状况				
3	自己在本章学习过程中的表现				
学生在学习本章后对自己的表现评价及对教学的跟进意见					

3. 知识跟进

1）在城市轨道交通运营过程中，如果机车在隧道中间发生火灾时，应如何救援？

2）如何才能更好地对城市轨道交通系统进行防灾管理？

第 9 章

城市轨道交通系统的构成——客运组织管理

问题导入

城市轨道交通是一种容量较大、运送速度较快的交通方式，可为乘客提供安全、迅速、便捷、舒适的运送服务。车站的客运组织是客运服务工作的一个关键环节，在做好日常的客运组织工作的前提下，应着重解决好以下两个问题：在客流高峰、突发紧急事件时应怎样疏导客流、确保乘客的安全？城市轨道交通客运服务的流程是什么？本章将介绍这些知识。

学习目标

1. 明确车站客运的组织原则。
2. 掌握车站大客流的调整措施。
3. 辨析轨道交通服务质量的指标。
4. 掌握轨道交通客运服务的基本技巧。

教学建议

1. **教学场地**：在教室和车站模拟实训室中进行，课后可实地参观。
2. **设备要求**：站台、站厅环境（如闸机、进出站导向标志等）模拟设备；客流组织模拟软件。
3. **课时要求**：共 6 课时，其中课堂讲授 4 课时，模拟操作 2 课时。

理论知识

9.1 城市轨道交通客运组织管理内容

1. 城市轨道交通客运组织的概念

（1）**城市轨道交通车站客运组织的概念** 城市轨道交通主要是通过合理的客运组织来完成其大容量的客运任务。客运组织是通过合理布置客运有关设备、设施以及对客流采取有效的分流或引导措施来组织客流运送的过程。

（2）**城市轨道交通车站客运组织管理构成** 城市轨道交通车站客运组织主要包括客流

组织管理、站务组织管理、票务组织管理、服务质量管理和行车组织管理。

1）客流组织管理是指管理者为完成乘客运送服务，而组织乘客按预先设定的路线有序流动所采取的合理安全的组织管理措施，主要包括客流调查分析与预测、客流组织以及特殊情况下的客流组织（包括大客流、紧急情况下客流疏导）。

2）站务组织管理是指对车站运营各项事务性工作所进行的组织管理，主要包括车站安全巡视、客流疏导、车站卫生管理、设备的巡视维护、售检票服务、突发事件处理及接待处理乘客的投诉和建议等工作。

3）票务组织管理是指运营管理者对售检票过程管理、售检票及配套设备的管理、票价与票制管理、票卡与票证管理、票款清分结算统计管理等，并做好相应的票务处置工作，其中主要内容包括票价与票制管理、票卡与票证管理、票款管理、票务设备管理、清分结算统计管理。

4）服务质量管理是指运营管理者依据一定的质量指标管理体系，对客运服务过程的监督、检查、评价以及改进等一系列管理活动。

(3) 城市轨道交通车站客运组织的原则　车站客运组织的主要内容包括车站售检票位置的设置、车站导向的设置、车站自动扶梯的设置、隔离栏杆等设施的设置以及车站广播的导向、售检票数量的配置、工作人员的配备、应急措施等。

从客运组织的角度讲，要根据乘客进、出站路线对乘客进行引导（图9-1）。购票、过闸机、通过楼梯上站台（侧式站台地面站一侧乘客可直接进入站台）、乘车，这是旅客进站的基本流程；出站乘客则反之。进、出站流程是两个完全对称的逆向过程。影响客运组织的因素较多，不同类型的车站，其客运组织的内容有着较大的区别。中小车站的客运组织比较简单，而大车站、换乘站因客流较大、客流方向比较复杂，其客运组织也比较复杂。侧式站台的车站相对于岛式站台的车站更容易将不同方向的客流

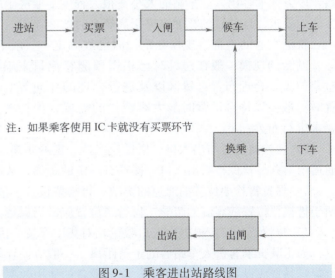

图9-1　乘客进出站路线图

分开，但不利于乘客的换乘，且售检票位置设置较分散，不利于车站管理。城市轨道交通客运工作的特点决定客运组织应以保证客流运送安全，保持客流运送过程畅通，尽量减少乘客出行时间和避免拥挤，便于大客流发生时及时疏散为目的。为此，在进行客运组织时应特别考虑下面几个原则：

1）合理安排售检票位置、出入口、楼梯，行人流动路线简单明确、尽量减少客流交叉对流。

2）乘客能够顺利换乘其他交通工具。人流与车流的行驶路线严格分开，以保证行人的安全和车辆行驶不受干扰。

3) 完善诱导系统，快速分流，减少客流集聚和过分拥挤现象。

4) 满足换乘客流的方便性、安全性、舒适性等一些基本要求。如适宜的换乘步行距离，恶劣天气下的保护、气候调节、全天候的连廊系统，为残疾人专门设计无障碍通道；又如照明、开阔的视野以及突发事件应急系统等。

(4) 城市轨道交通车站设置与客流组织的关系　车站是城市轨道交通客流的集散地，一般由出入口及通道、站厅层、站台层、设备用房、管理用房和生活用房等几部分构成。但也有些简易车站无站厅层。

因此，在进行车站设计和确定站台的客流组织方法时，要依照客流组织的原则，因地制宜地根据不同的车站形式来确定站台的客流组织方法。

城市轨道交通车站的选址、布置和规模等对其运营效果具有决定性的意义。优良的车站建筑既可以为乘客提供安全、便捷和舒适的乘降条件，又能吸引更多的乘客，获得更好的运营效益，同时可以美化城市景观，以取得经济、社会和环境的综合效益。

轨道交通车站的设置，一方面要考虑对客流的吸引，站距不能过长；另一方面要考虑保持一定的行驶速度，站距不能过短。轻轨的站距一般在 500～1000m，地铁线路的站距一般在 1000～1500m。市区的站距应该小一些，市郊可以相对大一些。

轨道交通车站的规模应能满足远期预测客流集散量的需求，并设置与之相适应的出入口数，以方便乘客出入。车站的大小在很大程度上取决于站台的长度，而站台应满足远期预测客流的要求，且站台的宽度取决于高峰小时的客流量。

轨道交通的选址、规模在建设时已经确定，一般不能再改变，出入口及通道宽度、站厅及站台的规模一般在建设时已根据预测客流量来确定，在运营管理中如何正确设置售检票位置，合理布置付费区以及进行合理的导向等对客流组织起着很重要的作用。在布置时一般要以符合运营时最大客流量的需要，保持客流的畅通为原则，因此一般按以下要求进行布置：

1) 售检票位置与出入口、楼梯应保持一定的距离。售检票位置一般不设置在出入口或通道内，并尽量保持与出入口、楼梯有一定的距离，从而保证出入口和楼梯的畅通。

2) 保持售检票位置前通道的宽敞。售检票位置一般选择站厅内宽敞的位置处设置，以便于售检票位置前客流的疏导，售检票位置应适当保持一定距离，避免排队时拥挤。

3) 售检票位置应根据出入口数量相对集中布置。因城市轨道交通车站一般有多个出入口，为了减少乘客进入车站后的走行距离，一般应设置多处售检票位置，但过多设置售检票位置容易造成设备使用的不平衡，降低设备的使用效率，且不利于管理，因而售检票位置应根据车站客流的大小集中布置。

4) 设置合理的换乘路线，应尽量避免客流的对流。客流的对流减缓了乘客出行的速度，同时也不利于车站的管理。因此车站一般对进出客流进行分流，进出站检票位置应分开设置，保持乘客经过出入口和售检票位置的线路不至于发生交叉对流。例如，在北京地铁复兴门换乘站，北京地铁 1 号线换乘地铁 2 号线是采用上下层楼梯换乘，2 号线换乘 1 号线则采取通道换乘方式，保证了两个换乘方向的客流都是单向流动，而不发生交叉对流（图 9-2）。

2. 城市轨道交通车站大客流的组织

(1) 大客流的定义　大客流是指车站在某一时段集中到达的，客流量超过车站正常客运设施或客运组织措施所能承担的流量时的客流。

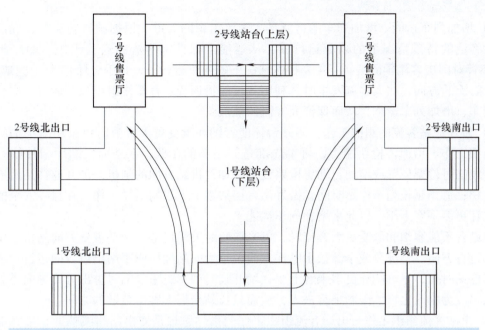

图 9-2　北京地铁复兴门站换乘示意图

城市轨道交通线路的走向一般都是客流集中的交通走廊，连接着重要的客流集散点，如铁路车站、汽车客运站、航空港、航运港等交通枢纽，大型商业经济活动中心、体育场、博览会、大剧院等人群集聚中心，以及规模较大的住宅区等。正因为如此，某些特殊车站会不定期遇到大客流。为了保证乘客的安全和正常的运营秩序，这些车站在客流组织方面应备有完善的运营组织方案和措施。在一定程度上是通过这些方案、措施补救硬件设施的缺陷。

一般来说大客流出现的时间具有规律性，如每天由于通勤原因引起的早晚高峰：大城市上班高峰大约在 7：30～9：30；下班高峰大约在 16：30～18：30。同时还应预见外界因素引起的大客流，如节假日伴随的旅游高峰期；举办重大活动（大型体育赛事、文艺表演等）；风、雨、雪等恶劣天气情况都可引起客流的大幅增加。以往的数据表明，我国"十一"黄金周和其他节假日期间，各大城市轨道交通的客流量都会在短期内急剧上升，如广州地铁 2017 年日均客运量约为 755 万人次，而 2017 年 12 月 31 日，日均客流突破千万。2005 年元旦，刚投入运营的深圳地铁由于客流量大大超过预计数量，致使 1 号线暂停运营 42min。由此可见，大客流虽然持续时间不长，但在大客流冲击的情况下，往往对客流组织形成较大甚至很大的压力，城市轨道交通运营公司必须在保证客流安全的前提下，尽快地疏散客流。

 小贴士

一般情况下，大客流出现的地点主要有：
① 与其他交通方式相连接的地铁站，如与火车站、大型汽车站相连接的地铁站。
② 地铁换乘站。
③ 与地铁沿线景点和商业中心相连接的车站。

(2) 大客流的组织方法

1) 增加列车运能。增加列车的运能是大客流组织的关键。根据预测客流量，提前编制针对大客流的特殊情况下的列车运行图，从运能上保证大客流的运营组织。如广州地铁2004年针对国庆客流预测编制了4套特殊情况下的列车运行图，并于9月17日前完成报批。根据大客流的方向，在大客流发生时，利用就近的折返线、存车线组织列车运行方案，增开临时列车，增加列车运能，从而保证大客流的疏散。

2) 做好进站客流的组织工作。当站台还能容纳和承受更大客流时可采用以下措施做好客流组织工作。增加售检票能力，可事先准备好足够的车票，在地面、站厅增加临时售票点，增设临时检票位置或增加自动售检票设备；加开进站方向的闸机；加开通往站台方向的扶手电梯；适当延长列车停站时间，做好站台层乘客上下车的引导工作，在保障安全的前提下争取让更多乘客上车，以此来增加列车运能。

当站台不能容纳和承受更大客流时，可采取暂时关闭局部、全部进站方向闸机；更改扶手电梯运行方向，将部分或全部扶手电梯方向调整为向站厅层或车站出口方向运行；适当延长列车停站时间，尽可能让更多乘客上车；增开临时列车；采取临时进出分流导向措施；把部分入口改为临时出口，限制乘客进入，从而延长站台层大客流疏散的时间。

3) 出站客流组织工作。出站客流组织工作的指导思想是使出站路线畅通，乘客能够在短时间内快速、有序地离开车站。站务人员可根据需要更改扶手电梯运行方向，将部分或全部扶手电梯改为向站厅层或车站出口方向运行；把部分或全部进站闸机改为出站闸机；采用票务应急处理模式，如采取进站免检模式，AFC紧急放行模式等。

4) 采取临时疏导措施。在大客流组织中，临时合理的疏导措施主要包括对车站出入口、站厅层的疏导以及对电动扶梯和站台层的疏导。车站出入口、站厅层的疏导主要是根据临时售检票位置的设置，引导、限制客流的方向。临时售检票位置宜设置在站外或站厅层较空旷的位置，应为排队购票的乘客留出充分的空间，确保通道的畅通和出入口、站厅客流的秩序。电动扶梯以及站台层的疏导主要是为了尽量保证客流均匀上下扶梯和尽快上下列车，保证站台候车的安全。站务人员应在靠近楼梯、扶梯处站岗并分散在站台前、中、后部以疏导乘客。采取的疏导措施主要有设置临时导向、设置警戒绳或隔离栏杆、采用人工引导及通过广播宣传引导等。

(3) 特大客流应急措施 当车站遭遇特大客流时，应遵循由下至上、由内至外的人潮控制原则。采取站台客流控制、站厅付费区客流控制、出入口（站厅非付费区）客流控制三级客流控制方法。

第一级控制站台客流，控制点可设在站厅与站台的楼梯（或电动扶梯）口处，站务人员应分散在站台的各部维持候车、出站秩序，协助列车司机开关车门，确保乘客安全上下车；第二级控制付费区客流，控制点在进站闸机处，站务人员确保有序、快捷的进站秩序，及时处理票务问题；第三级控制非付费区客流，控制点在车站出入口处，可在站外设置迂回的限流隔离栏杆，延长进站时间，最大程度缓解站台层的客流压力。只要严格按照上述三级客流控制方法，遭遇特大客流时，是能确保乘客安全和车站秩序的。

3. 城市轨道交通的换乘

(1) 城市轨道交通不同线路间的换乘方式 城市轨道交通不同线路间的换乘方式主要有站台换乘、站厅换乘、通道换乘、站外换乘和组合式换乘几种类型（图9-3）。

1) 站台换乘。站台换乘有两种方式，同站台换乘和上下层站台换乘。

同站台换乘是指两条不同线路的站线分设在同一站台的两侧，乘客可同站台换乘。这种换乘方式适用于两条平行交织的线路，采用岛式站台设计。要求站台能够满足换乘高峰客流量的需要，乘客无须换乘行走，换乘时间最短，但换乘方向受限。双岛式站台只能实现 4 个换乘方向的客流在同站厅换乘，单岛式站台每一层只能实现 2 个方向的换乘客流，其余换乘方向的乘客仍然要通过

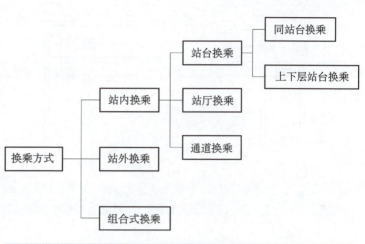

图 9-3 城市轨道交通不同线路间的换乘方式

站厅或自动扶梯、楼梯进行换乘，换乘时间相应增加。在所有换乘方式中同站台换乘的换乘能力最大，适用于优势方向换乘客流较大的情形。这种换乘方式的主要制约因素是站台的宽度与列车行车间隔。

上下层站台换乘是指乘客由一个个站台通过楼梯或自动扶梯到另一站台直接换乘。根据地铁线路交叉的情况及两车站的位置，可形成站台与站台的十字换乘、T 形换乘、L 形换乘和平行换乘的模式（图 9-4、图 9-5）。

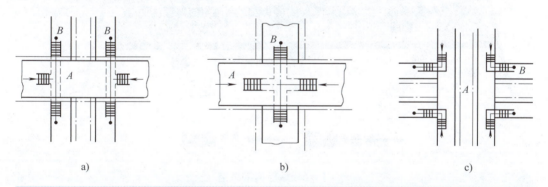

图 9-4 城市轨道交通站台十字换乘模式
a）十字岛侧换乘 b）十字岛岛换乘 c）十字岛侧侧换乘

欧洲的地铁中也有采用同一站台、不同线路车辆停靠的方式来实现换乘。这种换乘模式要求换乘楼梯或自动扶梯应有足够的宽度，以免高峰客流时发生乘客的堆积和拥挤。在所有换乘方式中该方式的换乘能力最小，其制约因素是自动扶梯（或楼梯）的运量。在上下层站台配置的组合中，交叉点越少，则换乘能力越小。提高上下车站台换乘能力的基本途径是增加站台宽度，以扩大交叉处面积。

2）站厅换乘。站厅换乘是指乘客由一个站台通过楼梯或自动扶梯到达另一个车站的站厅或两站共用站厅，再通过站厅前往另一站台乘车的换乘方式。站厅换乘一般用于相交车站的换乘，换乘距离比站台直接换乘要长。若换乘过程中需要进出收费区，检票口的能力可能成为限制因素（图 9-6）。

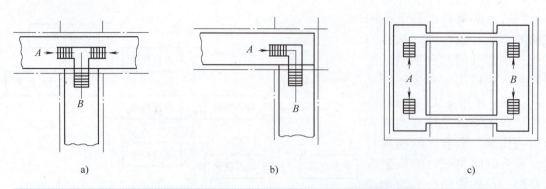

图9-5 城市轨道交通站台T形、L形、平行换乘模式
a）T形岛岛换乘　b）L形岛岛换乘　c）双通道平行换乘

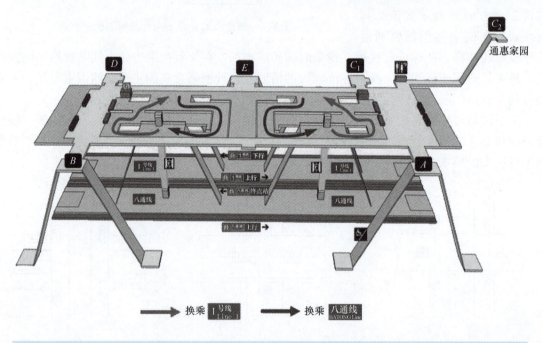

图9-6 站厅换乘举例

3）通道换乘。通道换乘是指在两个或几个单独设置的车站之间设置联络通道等换乘设施，方便乘客完成换乘。通道可直接连接两个站台，这种方式换乘距离较近，换乘时间较短；通道还可连接两个站厅收费区，换乘距离相对较远，换乘时间较长。一般情况下，换乘通道长度不宜超过100m，换乘通道的宽度可根据客流状况加宽（图9-7）。

4）站外换乘。站外换乘是指乘客在车站付费区以外进行换乘。此种换乘方式往往是客观条件不允许或设计不当造成的。乘客换乘路线可分割为出站行走、站外行走和进站行走。在所有换乘方式中站外换乘所需的换乘时间和换乘距离最长，给乘客的换乘带来很大不便，应尽量避免。

5）组合式换乘。组合式换乘是上述两种以上换乘方式组合而成的一种换乘方式，实践中往往是几种换乘方式的组合，以便使所有换乘方向的乘客均能实现换乘（图9-8）。

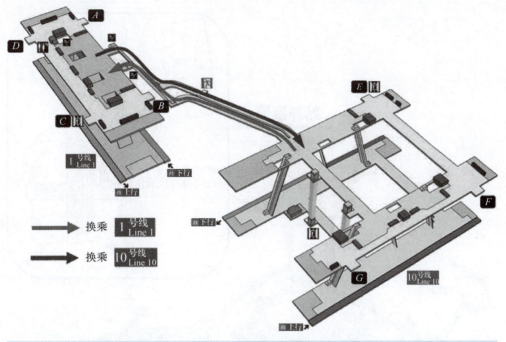

图 9-7 通道换乘举例

（2）城市轨道交通与其他交通方式间的换乘与衔接　在城市轨道交通规划中，不能强调单一轨道交通系统的建设，而忽略轨道交通系统与其他系统的衔接；或重视单一轨道交通线路建设和工程设计层面上的研究，忽视轨道交通系统内各条线路之间的整合。这些都将导致轨道交通系统内的客流衔接不顺、不便。

通过交通一体化的规划设计提高轨道交通集聚和疏解客流的能力，为乘客提供快捷、方便、舒适、安全的换乘环境，为城市枢纽地区提供良好的交通环境和开发环境，最终实现城市综合客运交通系统的最佳运输效益和效率，是非常重要的。

1）衔接的基本原则。轨道交通与其他交通方式衔接的原则应体现城市交通系统发展的整体性、协调性、便捷性、政策性和合理性，使各种交通方式能有机地结合在一起，既有分工、又有协作，充分发挥各种交通网络的运输能力，为城市的发展服务。

各条线路相互衔接组成线网，因此衔接方式必须体现交通的便捷性和舒适性。

应结合实际的工程地质条件、施工方法和各条线路的修建顺序，选择易于实施、经济可行的方案。

应结合城市规划和城市环境，选择对城市干扰小的方案。

应考虑到城市轨道交通和其他交通方式运营管理体制上的差异，选择双方均能接受的方案。

应满足远期线网客流量的要求，满足远期发展规划的要求。

2）与公交线网的衔接与换乘。城市轨道交通线路与公交线网的关系应定位为主干与支流的关系，城市轨道交通以解决城市主要客流走廊、主要干道的中远距离客流为主，平均运距一般为 6~10km。轨道交通要发挥其大运量、快速、准时和舒适的系统特征。公共电汽车运能小，但方便灵活，可将乘客送往四面八方，是解决中、短途交通的主力。根据两者的特

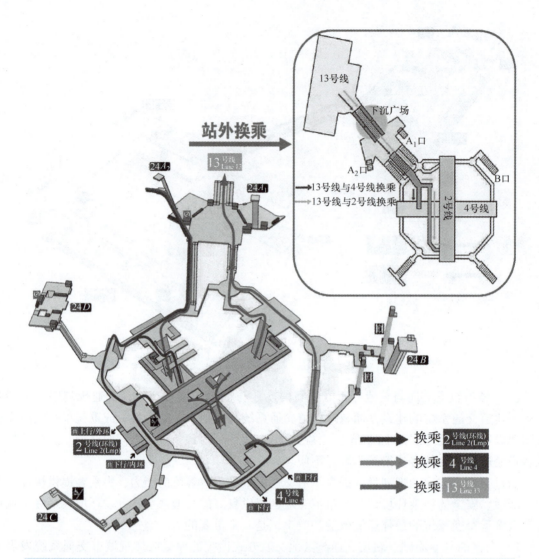

图 9-8 组合式换乘举例

点，在交通规划时应注意其相互衔接与换乘，使之发挥更大的作用。

首先，形成轨道交通与公交紧密衔接的公交换乘枢纽，实现立体化"零换乘"。一方面，尽可能为客流量大的综合枢纽站和枢纽站提供衔接公交站场用地，设置公交换乘枢纽，通过立体换乘通道实现立体化衔接和"零换乘"；另一方面，根据轨道交通站点周边公交停靠站的分布，在不影响道路交通的前提下，合理调整公交停靠站与轨道交通出入口的距离（如有必要设置立体步行换乘通道），缩短换乘时空距离，方便客流换乘。

其次，调整轨道交通沿线客运走廊的公交线路，形成相互支援、优势互补的公共交通网络，稳步提升公交出行比例。结合道路结构和功能，从"线、面"两方面优化重组公共交通系统资源，实现常规公交与轨道交通之间的优势互补：调整与轨道交通平行且重叠（三个轨道交通站区间）的公交线网，保持适当规模作辅线，在局部客流大的轨道交通线的某一段上，保留一部分公共汽车线，起分流作用，但重叠长度不宜超过 4km；以放射的形式组织与轨道交通站点衔接的公交线路，不仅要抽疏与单独一条轨道线重叠的公交线路，还要抽

第9章 城市轨道交通系统的构成——客运组织管理

疏与"十字"相交轨道网重叠的公交线路；同时在城市新建区、客流较大边缘地区以及新建道路增加送达公交线路，加强轨道交通与主要客流吸引源的客运联系，加大轨道交通对沿线客流的收集；将轨道交通线路两端的地面常规公共交通线路的终点尽可能地汇集在轨道交通终点，组成换乘站；改变地面常规公共交通线路，尽量做到与轨道交通车站交汇，以方便换乘。

其三，以轨道交通车站为核心，组织短途接驳公共汽车，加强对大型公建、主要居住区等客流的收集与疏散，延伸网络的辐射。

其四，依据车站地位不同，设计衔接形式：

① 综合枢纽站：一般采用先进的设施和空间立体化衔接，合理组织人、车流分离，以使人流换乘便捷，车流进出顺畅，便于管理。

② 大型接驳站：指位于轨道交通首末站、地区中心及换乘量较大的车站的换乘点，在此布置的地面常规公共交通线路主要为某一个扇面方向的地区提供服务。

③ 一般换乘站：为轨道交通车站与地面常规公共交通线路中间站的换乘点。一般多位于土地紧张的市区。在规划设计时，要充分考虑到轨道交通换乘量大的特点，将公交车站设置成港湾式停车站，并尽可能靠近轨道车站出入口。

3）与市郊铁路线的衔接与换乘。国内经验不多，国外一般有两种做法：

其一，市郊铁路深入市区，在市区内形成贯通线向外辐射，其主要方式是在市区内设若干站点与城市轨道交通衔接。

其二，利用原有铁路开行市郊列车，市郊列车一般不深入市区，其终点在市区边缘，并在其终点车站上与城市轨道交通进行换乘衔接。

4）与地面铁路车站的衔接与换乘。其方式主要有：在既有火车站站前广场地下单独建设城市轨道交通车站，利用出入口通道与铁路车站衔接；在地面或高架修建城市轨道交通车站，进行客流的统一组织规划；在新建和改建的火车站中，将城市轨道交通车站一同考虑，形成综合性交通建筑，方便乘客换乘。

5）与私人交通的衔接与换乘。表现在两个方面：

其一，与私人小轿车的衔接与换乘。在市区边缘轨道交通换乘车站，一般均设计或预留了较大面积的机动车停车场，鼓励小汽车用户停车换乘进城，促使个体交通向公共交通转化。这类停车场一般应布置于联系中心城区和外围城区的主要道路一侧或高等级道路出入口处，这样容易被乘客所接受。在城区，由于停车场地十分有限，相应的停车费用也比较高。

其二，与自行车的衔接与换乘。自行车交通具有自主灵活、准时可靠，连续便捷、可达性好，用户费用低廉、运行经济，节能特性显著、环境效益好等特点。调查表明：自行车的换乘客流来源一般在距车站 $500\sim2000m$ 的范围内，这样，在居民区和市区主要交叉口的车站均应考虑设置一定规模的停车场地。自行车交通衔接主要是侧重在城市中心区边缘地区、郊区和市区生活性道路附近的轨道交通站点设置自行车停车场，为自行车换乘轨道交通提供停放方便。北京地铁的一般做法是将出入口周围划出一片区域作为停车场地，但随着城市建设的发展，市中心的用地越来越紧张，这种做法越来越难以实施，这样在规模较大的车站可考虑利用地下空间设置停车场。对于处在交通较敏感的交通性干道的轨道交通站和接驳对外交通枢纽的轨道交通站，一般不提倡设置自行车停车场，以免吸引过多的自行车交通影响道路机动车交通。

对国外先进的换乘系统的分析和研究，可对我国轨道交通的建设和发展形成了借鉴和启发，少走弯路。例如北京地铁的换乘在许多方面做了很大的改进，在出站口的布置等方面做了许多工作。如阜成门站与华联商场、西单站与西单文化广场、北京站与恒基中心等都设置在一起；地铁车站的附近都有常规公交为其接运乘客；地铁的出口往往与过街通道连在一起等。这些措施既缓解了地面交通的压力，又方便了人们的出行。

但北京地铁的换乘在许多方面仍然存在不足。例如，多数地铁站附近没有汽车停车场和自行车停放处，这就无法吸引私人小汽车的客流，也会导致地铁附近的自行车乱停乱放；地铁不同线路之间换乘距离过远，在很大程度上降低了地铁出行的方便性。这些都需要改进，并应在即将修建的项目中进行很好的规划。

目前，我国各大城市还没有形成相对完整的城市轨道交通网络，为了充分发挥轨道交通的能力，加强轨道交通与其他交通方式衔接体系的研究是今后交通体系规划的工作重点。

4. 城市轨道交通应急系统

城市轨道交通系统是人群较为集中的公共设施。城市轨道交通的公共安全，特别是相对封闭、深在地下数十米、空气受到一定条件制约的地下轨道交通的安全越来越受到人们的关注，必须建立有效的城市轨道交通应急管理机制以确保乘客的安全。

(1) **城市轨道交通系统运行安全的规章制度** 城市轨道交通运营企业应根据系统特征、所在城市的地理气候环境等要素特征，制定详尽的运行安全规章制度，使系统各部门、各单位人人有章可循。运行安全规章制度可以体现在各种管理规章制度的相关条例中，还应有专门的运行安全规章制度。

小贴士

如上海地铁公司的相关规章制度就有：
① 地铁运营技术管理规程。
② 地铁行车组织规则。
③ 各车站与车辆段的行车组织细则。
④ 地铁客运组织规则。
⑤ 地铁行车事故处理规则。
⑥ 各种专业的操作规程和安全规则。
⑦ 行车事故示例救援办法。

此外，由上海市人民政府颁布了相关的地方法规——《上海市地铁管理办法》以及相关管理局（市政工程局）颁布的《上海市地铁管理办法实施细则》，作为上述系统规章制度的法律支持。

(2) **城市轨道交通的应急预警机制** 城市轨道交通运营企业应加强演习、演练，在突发事件面前有防御、有措施，建立统一、规范、有序、高效的应急指挥体系。一般应由城市轨道交通所属服务范围的交通行政管理部门会同政府相关部门（公安、消防、交通、医疗、人防、卫生、环保等）设立城市轨道交通应急领导小组和现场指挥调度机构，负责城市轨道交通系统应急预案的制定、审查和监督各种应急预案和措施的落实，协调各系统工作，对外发布文件及处理公告等。此外还应加强与这些相关部门的信息网络建设，定期模拟防灾合成演练，确保应急协调联动。

各类预案除落实人员及救援措施外,重点是设备、设施及技术措施的保证,还应使应急队伍具备快速反应能力和协同作战能力,如广州地铁公司早就建立了《地铁爆炸应急预案》《地铁发现疫情的应急预案》《地铁内发生火灾的处理预案》《列车在区间火灾的救援方案》等应急预警机制,并定期进行地铁事故应急处理模拟演练,增强了地铁站务人员对突发事故的应急处理能力。在日常工作中,救援人员在车务工程部担任检修电客列车和工程车的工作。一旦发生意外事故,需要救援人员紧急出动时,由中央控制室根据事故发生的地点、事故性质的严重性,通知有关车厂调派救援人员,迅速赶往事故地点进行救援。救援汽车出发后,事故车站的站长将派出站务人员在紧急出入口等候救援人员,并引导他们到达事故现场。应急预案的设计力求达到现实性、可行性和科学性的统一,确保救援工作按计划有序进行。各部门之间要配合紧密,防止因行动组织不力或现场救援工作出现混乱而延误救援,从而降低人员伤亡和财产的损失。

广泛开展安全宣传教育,提高地铁乘坐人员及工作人员的安全防范意识。地铁运营单位要进行广泛的社会宣传,普及安全乘车和自救知识,规范乘客的乘车行为;要保持车站、车厢内、疏散通道、平交道口等处的安全警示标志和疏散标志明显、清晰,使广大乘客能够熟悉和掌握紧急状态下的疏散方法和自我救援知识,提高乘客的安全意识和自我防范能力。

(3) 城市轨道交通系统的防灾管理指挥系统

1)设立系统防灾中心。系统防灾中心的主要职责是:统一实施防灾措施的落实、监督;统一管理防灾设施的建设、安装、运行;统一监视与报警;统一协调指挥抢险救灾工作;统一处理灾后事宜。

2)在车站、车辆基地、线路上建设与安装良好的防灾安全设施,如烟感器,温感器,自动喷水灭火系统或水幕系统,消火栓,事故通风系统和排烟通风系统,事故照明,事故电话;乘客进出闸机的紧急开启装置,防护、救援设备以及安全标志等;建设与安装监视报警系统,如在自动扶梯、楼梯、通道等处的电视监控器等。

防灾管理指挥系统在正常情况下处于监视预警状态,与城市轨道交通系统的环境控制系统可同步运行。在发生意外事故或紧急情况时,则进入紧急救护抢险状态,按预定的程序指挥组织抢险救护工作。

9.2 城市轨道交通客运服务管理

城市轨道交通工具作为一种现代化的交通工具,是一个庞大而复杂的系统,直接面对广大乘客的就是轨道交通的客运服务工作。客运服务工作是直接反映轨道交通系统运营管理水平的重要标志之一,也是反映城市文明程度的一个窗口。

城市轨道交通运营产品包括两类:

① 运营生产活动或过程的结果——乘客位移。

② 在乘客出行过程中各种服务活动或过程的结果——出行服务。

它们的组合构成了城市轨道交通运营行业的产品,两者相辅相成,反映了轨道交通行业生产性与服务性的统一。乘客位移是乘客出行的直接需求,属物质性的需求;出行服务是乘客出行的间接需求,属精神性需求。

出行服务有狭义和广义两种理解。狭义的出行服务是指销售位移产品的商业性服务,体现为售票前、中、后的服务等；广义的出行服务包括车站环境服务、信息服务、购物与办事服务等。实际上，当前世界各国的城市轨道交通运营企业为快速收回巨额投资，尽量减少亏损，提高自己的经济效益，无不在推行多种经营的政策，以争取主业和副业的相互渗透，因此，广义的出行服务越来越受到重视。

1. 城市轨道交通客运服务过程管理

（1）城市轨道交通客运服务流程　城市轨道交通将乘客从其出发站输送到目的站，轨道交通运营企业要针对乘客进站、买票、候车、换乘、出站等每一环节提供优良的人性化服务，为广大乘客提供安全、便利、舒适、快捷的出行服务。

1）引导乘客进站。在车站各出入口设立明显的导向标志，方便乘客识别并根据导向指示进站乘车。在一些轨道交通比较发达的城市，几乎每隔500m即有一个明显的站外导向标志，便于乘客选择各出入口进站。

2）问讯服务。车站的问讯服务可分为有人式服务和无人式服务，车站的工作人员应向问讯的乘客提供服务，但随着时代的发展，车站的问讯服务向自助式服务方向发展，如采用自动售检票设备，设置计算机查询平台，可供乘客查询出行线路、票价以及各类票卡的金额等功能。例如，2007年，香港铁路公司推出了首部自助客务机，该设备可实现自动售票和部分问讯功能，可协助乘客处理票务问题；同时还设有视频系统，能让乘客与地铁职员对话。香港地铁的一些大中型车站还设置了免费上网服务，乘客可在此收发邮件、查询车站附近地图、浏览时事新闻等。

3）售检票服务。目前，世界各国城市轨道交通售票服务的主要形式是人工发售或自动为主、人工为辅的方式，而且后者已经成为轨道交通售票服务的主流形式。采用自动售检票系统替代人工售票，可提供更为准确的售票服务，提高效率和水平，从发展的角度来看，也可提高企业的经济效益。

4）组织乘降。站台应设有明显的候车安全线，提示乘客在列车未进站停稳、车门未完全打开之前，不要越过安全线，以防发生意外事件。目前，大多数城市新建的地铁，大都采用屏蔽门技术，这样既可为乘客提供一个舒适的候车环境，又能保障乘客的候车安全。另外，车站还提供广播服务，可为乘客预报下次进站列车的方向及时间，提示乘客安全候车等。

5）出站验票。乘客到达目的站后，持票卡验票出站，车站应有各类导向标志，引导乘客从所需的出口出站。对所购票卡票款不足的乘客，车站应提供补票服务，如使用自动售检票系统。

（2）城市轨道交通客运服务技巧　城市轨道交通客运服务工作贯穿于乘客进站、买票、候车、换乘、出站的全过程，下面着重介绍轨道交通运营企业在售票、问讯、候车、乘客投诉等环节的基本服务技巧。

1）售票环节服务技巧。采用先进的自动售检票设备是城市轨道交通售检票服务发展的趋势，以自动售检票服务为主、人工售检票服务为辅的方式将成为票务服务的主要方式。在这种服务模式下，绝大部分乘客将通过快捷、方便的"刷卡"方式完成进出站及验票环节。但对于非常住人口、外来流动人员来说，人工售检票服务也是必不可少的，站务工作人员要注意以下技巧。

了解买票乘客的心理，有针对性地提供服务。对于需要购买车票的乘客，他们希望售票窗口有良好的秩序，这就需要客服人员掌握过硬的业务知识，在售票的同时解答乘客关于票务的各种问题，同时配合熟练的电脑操作，快捷而准确地售票，以减少乘客排队等候时间。

售票时，客服人员应做到热情周到。

改善售票环节的服务，轨道交通运营企业应设置明显的售票导向标志，引导乘客快速到达售票窗口；同时还应提供有关的票价表供乘客自行查询；若车站配备了自动售票机，应在设备上配有简单易懂的操作步骤图示或有工作人员引导使用。

2）问讯环节服务技巧。问讯处是乘客的求助中心，应为乘客提供整洁明亮的问讯环境和设施先进的问询设备。设备尽量采取"开放式"，让乘客与客服人员面对面进行交流、查询，有条件的车站应安装自助客服设备，引导乘客自行查询、解决线路、资讯及票务问题。

当乘客来到问讯处，客服人员应礼貌、亲切地问候，第一时间消除乘客焦虑和不安的情绪，创造一个和谐融洽的交流氛围。面对乘客的询问，应目视乘客全神贯注地倾听，不随便打断对方问话，待对方讲话告一段落后再做解答。如果没有听清乘客的问讯，应礼貌解释，请乘客重新叙述。回答询问要使用普通话，声音大小适中，语气温和、耐心愉快，答案简练、明确。遇到不知道或拿不准的问题，不信口开河，敷衍应付乘客，应把乘客带到有关岗位或请求其他同事帮助解答，直到乘客满意为止，力求问讯工作善始善终。

乘客问讯的问题往往涉及交通、旅游、购物、餐饮、住宿、医疗等多个方面，这就需要客服人员对相关知识多收集、多积累，在问讯服务工作中，应尽量做到百问不厌、百问不倒，更好地为乘客排疑解难。

3）候车环节服务技巧。站台是乘客候车的主要场所，保持整洁明快、清新的候车环境能极大改善乘客焦虑、紧张的候车情绪。醒目简洁的标识、宽敞明亮的站台、光亮整洁的地面、一尘不染的座椅都在无声感染着乘客，使大家自觉地维护一个舒适的候车环境。

轨道交通运营企业应在站台设置明显的列车上下行标识、线路图、首末列车时刻表，以及车站周边交通示意图等导向标志。有效地帮助新老乘客分辨列车运行方向及其他运营信息。

加强候车服务的引导，如清晰、简练、准确的列车到站广播、列车到站电子指示牌等，及时告知乘客即将到站的列车。增设站台候车处的乘客资讯系统，在列车到站播报的间隙播放天气、娱乐、新闻等资讯内容，缓解乘客候车焦虑情绪。在车门处组织引导乘客排队候车，维持先下后上、文明礼让乘车的秩序。如遇到不遵守秩序的乘客，客服工作人员应注意用和蔼亲切的语气与其沟通，切忌语气生硬，大声训斥，从而引起周围乘客的反感。

4）面对乘客投诉的服务技巧。乘客对轨道交通企业的投诉是对客运服务品质不满的一种具体表现，频繁、大量的客户投诉会严重损害运营企业的形象，轨道交通客运服务人员要正确面对、积极妥善解决乘客投诉，力争使乘客感到满意。处理乘客投诉的技巧有如下几点：

其一，态度诚恳，耐心倾听。面对乘客投诉时，首先要听清楚乘客投诉的内容。态度认真，尊重乘客是第一要义。切忌打断乘客，如有不明白的地方，应等乘客说完后再询问。倾听的过程对于乘客来说，是一个发泄不满和宣泄的过程，因而倾听过程中要有必要的回应，应配合表情和适当的肢体语言，如点头、附和等，表明你在用心听。很多时候，乘客发泄完之后，他的情绪也得到了缓和，此时问题已经解决了一半。

倾听能够传递出理解和尊重，营造了一种良好的理性氛围，感染乘客以理性来解决问题。客服人员应掌握聆听的技巧，从乘客的抱怨中了解、掌握事情发生的细节，确认问题的实质所在，找出投诉真正的原因以及所期望的结果，把握乘客投诉的目的，从而有效地避免投诉升级。

其二，真诚道歉，承担责任。无论引起乘客投诉的责任是否属于运营单位，都需要真诚地向乘客道歉。道歉是平息乘客不满情绪的非常有效的方法。面对乘客投诉，切忌推卸责任、态度生硬、敷衍了事。如确属运营企业的责任，应勇于承担责任，尽快做好补救措施及善后事宜。

其三，协商解决，及时处理。客服人员在协商解决投诉时，首先要明白乘客所希望的解决方法，充分尊重乘客意见。同时对整个事件进行评估和把握，合理地运用语言技巧，征求乘客意见，共同寻找解决问题的办法。协商一旦有了结果，则应立即进行处置。在权限范围内能够处理的要迅速解决；不能当场解决或权限之外的问题，应明确告诉乘客原因、处理过程以及解决的大体时间，并留下乘客联系方式，以便及时给乘客答复。

其四，感谢乘客。妥善处理投诉，达到乘客满意后，客运服务人员应真诚感谢投诉的乘客。因为通过乘客投诉，才能发现客运服务中存在的问题，可有的放矢地改善服务，解决隐患，将投诉转化为促进企业发展的一个契机，因此任何乘客的抱怨和意见都值得感谢。

给乘客圆满答复以后，投诉处理并未完成，这是许多运营企业容易忽视的地方，投诉处理情况一定要上报，根据企业情况，以适当的方式和频度，对一定周期的投诉要及时上报，上报时可以进行必要的分类、分析。客运服务一线接到乘客的反馈，是运营企业的宝贵资源。"千里之堤，溃于蚁穴"，重视每个服务细节，提供完备的人性化服务，是运营企业不断追求的目标。

2. 城市轨道交通客运服务质量管理

城市轨道交通客运服务工作是反映轨道交通运营管理企业管理水平的重要标志，服务质量的控制对于提高运营管理企业的服务及管理水平有着重要的意义。

（1）城市轨道交通客运服务质量指标体系　城市轨道交通服务质量主要通过安全性、准时性、方便性、迅捷性、舒适性和经济性等指标来评价（图9-9）。

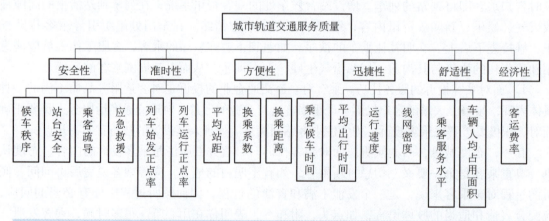

图9-9　城市轨道交通客运服务质量评价层次图

1）安全性。安全性主要反映乘客在车站内免除危险的程度。保障乘客安全一向是轨道交通行业的首要任务，因此各轨道交通运营企业都采用先进的列车控制及信号系统，确保列车与列车之间的安全间距；采用各种安全的附属设施，如安装屏蔽门、防爆罐等，确保将各种自然、人为危害降低到最低程度。每个轨道交通运营企业都建立了规范完备的安全管理制

第9章 城市轨道交通系统的构成——客运组织管理

度,始终坚持贯彻"地铁运营——安全第一"的原则。安全性的评价指标有:候车秩序、站台安全、乘客疏导、应急救援措施等几个方面。

2)准时性。准时性是城市轨道交通相对常规地面公共交通工具最突出的特点,其不受路面交通或天气的影响,每天提供将近二十小时快捷可靠的服务,具有地面公交无法比拟的优势。列车始发正点率和列车运行正点率可作为评价轨道交通准时性的指标。

3)方便性。方便性主要反映乘客乘坐轨道交通在车站内外所需时间和方便程度。影响乘客方便性的因素包括站外因素和站内因素两大类。站外因素有线网布局的合理性;站点布置的合理性——平均站距;换乘设施的合理性,如停车场、立体转车枢纽、换乘系数、乘客换乘距离等。站内因素包括车站内外导向标志的设置,自动售检票作业的设置,列车信息提供,乘客候车时间、换乘时间和乘客出行总时间等。对轨道交通方便性的评价也可用上述指标来实现。

4)迅捷性。迅捷性主要是指运营速度。乘客在从起点到终点的整个出行过程中,旅行时间由两部分组成,即车内时间和车外时间。车内时间主要由列车运行速度决定,而车外时间则与线网布设、换乘方便性及站点布设等因素有关。在我国各大城市,因为轨道交通普遍采用 A 类路权的用地形式,采取了全封闭的隔离措施,车辆运行不受横向干扰,所以运行速度较高。地铁运行速度一般为 40~80km/h,轻轨也可达 30~40km/h,市郊铁路也在 40km/h 以上,而常规公共交通目前仅为 10~20km/h,轨道交通的运营速度要比常规公交高出 1~3 倍。因此影响旅客出行迅捷性的因素主要体现在车外时间上。此外,线路的发车频率、换乘路线的设置及换乘工具的迅速程度也会对轨道交通的迅捷性产生影响。评价轨道交通迅捷性的指标包括:轨道线网密度、运送速度和乘客的平均出行时间。

5)舒适性。舒适性主要反映乘客对车站及候车环境的总体感知。为使乘客乘车舒适,应尽可能减少旅行途中的疲劳。因为轨道车辆加速与减速设计适当,所以行车比较平稳,舒适性一般要好于常规的公共交通方式。影响乘客乘坐舒适性的主要因素包括:乘客的乘坐率、车内拥挤程度、车内气温、车辆行驶的平稳性等。乘客对乘行中舒适性的评价直接反映了轨道交通运营企业的服务水平。我国目前还没有城市轨道交通乘客服务水平标准。根据《城市快速轨道交通工程项目建设标准》中制定的我国轨道车辆(地铁和轻轨)标准,定员为每平方米 6 人($0.16m^2$/人),超员为每平方米 9 人($0.11m^2$/人),超负荷系数为 1.5。相对而言,我国的定员标准还大大低于发达国家最低一级的服务水平。尽管这与我国人口众多、人们生活水平较低有关,但是相信在未来的 10 到 20 年,随着人们生活水平的提高,必定会对交通出行质量提出新的要求。对舒适性的评价可采用卫生、温度、湿度、照明、自动扶梯的使用、高峰小时拥挤程度、车辆人均占有面积(m^2/人)、无障碍化设施和服务态度等指标。

6)经济性。经济性主要是针对乘客而言的。对乘客来说,合理、便宜的票价,是轨道交通吸引乘客的主要因素。票价的制定既要保证运输企业效益,又要考虑社会整体利益。乘客所能接受的票价的高低也与该地区的经济水平有关。在本评价体系中,采用"客运费率"(即乘客每百公里车票费用与该地区平均月收入之比)来衡量。在数据缺少的时候可以对乘客进行问卷调查,根据乘客对票价反映的百分比确定轨道交通的经济评价。

(2) 城市轨道交通客运服务质量的控制

1) 要对客运服务制定目标。这个目标的确定直接影响着客运服务的质量，决定了客运服务质量的水准（表9-1）。

表 9-1　北京地铁公司 2008 年服务战略

目标	2008 年前，争取 ISO 9000 认证，达到国际先进水平
对策	研究制定并实施地铁奥运行动计划 调研乘客需求 制定完善地铁服务质量标准
具体工作	一、致力于安全 　　行车安全、设备安全、治安秩序安全 二、行车组织 a）严格按计划正点行车 　　年平均正点率由 99.5% 提高到 99.8% 　　近期向乘客公布全日列车到发时刻表 b）缩小行车间隔 　　由最小 3min，最大 15min 缩小到最小 2min，最大 10min c）减小拥挤程度 　　日平均满载率 50%，高峰超载 10% 以内 d）提高旅行速度 　　由 33km/h 提高到 36km/h 三、客运组织 　　组织乘客有序流动，引导乘客文明乘车、文明乘梯 四、站、车环境 　　实施精品站、精品车计划 五、服务设施 　　完善票务设施、扶梯、导向标志、地下通信等服务设施 六、员工服务 　　提升员工形象、语言、态度和各种服务技能

2) 要对客运服务进行现场管理。这是客运服务质量管理的实施、落实的有效手段。服务质量的现场管理，是以满足乘客的出行需求和精神需求为目的，也就是要尽可能满足乘客对安全性、准时性、方便性、迅捷性、舒适性和经济性的要求。为了满足这些要求就要对人、设备、设施、方法和环境五大因素进行控制，可以从以下几个方面来开展服务现场的质量管理工作：

① 安全管理：对轨道交通行业来说，安全总是最根本的。离开这个前提来谈服务质量就毫无意义。因此，必须把安全管理纳入到服务质量管理的范畴中。

② 操作管理：车站的服务主要是通过服务人员在现场的操作来体现。服务人员的操作水平直接反映了服务质量，所以操作管理就显得格外重要。

③ 设备管理：强调服务质量的同时，若相对忽视了处于静态的设施状况，这样的服务质量，肯定不会是高水平的服务质量。设备管理的好坏与服务质量的高低密切相关。为带给乘客更舒适及方便的服务，香港铁路公司耗资十二亿港元于 2001 年 9 月完成了列车现代化计划。改装后的列车换上了新设计的通风及照明系统以及新地板、新内部装修及更佳的无障碍设施等。同时改良了原有的车厢座位、标志、悬挂扶手、扶手柱及驾驶室等设施。

④ 卫生管理：为乘客提供一个清洁舒适的乘车环境是十分重要的。卫生管理的好坏直接影响到企业的形象。

3）要对客运服务进行跟踪，这是对车站客运服务质量管理的有效保障。因为，即使在完成了对客运管理模式的建立并加强了服务质量的现场管理之后，全面服务质量管理的体系仍然尚未彻底形成。虽然现场管理可以从一个局部来保证服务的质量，但从客运服务的流程来看，还需要建立起一种有效的机制，来全面考察服务质量的整体状况。

(3) 城市轨道交通服务质量的监督　城市轨道交通作为一个服务性的行业，发生投诉、纠纷事件是不可避免的，妥善接待、圆满处理投诉及纠纷事件，是树立良好企业形象、提升企业管理水平的重要体现。

我国轨道交通行业建立了两级投诉机制：乘客可向轨道交通运营企业和当地轨道交通政府主管部门投诉。城市轨道交通运营企业应建立相应的投诉处理制度，可设立服务热线接待乘客的咨询和投诉。运营企业接到投诉后，应及时进行调查，按时回复。对一般投诉，原则上应在 3 日内处理完毕。处理投诉时应做到态度诚恳、用语文明、依章解释，并且追访乘客对投诉处理是否满意。

乘客投诉处理是企业质量管理的一个组成部分，从投诉中可以发现企业管理的薄弱环节，一些好的建议、好的想法也是在乘客的投诉中引起管理部门的重视，从而进行改进完善。因此，投诉的接待处理是企业日常管理工作的一个组成部分，对提高服务质量和管理水平起着促进作用。

1. 操作练习

1）参观城市轨道交通车站或站务实训室，分析车站相关设备的设置原则。

2）利用实训室设备，组织同学进行大客流组织的模拟演练。

2. 书面练习

1）简述城市轨道交通车站大客流的组织方法。

2）简述城市轨道交通客运服务质量的指标体系。

1. 教师的评价

由教师在完成本章教学任务后填写，在相应表格中画"√"。

序号	评价项目	教师的评价			
	题 目	好	较好	一般	较差
1	对本章教学过程的控制				
2	在本章教学过程中,学生的参与情况				
3	学生对本章知识学习后的效果反馈				
教师对本章教学的总结评价意见及跟进措施					

2. 学生的评价

由学生在完成本章学习任务后填写,在相应表格中画"√"。

序号	评价项目	学生的评价			
	题 目	好	较好	一般	较差
1	在本章教学执行过程中教师的表现				
2	本章教学内容与社会实际需求的联系状况				
3	自己在本章学习过程中的表现				
学生在学习本章后对自己的表现评价及对教学的跟进意见					

3. 知识跟进

1)城市轨道交通运营过程中,大客流会对安全产生哪些影响?

2)如何更好地改善客运服务质量?

第 10 章

城市轨道交通系统的构成——行车调度

问题导入

一条城市轨道交通线路上，每天有数百次列车在往返运行，其行车间隔越来越短，如何保证列车在线路上正常运行而不追尾相撞呢？行车调度又是按照什么标准来组织行车的呢？如果发生意外，又该怎么办呢？本章将详细讲述以上相关知识。

学习目标

1. 能明确调度工作的重要性。
2. 能看懂不同类型的列车运行图，知道列车运行图的编制步骤。
3. 理解正常及特殊情况下的行车组织工作。
4. 掌握调度工作分析的内容。

教学建议

1. **教学场地**：在教室和控制中心模拟实训室中进行，课后可动手操作。
2. **设备要求**：至少具有控制中心模拟软件1套，不同种类的列车运行图1张。
3. **课时要求**：共6课时，其中课堂讲授4课时，模拟操作2课时。

理论知识

10.1 城市轨道交通调度的工作内容

1. 城市轨道交通调度工作的作用与任务

城市轨道交通运输调度是轨道交通企业日常运输组织的指挥中枢，担负着组织行车、提高运营服务质量、确保运输安全、完成乘客运输计划和实现列车运行图的重要责任。它对城市轨道交通日常工作的开展起着决定性的作用。

在运营过程中，为了保证完成乘客运输计划，实现列车运行图，必须进行一系列的日常工作组织，城市轨道运输工作的日常工作组织就是通称的调度工作。

城市轨道交通调度工作的任务，就是科学地组织客流，经济合理地使用各种设备，不断挖掘运输潜力，根据列车运行图和每日的具体状况，促使与运输相关的各部门密切配合，采用相应的调整措施，努力完成运输生产任务，以满足乘客出行的需要。

2. 城市轨道交通调度机构

为了实现安全正点地行车，进行不间断的组织指挥和监督，城市轨道交通企业都会设置控制中心。控制中心将整个运输生产活动按业务性质分成若干部分，并设置不同的调度工种，分别管理不同的工作。如在控制中心中，通常设置行车调度员、环控调度员和电力调度员等调度工种。各专业调度就是在控制中心中完成对列车和车站的监控，以保证各条线路的安全运营。

值班主任是调度班组工作的领导者。在值班中，值班主任接受控制中心主任的领导，负责统一指挥协调各种调度工种及车站、车辆段的相关人员的工作，并组织处理运营中出现的各种故障和事故。

行车调度员是一个调度区段行车工作的指挥者，负责监控列车的运行状况，掌握列车的运行、到发情况，发布调度命令，检查各站、段执行和完成行车计划情况；在列车晚点或发生事故时，组织和指挥车站工作人员、列车乘务员以及相关的各个部门及时采取相应措施，尽快恢复列车运行，减少运营损失。

环控调度员的职责主要是监控通风、空调、给排水等和环境相关的各种设备，及时调节所管辖区段内的温度、湿度、空气流动速度和含尘量等各种参数，以保证候乘环境的质量，满足乘客的出行需要。

电力调度员的职责主要是监控变电所、接触网以及供电相关的各种设备，并及时采集各种数据，保证各个车站和列车供电的可靠性与安全性。

城市轨道交通调度机构具体分工如下：

① 运营控制中心（OCC），对全线列车运营和设备运行情况进行监视、控制、协调、指挥和调度。

② 车辆段控制中心（DCC），是车辆段管理、车辆维修组织和作业的控制中心，负责车辆段范围内的行车组织和车辆的配备、检修和管理。

③ 车辆段信号控制室。集中控制车辆段范围内的进路、道岔和信号机，车辆段信号控制室与其邻接车站通过进路照查电路，共同组织与监控列车进出车辆段。

④ 车站综控室，主要任务是接发列车，并做好乘客服务工作，遇突发情况进行应急处理，确保行车安全和乘客人身安全。

⑤ 行车调度员，负责城市轨道交通的日常行车组织和指挥工作，按照运营时刻表的要求组织行车；负责调集人力物力和备用车辆，疏导突发大客流；负责组织、实施正线、辅助线范围内的行车设备检修以及各种施工和工程车运输作业；负责组织处理在运作过程中发生的各种故障与事故；负责监督协调供电系统的运作。

⑥ 列车司机，严格按照运营时刻表，正确执行各种作业程序，安全驾驶列车，必须严格执行有关安全规章制度，听从行调指挥，并做好交接车工作。

⑦ 车站行车值班员，负责车站行车工作，执行行调命令，严格按列车运行图组织行车；负责现场人工排列进路；正确填写各种行车日志。

⑧ 车辆段运转值班员，合理安排列车交路；组织临修车、掉线车的抢修；组织好车辆的整备，保证列车正点出库；掌握车辆维修日期，及时公布计划，按时扣车；掌握备用车的加入、解除和回送；掌握列车位置与状态，车辆段状况；编制与下达调车计划；应急调配乘

务人员的指挥。

⑨ 车辆段信号楼值班员，服从运转值班员指挥；按时办理闭塞，及时正确开放信号；有道岔、信号故障时，立即人工操作，及时汇报；掌握段管线路、道岔、施工、维修及车辆位置；确保列车出入库及调车安全；具体指挥调车作业；及时办理传递临时命令与通知；道岔清扫与保养工作。

3. 行车调度工作

在各专业调度中，行车调度是运输调度工作的核心工种，担负着指挥列车运行、贯彻安全生产、实现列车运行图和完成运输计划的重要任务。

(1) **行车调度员的基本职责**　行车调度员是列车运行的组织者和指挥者，其基本职责为：

1）组织指挥各部门、各工种严格按照列车运行图的规定和要求行车。
2）组织列车到发和途中运行，监控列车行车和设备运转状况。
3）根据客流变化，及时调整列车开行计划。
4）列车晚点、运行秩序紊乱时，通过自动或人工列车运行调整，尽快恢复按图行车。
5）发生行车事故时，应按照规定立即向上级和有关部门报告，并迅速采取救援措施，最大限度地减少人员伤亡、降低事故损失、防止事故升级、及时恢复列车的正常运行。
6）安排各种检修施工作业，组织施工列车开行。

(2) **行车调度员的岗位要求**　鉴于行车调度员对列车的安全运营起着决定性的作用，因此每个城市轨道交通企业对行车调度员的要求都是非常严格的。从总体上讲，行车调度员不仅需要扎实的专业知识，还需要具备较高的能力（如分析处理问题能力、反应能力和沟通能力等）。一般来说，从事行车调度工作的人员应具备下列基本条件：

1）有较高的思想政治觉悟，爱岗敬业，遵章守纪，团结协作，文明礼貌，有严肃认真的工作态度。
2）具备大专及以上学历。
3）从事城市轨道交通行车工作三年以上。
4）通过心理素质测试。
5）经过调度专业知识学习。
6）经过跟班实习。
7）熟悉人、车、天、地、电、设备、规章等各种和运营相关的情况。

人：熟悉各站值班站长及乘务人员的基本情况，包括他们的业务能力、工作习惯、家庭情况和个性特点等，以便于更好地组织工作。

车：熟悉车辆结构、列车的基本工作原理以及车辆主要系统（如制动系统、转向架系统和传动系统等）常见故障的处理方法，以便于在车辆出现故障时能沉着冷静地进行合理调度，使故障的影响降到最小。

天：熟悉天气变化对行车造成的影响（如雨、雪天对站厅、站台的影响；露天线路，天气变化可能给行车工作带来的影响等）。行车调度若能及时掌握天气变化，便可以根据不同的天气情况提前采取有效的调整措施，以保证列车安全、正点地运行。

> 地：熟悉列车运行过程中途经线路的曲线、坡度、信号机布置、桥隧及建筑物限界等情况。
>
> 电：掌握所管辖区段线路牵引供电区域的划分以及供电情况。
>
> 设备：主要指信号设备、环控设备、火灾报警设备、车站监控设备、售检票设备、电扶梯系统、动力照明系统、屏蔽门等和列车运行相关的各种设备。
>
> 规章：行车调度应全面掌握《技术管理规程》《行车组织规则》《行车调度规则》和《行车事故处理规则》等各种和列车运营及事故处理相关的各种规章制度。

(3) 调度命令

1) 调度命令的发布。调度命令是调度人员在工作中对有关行车人员发出的指示或命令，只能由值班行车调度员发布。在发布调度命令之前，值班行车调度员应详细了解现场的情况，认真听取有关人员的意见。调度命令的内容应简明扼要，术语标准，不得任意简化。调度命令发布后，有关作业人员必须严格执行，不得违反。

调度命令必须一事一令，先拟后发。调度命令包括书面命令和口头命令。需发布口头调度命令的情况包括：临时加开或停开列车（包括客车、工程车及救援列车）；客车推进运行、退行，工程车退行；停站客车临时变通过；改变列车驾驶模式等。需发布书面调度命令的情况包括：封锁、开通区间；向封锁区间开行救援列车、施工列车；临时变更或恢复原行车闭塞法；反方向行车；封站或解除封站；行车调度员认为有必要记录的命令等。

2) 行车调度命令的格式。为了使行车调度命令发布规范化、用语标准化，调度命令的内容要准确、简练、清晰、完整，从而提高工作效率，确保安全生产。各轨道交通企业均应对常用的行车调度命令格式和用语进行统一，其目的是强化发布调度命令的标准化，保证行车的安全。以国内部分城市轨道交通系统为例，现列举几种常用的调度命令格式（表10-1、表10-2、表10-3和表10-4）。

表10-1 加开工程车的命令格式

受令处所	车场信号楼、派班室、××～××各站，车场派班室（××站）交×××次列车司机	日期	命令号码	行调代号	发令时间
		×××	×××	×××	×××
命令内容	① 因××单位施工需要，准（车厂是）××站至××站上行/下行正线加开×××次，返程××站至××站（至车厂）开×××次 ② ×××次车厂（××站）开×时×分 ③ ×××次凭地面信号显示行车 ④ ×××次到××站上行/下行站台待令				

表10-2 封锁命令的格式

受令处所	××站～××站，××站交×××次列车司机	日期	命令号码	行调代号	发令时间
		×××	×××	×××	×××
命令内容	① 自发令时起，××站至××站上/下行正线线路封锁 ② 准×××次进入该封锁线路进行救援工作				

表 10-3　消限命令的格式

受令处所	车厂派班室、车厂调度、××~××站，车厂派班室各次列车司机（××站交×××次列车司机）	日期	命令号码	行调代号	发令时间
		×××	×××	×××	×××
命令内容	自发令时起，前发×××号令取消，××站至××站上/下行正线（××km+××m~××km+××m，轨道区段×××）限速				

表 10-4　采用站间电话联系法的格式

受令处所	××站~××站，××站交×××次列车司机	日期	命令号码	行调代号	发令时间
		×××	×××	×××	×××
命令内容	因××站联锁设备故障，自发令时起，××站至××站上/下行正线实行站间电话联系法组织行车				

3）调度命令的传达。行车调度员发布命令时，在车辆段由派班员负责传达，在正线由车站值班站长（行车值班员）负责传达，传达给列车司机或其他相关人员的书面命令应盖有车站（车辆段）行车专用章。同时向几个单位或部门发布调度命令时，为确保命令传达准确无误，行车调度员应指定其中一人复诵其口头命令内容，其他人核对，确保无误。发布书面调度命令必须填写《调度命令登记簿》。

10.2　列车运行图

1. 列车运行图的意义

（1）列车运行图是列车运行的基础　列车运行图规定了各次列车占用区间的顺序，在每个车站到达、出发或通过时刻，列车在区间运行时间，以及列车在车站的停站时间和在折返站折返所需时间等。它能直观地显示列车在时间和空间上的关系，能直观地显示列车在各区间的运行及在各车站停车或通过的状态。

（2）列车运行图是一个综合性计划　城市轨道交通是由信号、车辆、通信、线路、机电等多个部门组成的技术密集型的交通系统，它要利用多种技术设备，要求多个部门和工种的协调配合才能完成运输任务。因此，城市轨道交通企业通过列车运行图将整个运输生产活动联系成一个统一的整体，把和列车运行相关的部门组织起来，在保证合理、安全运营的前提下，按照列车运行图的需要制订各自的生产计划，并按照一定的程序进行工作，共同保证列车安全、正点运营。

2. 列车运行图的基本概念

（1）列车运行图的含义　列车运行图（图 10-1）是利用坐标系原理表示列车运行的一种图解形式，它是表示列车在各站和区间运行状态的二维线条图，能直观地显示各次列车在时间和空间上的相互位置和对应关系。

在图 10-1 中，各部分的含义说明如下：

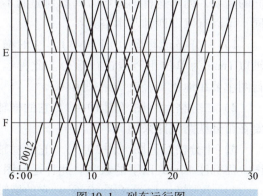

图 10-1　列车运行图

1）横坐标。表示时间，按要求用一定的比例进行时间划分。

2）纵坐标。表示距离，根据区间实际里程，采用规定的比例，以车站中心线所在位置进行划分。

3）垂直线。一簇平行的等分线，表示时间等分段。

4）水平线。是一簇平行的不等分线，表示各个车站中心线位置，一般叫作站名线。它的确定主要有两种方法：

① 按区间实际里程比率确定：即按照整个区段各个车站实际里程的比例来确定站名线的位置。采用这种方法，列车运行图上的站间距能完全反映实际情况，能明显表示出站间距的大小。但是由于各区间线路和横纵断面的不同，列车运行的速度也不相同，列车在整个区段的运行线是一条折线。这样画出来的列车运行图非常不美观，并且不利于发现区间运行时分上的差错，所以一般不采用此种方法。

② 按区间运行时分比率确定：即按照整个区段内各车站间列车运行时分的比例来确定站名线的位置。采用这种方法，虽然不能表示出站间距的大小，但是在列车运行图上的运行线基本上是一条斜直线，这样既美观，又可以直观地发现列车在区间运行时分上的差错，因此大多数企业采用此种方法。

5）斜线。即运行线，是列车运行的轨迹。一般以下斜线表示下行列车，上斜线表示上行列车。

6）车次。列车运行图上每次列车都规定有特定的车次。一般来说，上行车次为偶数，下行车次为奇数。

其实，根据横纵坐标表示的变量不同，城市轨道交通企业所运用的运行图主要有两种形式，不同的企业根据实际情况会采用不同形式的运行图。一种是横坐标表示时间，纵坐标表示距离（图 10-1）的运行图。目前，大多数城市轨道交通的运行图都采用这种形式。另一种是横坐标表示距离，纵坐标表示时间的运行图。这时，运行图上横线表示时间，竖线代表车站中心线。有个别城市的轨道交通企业采用此种类型的运行图（图 10-2）。

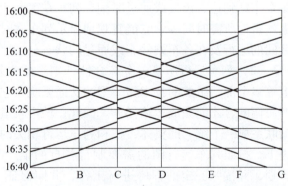

图 10-2 横坐标表示距离，纵坐标表示时间的运行图

（2）列车运行图的格式 为了适应不同的需要，列车运行图按照时间段划分的不同，可以有以下四种基本格式：

1）一分格运行图（图 10-3）。它的横轴以 1min 为单位用竖线进行等分。此种运行图主要在地铁、轻轨线路采用。

2）二分格运行图（图 10-4）。它的横轴以 2min 为单位用竖线进行等分。此种运行图主要在市郊铁路线路采用。

3）十分格运行图（图 10-5）。它的横轴以 10min 为单位用竖线进行等分，并且在运行图上需标注 10min 以下的数字。此种运行图主要在铁路运输企业采用。

4）小时格运行图（图 10-6）。它的横轴以 1h 为单位用竖线进行等分，并且在运行图上标注 60min 以下的数字。此种运行图主要在编制旅客列车方案图、机车周转图时采用。

第 10 章 城市轨道交通系统的构成——行车调度

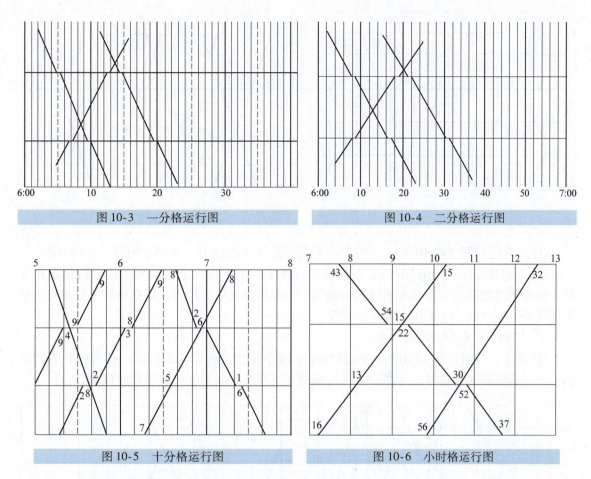

图 10-3　一分格运行图

图 10-4　二分格运行图

图 10-5　十分格运行图

图 10-6　小时格运行图

（3）**列车运行图的分类**　根据线路的技术设备状况、列车运行速度、上下行的列车数量以及列车运行方式的不同，列车运行图可以分为不同的类型。

1）按区间正线数目不同分类。

① 单线运行图（图 10-5）：在单线区段上，上下行方向的列车都在同一正线上运行，两个方向的列车必须在车站进行交会。单线运行图多数在运量不大的市郊铁路运用。

② 双线运行图（图 10-3）：在双线区段上，上下行方向的列车分别在各自的正线上运行，两个方向的列车运行互不干扰。绝大多数地铁、轻轨都采用此种类型的运行图。

③ 单双线运行图（图 10-7）：单线区段和双线区段分别按照单线和双线运行图的特点铺画运行图。

2）按列车的运行速度不同分类。

① 平行运行图（图 10-8）：在同一区段内，同一方向的列车运行速度相同，因此运行图中列车运行线是相互平行的，并且在该区段内列车无越行。一般地铁、轻轨所用的运行图都是此种类型。

② 非平行运行图（图 10-9）：列车运行图中铺画有不同速度和不同类型的列车，因此运行图中的运行线相互不平行。在城市轨道交通系统中，市郊铁路会采用此种类型的运行图。

3）按上下行列车数量不同分类。

215

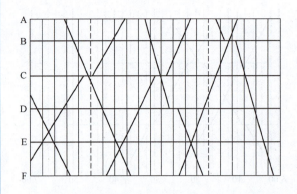

图 10-7　单双线运行图　　　　　　图 10-8　平行运行图

① 成对运行图（图 10-8）：在这种运行图上，上下行两个方向列车的数目是相等的。

② 不成对运行图（图 10-7）：在这种运行图上，上下行两个方向列车的数目是不相等的。城市轨道交通上下行列车数目基本相等，大都采用成对运行图，只有在上下行方向运量不相等的个别区段，才采用不成对运行图。

4）按列车运行方式不同分类。

① 连发运行图（图 10-10）：在这种运行图上，同方向列车的运行是以站间区间为间隔的。在单线区段采用这种运行图时，在连发的一组列车之间不能再铺画对向列车。

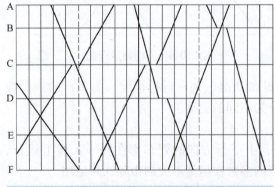
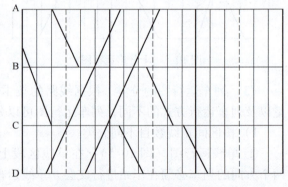

图 10-9　非平行运行图　　　　　　图 10-10　连发运行图

② 追踪运行图（图 10-11）：在这种运行图上，同方向列车的运行是以闭塞分区为间隔的，一个站间区间内允许几列列车同时运行。目前，大多数地铁、轻轨采用这种追踪运行图。

以上分类，都是针对列车运行图的某一特性进行区分的。实际上，在每张列车运行图都有若干方面的特点。例见图 10-11，它是双线、平行、成对和追踪运行图。

3. 列车运行图的要素

根据列车运行图的特殊性，可以将列车运行图分为不同的种类。而列车运行图的共性，则是组成列车运行图的各项基本的要素。这些要素的实质就是把列车在运行过程中按空间或时间上衔接的特征划分为若干单项作业。在编制列车运行图之前，我们首先要确定这些基本要素。

列车运行图包含的要素很多，这里主要介绍以下几种要素：列车区间运行时分、列车停站时分、列车折返时分、调车时分和追踪列车间隔时间等。

(1) 列车区间运行时分　列车区间运行时分是指相邻两个车站之间的运行时间标准，即列车由某站起动不再停车，按规定速度运行至另一站完全停稳这一系列作业所需要的时间。这个时间的确定是以牵引计算为理论依据，并结合查标和列车试运行的方法进行确定的。在实际运行中，由于列车性能、列车重量、乘务员驾驶熟练程度的不同等原因，实际的区间运行时分与牵引计算值之间是存在一定误差的。但随着时间的推移，在适当的条件下，可以对区间运行时分进行修正，以充分发挥各项设备的能力，满足运营的需要。

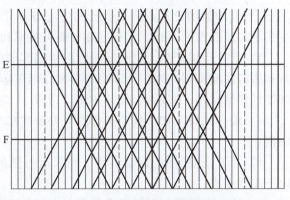

图 10-11　追踪运行图

(2) 列车停站时分　列车停站时分是指列车在中间站办理乘客乘降作业所需要的停车时间标准。列车停站时间应在满足客运组织的前提下，尽可能地压缩，以提高线路通过能力和运行速度。影响列车停站时间的因素主要有：车站上下车人数、平均上（下）一个乘客所需时间、开关门时间、车门和屏蔽门的不同步时间、确认车门关妥与信号显示时间以及列车司机反应时间等。

(3) 列车折返时分　列车折返是指列车到达终点站后转线运行。折返时分的确定不仅是列车运行图中的一个重要因素，而且是实际行车组织工作中非常重要的一环。列车折返能力直接决定着一条线路的通过能力。列车折返时分的确定也要根据折返线设置的不同、折返方式的不同进行分别计算。目前，列车折返方式主要有站前折返和站后折返两种。站后折返是利用站后尽端的折返线进行折返，站前折返是利用站前渡线进行折返。不同折返方式所进行的作业不同，导致列车折返时分的不同。

(4) 调车时分　调车时分是指办理调车作业所需要的时间标准。这里所讲的调车时分，主要是指列车从车辆段运行至正线车站的时间。这段时间主要包括列车在车辆段与正线防护信号机间的运行时间、列车在正线防护信号机与列车始发站间的运行时间。

(5) 追踪列车间隔时间　在采用自动闭塞、超度防护自动闭塞线路的一个站间区间内，同方向有两列列车以闭塞分区为间隔运行，称为追踪运行。追踪运行的两列列车在运行过程中相互不受干扰的最小间隔时间称为追踪列车间隔时间。追踪列车间隔时间的大小和信号类型、列车性能、线路状况、行车组织方法等因素有关，但是随着科学技术的不断发展，实现更小的列车间隔的移动闭塞是城市轨道交通发展的趋势。

4. 列车运行图的编制

随着城市轨道交通客运量的不断增长，尤其是当轨道交通形成网络之后，客运量的增长日益显著。同时，随着各项新技术、新设备的使用和运输组织工作的不断改进，列车运行的速度也在不断提高，因此每经过一定的时期，就要重新编制一次列车运行图。

(1) 编图要求　列车运行图的编制应符合以下要求。

1）确保行车安全。列车运行图应符合各种行车规章的有关规定，严格遵守行车作业程序和时间标准。

2）合理运用设备。列车运行图应充分利用线路的通过能力，达到运力与运量的匹配，在满足客流需求的同时，注意提高车辆满载率和运行速度。

3）优化运输产品。列车运行图应根据客流的特点，开行运行间隔、编组数量、站停次数和旅行速度不同的列车，以吸引乘客。列车运行图应合理规定列车的到达、出发时刻，合理规划停站时间，缩短乘客出行时间。另外，应注意与其他交通运输工具的相互衔接配合。

4）配合站段工作。列车运行图应安排列车均衡交错到达换乘站，使车站作业能力比较均衡。

(2) 列车运行图的编制步骤　列车运行图的编制由运营管理部门负责组织，大体经过以下步骤完成。

1）按要求和编制目标确定编制列车运行图的注意事项。

2）收集编图资料，对有关问题组织调查研究和试验。这里所说的编图资料主要有：全线各区段分时班次计划，列车最小运行间隔，列车在区间计划运行时分，列车在各站的计划停站时间，列车在折返站/折返线上的折返及停留时间，列车出入车辆段的时间标准，可用列车或电动车组的数量，换乘站能力及其使用计划，首班车时间和末班车时间，列车交路计划，供电系统作业标准及计划，乘务组工作制度、乘务组数量及工作时间标准，现行列车运行图执行情况分析及改进意见，沿线设备运用及进路冲突数据等。

3）编制列车运行方案图。编制列车运行方案图是列车运行图编制工作中一项十分重要的工作。它主要为了解决以下问题：

第一、方便乘客。方便乘客是衡量城市轨道交通运输企业服务水平的一个重要标志，具体表现为乘客时间的节约。因此，在编制列车运行方案图时，要认真排定首班车和末班车的发、到时刻，并注意与其他交通工具的衔接配合；合理规定列车停站站名、停站时间以及列车在区间内的运行时间，以提高运行速度和减少旅客的乘车时间；换乘站应安排好列车的到发时刻，使几条线路列车合理的衔接配合，减少乘客在车站的换乘时间。

第二、经济合理地使用车辆。在车辆不足或客流量增长较快的情况下，充分挖掘潜力并加速车辆周转，对城市轨道交通运输有着重大的意义。减少运用车组数可以采用适当压缩列车在折返站的停留时间，合理安排列车回段检修等方法。

第三、列车运行与车站客运作业过程的协调。在运营高峰时间，通常行车密度比较大，在采用岛式站台的车站上，如两个方向或几个方向的列车同时到达，会造成车站内的拥挤。因此，为避免车站客运组织工作出现困难，在铺画列车运行方案图时，应安排不同方向的列车在车站交错到达。

第四、列车运行与车辆段有关作业的协调。在城市轨道交通中，车辆的列检作业是我们必须考虑的问题之一。在保证有足够作业时间的同时，也要尽可能使各个车组在列车运行图上连续运行的周期数大体均衡。

4）征求调度部门、行车和客运部门、车辆部门意见，进行必要调整。

5）根据列车运行方案，铺画详细列车运行图，编制列车运行时刻表和编制说明。

在一分格的列车运行图上铺画每一条列车运行线，即根据列车运行方案图和有关资料，详细规定列车在每个车站的到达、出发和通过时刻，以及在区间的运行时分和折返站折返时间等。在铺画详图时，可以按照需要对方案图所拟定的列车运行线进行适当的调整。

6）编制分号运行图。为适应运量波动需要应编制分号运行图，一般地，城市轨道交通列车运行图可以按照周一到周四、周五、周六~周日、十一黄金周等情况进行分号编制，以适应不同运量的需要。

7）列车运行图编制质量的检查。列车运行图编制完成后，必须对列车运行图进行全面的质量检查，检查的主要内容有：运行图上铺画的列车数和折返列车数是否符合要求；列车运行线的铺画是否符合规定的各项作业时间标准；换乘站的列车到发密度是否均衡；列车乘务员的工作和休息时间是否符合规定的时间标准等。

8）计算列车运行图指标。通过检查确认的运行图满足规定的要求之后，还要计算列车运行图的各项指标。主要有：列车列数和折返列车数、旅客输送能力、高峰小时运用列车数、全日车辆总走行公里、车辆日均走行公里、车辆全周转时间、车辆周转时间、技术速度、旅行速度、满载率、列车正点率及平均运距等。

9）将编制完毕的列车运行图、时刻表和编制说明报有关部门审核批准执行。

(3) **实行新图前的准备工作**　列车运行图经过最后批准后，为了保证新图能够正确、顺利的实行，必须在实行新图前进行以下准备工作。

1）发布实行新图的命令。
2）印刷并分发列车运行图和列车时刻表。
3）拟定执行新图的技术组织措施。
4）组织有关人员学习新图。
5）根据新图的规定，组织各站段修订《行车工作细则》。
6）做好车辆和司乘人员的调配工作。

10.3　列车运行组织

1. 正常情况下的行车组织

城市轨道交通行车组织就是采取各种技术手段保证列车运行系统、客运服务系统、检修保障系统的专业设施、设备的正常、合理的运转，从而实现安全、舒适、快速、准时、便利地运送旅客，以满足乘客出行的需要。城市轨道交通行车组织不同于干线铁路，基本上只从事列车运行组织和接发车两项作业，主要由控制中心和车站两级部门完成。正常情况下的列车运行控制，根据信号设备所能提供的运行条件，一般分为调度集中控制（统一人工控制）、调度监督下的自动运行控制（计算机控制）和半自动控制（前两者结合）三种形式。

(1) **行车指挥体系**　城市轨道交通是一个复杂、技术密集型的城市公共交通系统，具有各项作业环节紧密联系和各部门、各工种协同工作的特点。因此，城市轨道交通行车组织必须贯彻安全生产的方针，坚持高度集中、统一指挥、逐级负责的原则。在一个调度区段应由该区段的行车调度员统一指挥，相关行车人员必须执行调度命令，服从指挥。

(2) **列车运行组织**　正常情况下，城市轨道交通列车的一个运行周期为：根据列车运行图，列车按照规定时间从车辆段存车线出来进入正线并投入运营，一直到运营结束退出服务回到车辆段进行整备，整备完毕后再次从车辆段出来进入正线投入运营服务为止。可以说正常情况下列车的一个运行周期是 24 小时。在这一过程当中，需要由行车调度指挥，车辆段调度员、车辆段值班员、车站行车值班员、站台站务员和列车司机等人员共同完成。

城市轨道交通行车组织阶段性比较强，主要分为运营前准备、运营中的行车组织和运营结束后的作业三个阶段。不同的工作人员在不同的阶段有不同的作业，我们着重介绍行车调度员、车站和列车司机的作业。

1）行车调度员。行车调度员在运营前主要进行试验道岔、检查人员到岗情况和设备情况、装入运营时刻表等工作。运营期间主要是利用各种调度设备，组织指挥列车按照列车运行图的计划安全、准点地运行。运营结束后行车调度要对当天的行车工作进行分析、总结、打印当日计划、实际运行图，编写运营情况报告，进行客车统计分析等工作。

2）车站。正常情况下，城市轨道交通车站的行车组织作业主要包括首末车组织、运营期间的接发车作业等工作。开行首班车前，车站各岗位工作人员要准时开门、开启照明和电扶梯，并要进行试验道岔、巡视车站等工作。车站末班车发出前应在规定时间开始广播，通知停止售检票工作，检查付费区乘客均已上车，确认无异常情况后向列车司机发出发车信号。

3）列车司机。列车司机在一个运营周期的作业也分为运营前、运营期间和运营后三个阶段。运营前列车司机主要进行列车整备作业（如检查车体内外情况、车载电器、制动设备和无线电话等）。在运营期间主要是负责列车在正线运行作业、站台作业和折返作业。运营结束后，客车应进入车辆段进行整备以确保第二天的正常运行。

（3）接发车作业　目前，城市轨道交通的信号系统普遍具有 ATS 系统，所以车站原则上不办理接发车作业，中央控制室和车站可对列车运行状况进行监视。只有当信号联锁故障，需要人工排列进路组织列车运行及列车退行等特殊情况时须办理接发车作业。此时，一般作业程序为：办理闭塞、布置与准备进路开放（关闭）信号或交接凭证、接送列车及开通区间五个步骤。

2. 特殊情况下的行车组织

城市轨道交通多采用较为先进的设备，自动化程度比较高，正常情况时行车组织作业主要是利用先进设备监控列车运行。特殊情况下的行车组织是相对于正常情况下的行车组织而言的，主要是指由于设备故障、大客流、火灾等原因不能采用正常情况下的行车组织时组织轨道交通行车的方法。城市轨道交通某条线路一旦发生事故，将会造成全线列车运行的延误，对乘客的出行将会造成重大的影响。因此，城市轨道交通系统非常重视特殊情况下的事故演练。下面以国内某些轨道交通系统为例，主要介绍几种特殊情况下的行车组织基本方法。

（1）列车晚点　由于客车故障或行车组织等原因造成列车大幅度晚点时，应牢固树立"以乘客为本"的思想，积极恢复正点运行。晚点时行车组织的重点是通过调整列车在区间的运行时间、运行速度和停站时间等，逐步恢复列车的正常运行秩序。行车调度员此时应该及时掌握列车晚点的原因、程度、发生地点等各种情况，及时调整前行和后续列车的站间运行时分和停站时间，并通知其他调度和车站做出相应的应对措施，及时解决列车晚点所带来的不利影响。

（2）区间发现不明身份人员　在列车运行中，调度员若得到区间内有不明身份人员的报告时，应及时通知后续列车司机在区间内慢行查找，将不明身份者带出区间交车站处理。若连续三辆列车在区间查找后，均未发现情况，可暂停查找。

（3）客车故障　客车在运行的过程中出现故障时，应根据不同的情况进行不同的处理。若故障客车能进行牵引运行，客车应首先清客，空车驶回车辆段，动用备用车替换故障列车。若故障客车不能运行，OCC 负责此状况下的行车组织，故障的判断和处理由列车司机全面负责，行车调度有责任提出辅助处理意见。若在规定时间内故障不能解决，可向 OCC 请求救援。行车调度可根据实际情况，安排救援车辆。

（4）轨道电路故障　轨道电路故障主要分为区间轨道电路故障和车站道岔区段轨道电

路故障。区间轨道电路故障时，列车司机可根据调度指示转换为人工驾驶模式行驶，当出清故障区段后，列车由列车司机驾驶改为 ATO 驾驶模式。车站道岔区段轨道电路故障时，调度可授权车站进行站级控制，车站工作人员将进路转换到规定位置并锁闭。当列车出清故障轨道电路时，列车由列车司机驾驶改为 ATO 驾驶模式。

(5) **列车冒进出站信号机**　由于各种原因，导致列车在运行的过程中冒进出站信号机时，行车调度员应根据不同情况进行办理。

1）列车部分冒进出站信号机时，行车调度员可口头命令使列车退回站内，进行乘客乘降作业。

2）列车整列冒进出站信号机时，行车调度员与车站值班员共同确认前方区间状况，若可以运行，则令列车运行至前方车站进行乘降作业，若区间不允许行车，以口头命令使列车退回站内。

3）若冒进列车是末班车并且乘客无返乘条件时，行车调度员都需发布口头命令，令列车退回站内，进行乘客乘降作业。

(6) **区间疏导乘客**　列车由于某些原因在区间内长时间停车，需要在区间内疏导乘客时，应首先封锁该区间，并阻止后续列车进入该区段，然后通知电力调度对该区段断电，并通知环控调度加强该区段通风。行车调度得到停电通报后，向有关人员和车站发布区间疏导乘客的命令，疏导命令中应指出疏导方向，原则上是向就近车站方向疏导，必要时可向两端车站疏导，车站工作人员应及时安置被疏导乘客。

(7) **大范围停电**　若城市轨道交通线路遭遇大范围停电，全线列车要停止运行，并尽量将列车扣在车站内，调度发布命令，让全线停止售票，并封锁相关车站。行车调度员应尽快查明各次列车所处的线路位置，如果需要区间疏散乘客时，应按规定及时疏散。电力调度应尽快查明断电原因与影响，汇报总调度，并尽快恢复电力供应。

(8) **发生人员伤亡**　列车运行的过程中，若出现人员伤亡，应及时封锁事故区段，阻止后续列车进入该区段，并及时确认事故列车与伤亡人员的具体位置。若伤亡事故发生在车站，由车站值班站长负责组织，保护现场，待公安部门认定责任后将伤亡人员抬出运行线，尽快恢复列车运行；若伤亡事故发生在区间内，应由列车司机保护现场，等待相关人员进行处理。在处理的过程中，如需要断电时，应及时要求电力调度给相关线路断电。

(9) **发生火灾**　城市轨道交通在运营过程中一旦发生火灾，往往会造成比较大的损失，因此都非常重视这方面的演练。按照火灾发生的地点可以分为车站站台火灾、车站站厅火灾、隧道火灾、车辆段火灾、非运行区域火灾、列车因火灾停在隧道内、列车因火灾停在站台内等情况。不同的情况下都应有不同的应急预案。一般来说，若发生火灾后，应先确定火源、火情和伤亡情况，必要时由现场负责人或目击者报告 119、120、当地公安分局和调度人员。然后由调度按照具体应急预案组织行车，并安排现场人员进行人员疏散、灭火等工作，并尽快恢复运营，以减少损失。

(10) **发生地震、毒气事件**　发生地震、毒气袭击等状况时，行车调度员应发布命令，封闭全线车站，将乘客向站外疏散，并通知电力调度断电，环控调度要加强事故现场及客流大的车站的通风。对于被迫停在区间内的列车，应进行区间疏散乘客。

3. 列车运行调整

由于设备故障、乘降拥挤、途中运缓或作业延误等原因，难免出现列车运行晚点的情况。此时，行车调度员应根据列车运行的实际情况，按恢复正点和行车安全兼顾的原则，根据规定进行列车运行调整，尽可能在最短的时间内使晚点列车恢复正点运行。

(1) 列车运行调整的原则　在进行列车运行调整时，须按照列车的性质、用途进行调整。列车等级顺序为：专用列车、客运列车、调试列车、回空列车、其他列车。

(2) 列车运行调整的方法　调度指挥的主要困难在于发生了列车运行秩序混乱。这时，需要行车调度员根据情况，在最短的时间内，选择出在区段内放行列车的最优决策，因此行车调度员必须掌握列车运行调整的基本方法。一般地，行车调度员可采取以下方法：

1) 列车在始发站提前或推迟发出列车。
2) 组织列车赶点。
3) 延长或压缩停站时间。
4) 使规定在站停车列车变为通过或使通过列车变为停车。
5) 变更列车运行交路。
6) 停运或加开列车。
7) 备用车顶替。
8) 列车反方向运行。
9) 调整列车运行行车间隔。

行车调度员调整列车运行，可根据列车运行的实际情况进行选择，也可以将上述列车运行调整的方法综合运用。

10.4　调度分析

1. 调度工作分析的作用及分类

调度工作分析是通过对日常运输工作进行综合分析，肯定成绩，总结和推广先进工作经验，及时发现日常运输中存在的问题，查明原因，并提出相应的解决措施。因此，调度工作分析不仅仅是对日常运输工作进行事后分析，而且要通过分析研究，预见运输工作发展的趋势和可能出现的问题，减少运营损失。

调度工作分析可以分为日常分析、定期分析和专题分析。

(1) 日常分析　日常分析应每日进行，在班工作或日工作终了时对日班计划的执行情况况及日常运输中的先进经验和存在的问题进行简要的分析。对运输中存在的问题查明情况及原因，以便采取措施。

(2) 定期分析　定期分析有旬分析和月分析。在日常分析的基础上，收集和积累有关资料、建立必要的台账和报表，如运营日报、故障报告等，按时做出旬、月分析，总结经验、发现问题，提出改进意见。

(3) 专题分析　专题分析是运输工作在某一方面或某一指标有比较突出的变化，而且对运输生产产生较大影响时，分析人员深入现场调查研究，对某一方面或某一指标做出专题分析，并提出改进意见和措施，以改进运输工作。

2. 调度工作分析的主要内容

作为运营管理指挥中心，城市轨道交通控制中心每天都应对行车组织、客运组织及票务管理方面进行总结分析，以适应和改善日后的工作。一般地，控制中心的运营调度工作分析主要包括以下内容：

(1) 运营日报 值班主任每日均须编写运营日报，报告前一天运营计划完成情况。运营日报的主要内容包括以下几部分：

1）当日完成运送客运量、客车开行情况、兑现率、正点率和月度累计指标。
2）车辆调度提供的运用客车数及投入使用客车数。
3）客车加开、停运及中途退出服务情况。
4）耗电量和温湿情况。
5）客车服务情况，包括事故、故障和列车延误及处理。
6）有关工程列车、试验列车运行方面的信息。

(2) 故障和延误报告 故障和延误报告作为编写运营日报原始资料的一部分，行调应在行车设备发生故障及造成列车延误时，及时编写故障和延误报告。故障和延误报告主要内容包括：

1）发生故障的时间、地点、列车编组报告员及概况（故障现象）等情况。
2）发生故障导致列车延误、影响情况。
3）采用的调整列车运行的措施。
4）恢复正常运作的时间。

(3) 行车事故概况 行车调度员根据每件行车事故及时填写"行车事故概况"，并按规定的时间报运营公司安全监察室和运营主管部门。

(4) 统计分析工作制度

1）客车统计分析。运营结束后，控制中心值班主任负责客车统计分析，分析内容包括计划开行列数、实际开行列数、救援列次、清客列次、下线列次、晚点列数、正点率、列车运营里程。行车调度对发生晚点的客车记录晚点原因，晚点原因分为车辆故障、线路故障、供电故障、通信故障、信号故障、客流过多、调度不当及其他方面。
2）工程车统计分析。
3）调试列车统计。
4）检修施工作业及统计分析。首先对前一天的正线、辅助线的检修计划件数和完成情况进行统计，其次对检修施工完成情况进行分析，分析的主要内容包括日计划、临时计划兑现率、临时计划占全日比例、各单位施工计划完成情况分析以及检修施工作业件数的统计。
5）月度运营技术分析。轨道交通企业通常在每月上旬对上月的运营情况进行技术分析。调度部门根据各室、部相关网络提供的资料，重点对月度运营指标完成情况、行车组织、客运组织、票务管理等情况，设备故障和当月典型事件、故障、事故等进行技术分析，找出问题，提出完善建议。

实践操作

1. 操作练习

1）在实训室中观看模拟显示设备，明确各种调度工种的任务，并能看懂每个显示屏显示的内容。
2）在实训室内学习行车调度如何调整列车运行，并能够独立处理简单的事故。

2. 书面练习

1）简要回答城市轨道交通运行图的组成及各部分含义。

2）简要回答城市轨道交通特殊情况下的行车组织方法。

 评价跟进

1. 教师的评价

由教师在完成本章教学任务后填写，在相应表格中画"√"。

序号	评价项目 题 目	教师的评价			
		好	较好	一般	较差
1	对本章教学过程的控制				
2	在本章教学过程中，学生的参与情况				
3	学生对本章知识学习后的效果反馈				
教师对本章教学的总结评价意见及跟进措施					

2. 学生的评价

由学生在完成本章学习任务后填写，在相应表格中画"√"。

序号	评价项目 题 目	学生的评价			
		好	较好	一般	较差
1	在本章教学执行过程中教师的表现				
2	本章教学内容与社会实际需求的联系状况				
3	自己在本章学习过程中的表现				
学生在学习本章后对自己的表现评价及对教学的跟进意见					

3. 知识跟进

1）城市轨道交通系统中，调度是如何把各个部门结合在一起的？

2）城市轨道交通系统中，调度发布的命令是如何传达、执行的？

参 考 文 献

[1] 张凡,钱传贤,等. 城市轨道交通概论[M]. 成都:西南交通大学出版社,2007.
[2] 孙章,何宗华,徐金祥,等. 城市轨道交通概论[M]. 北京:中国铁道出版社,2005.
[3] 练松良. 轨道工程[M]. 上海:同济大学出版社,2006.
[4] 毛保华. 城市轨道交通规划与设计[M]. 北京:人民交通出版社,2006.
[5] 陈兴华. 地铁设备监理[M]. 北京:中国铁道出版社,2007.
[6] 赵时旻. 轨道交通自动售检票系统[M]. 上海:同济大学出版社,2007.
[7] 何宗华,汪松滋,何其光,等. 城市轨道交通车辆运行与维修[M]. 北京:中国建筑工业出版社,2007.
[8] 曾青中,韩增盛,等. 城市轨道交通车辆[M]. 成都:西南交通大学出版社,2006.
[9] 徐安. 城市轨道交通电力牵引[M]. 北京:中国铁道出版社,2007.
[10] 张振淼. 城市轨道交通车辆[M]. 北京:中国铁道出版社,2007.
[11] 吴汶麒. 城市轨道交通信号与通信系统[M]. 北京:中国铁道出版社,2005.
[12] 林瑜筠. 城市轨道交通信号设备[M]. 北京:中国铁道出版社,2006.
[13] 何宗华,汪松滋,何其光,等. 城市轨道交通通信信号系统运行与维修[M]. 北京:中国铁道出版社,2007.
[14] 刘金虎. 铁路专用通信[M]. 北京:中国铁道出版社,2005.
[15] 毛保华,李夏苗,王明生,等. 城市轨道交通系统运营管理[M]. 北京:人民交通出版社,2006.
[16] 罗云,程五一,等. 现代安全管理[M]. 北京:化学工业出版社,2004.
[17] 黄典剑,李传贵,等. 突发事件应急能力评价[M]. 北京:冶金工业出版社,2006.
[18] 何宗华,汪松滋,何其光,等. 城市轨道交通运营组织[M]. 北京:中国建筑工业出版社,2003.
[19] 北京市公共交通总公司,北方交通大学,等. 城市公共交通服务管理[M]. 北京:中国铁道出版社,2001.
[20] 周平. 铁路旅客运输服务[M]. 北京:中国铁道出版社,2006.
[21] 费安萍. 城市轨道交通行车组织[M]. 成都:西南交通大学出版社,2007.
[22] 季令,张国宝,等. 城市轨道交通运营组织[M]. 北京:中国铁道出版社,2005.
[23] 李建国. 图解城市轨道交通[M]. 北京:机械工业出版社,2016.